why?

Cai F

蔡昉自选集

CAIFANG ZIXUANJI

学习 理论文库

学习出版社

图书在版编目（CIP）数据

蔡昉自选集／蔡昉著.

－北京：学习出版社，2009.11

（"学习"理论文库）

ISBN 978 - 7 - 80116 - 938 - 9

Ⅰ. 蔡… Ⅱ. 蔡… Ⅲ. 经济学－文集 Ⅳ. F0 - 53

中国版本图书馆 CIP 数据核字（2009）第 150942 号

蔡昉自选集

CAI FANG ZIXUANJI

蔡昉 著

责任编辑：冰　冰

技术编辑：周媛卿

出版发行：学习出版社
　　　　　北京市西长安街 5 号（100806）
　　　　　010 - 66063020　010 - 66061634

经　　销：新华书店

印　　刷：北京新丰印刷厂

开　　本：880 毫米×1230 毫米 1/32

印　　张：14

字　　数：280 千字

版次印次：2009 年 11 月第 1 版　2009 年 11 月第 1 次印刷

书　　号：ISBN 978 - 7 - 80116 - 938 - 9

定　　价：63.00 元

蔡昉

蔡昉，1956年9月生于北京。先后毕业于中国人民大学、中国社会科学院研究生院。经济学博士。现任中国社会科学院人口与劳动经济研究所所长、研究员。中共十七大代表；第十一届全国人大常委会委员。

20世纪90年代以来分别获得"做出突出贡献的中国博士学位获得者"、国家级"有突出贡献的中青年专家"、出国留学人员杰出成就奖等表彰。兼任中国人口学会副会长、全球变化人文因素国际项目中国委员会副主席、中国经济50人论坛成员，以及一些部委的咨询专家等职务。

主要研究领域包括：农村经济理论与政策、人口与劳动经济学、中国经济改革、经济增长、收入分配和贫困等领域。获第二届张培刚发展经济学优秀成果奖；第四届中国发展百人奖。

自　序

　　中国改革、开放和发展的成就，及其为当代中国社会带来的翻天覆地变化，不仅极大地改善了中国亿万人民的生活，为全世界所瞩目，而且吸引着世界范围内的经济学家的研究兴趣。作为在改革过程中成长起来的经济学家，我本人也从这场伟大的变革中获得了施展身手的广阔舞台。我个人在本科、研究生和攻读博士学位的阶段，一直学的是农业经济学，从而形成了挥之不去的"三农"情怀，因此，研究"穷人的经济学"贯穿了我的学术生涯。

　　由于工作的需要，我逐渐进入到人口与劳动经济学领域，对人口与经济发展的关系、农村劳动力转移和农民工问题、收入分配、城乡就业和社会保障等具有中国特色的民生经济问题进行了长期的研究。此外，我也在经济改革和经济增长等更加宏观的领域孜孜不倦地学习和探索。上述领域的经济理论和政策研究，形成了大量的研究成果，题材相对广泛。

　　在编排这本自选集时，我尽量避免与此前出版的论文集重复，同时也最大限度地反映我所关注过的主要研究领域；尽可能地收入我个人撰写的文章，必要时也包括了少量的合作成果；虽然我在20世纪80年代和90年代初期也有大量文章发表，但我还是选择较为近期的成果收进本文集。同时，我也在体裁上力求多样化，包括了专业性、技术性比较强的论文，也收入了一些短论，甚至随笔和新闻媒体的采访记录。

　　为了使文集从不同视角反映我的经济学研究历程，也便于读者比较容易把握住我在相关研究方面的主要观点和政策建议，我把该文集的33篇文章按照6个部分进行编排，分别是：（1）"三农"经济问题；（2）经济发展与改革；（3）人口与经济发展；（4）劳动力市场发育；（5）危机与民生经济；（6）思考经济学。

　　由于个人学识受到每个时期的局限，特别是对于中国独特的经济改革和发展过程始终有待不断深入认识，我本人总希望有机会对文集中的许多文章进行进一步的探讨，其中一些观点也不乏歧见和争论。但是，这里还是把以往公开发表的论文原汁原味地收录，以便立此存照。把这本自选集奉献给读者，也是服务于探索、争鸣、反思、再认识的目的，因此，我衷心地希望得到读者的批评和指正。

蔡　昉

2009年6月28日

目　录

"三农"经济问题

经济发展与改革

人口与经济发展

劳动力市场发育

危机与民生经济

思 考 经 济 学

"三农"经济问题

试论农业资本主义发展的
"法国式道路"*

在研究资本主义生产方式如何占领农村，这一变革在不同国度所经历的道路有何区别等问题时，研究者们往往只提马克思、列宁论述过的三种资本主义农业发展道路：英国式道路、美国式道路、普鲁士道路，有的同志并把这三条道路分别归结为资产阶级的演进道路、农民的演进道路、地主的演进道路。这样归纳，容易使人误解，以为资本主义农业变革中所有的阶级都代表了一种演进的方式，因而这也就成为最基本的三种方式或模式，其他任何国家的资本主义在农业中的演进都可对号入座，分别纳为其中之一。

历史的发展和变革，内容是十分丰富，形式也是多种多样的。无疑，在纷繁的历史现象中，有着许多共同的规律可以追寻、把握，但是，在看似相同或相近的历史现象

---

* 本文发表于《经济问题探索》1984 年第 10 期。

中找出差异，揭示出特殊规律，更有现实意义。在进行这种研究工作时，人们会发现，仅仅着眼于上述三条道路的研究有一定的局限性。本文试图把人们归列于美国式道路的法国农业资本主义的变革过程从它不甚相符的模子中提取出来，作一独立的分析。

　　在过去的研究中，往往把法国资产阶级革命使广大农民获得土地当做农业资本主义发展过程的全部。如果这样看，法国和美国一样，形成了汪洋大海般的小农经济，应列为同一发展类型了。其实不然。资产阶级革命只是为资本主义在一国的发展扫清道路，法国资产阶级革命采取的革命的土地政策，只是打破了封建的土地所有制，实现了资本主义在农村发展的第一步，但第一步绝不等于整个过程。事实上，革命后法国农业资本主义的发展与美国相比，无论从条件上和结果上看都是不同的。我认为法国的农业资本主义演进，走的是一条区别于英、美、德三国模式的独特道路。我们可以标之为"法国式道路"，或"雅各宾式道路"。

　　为什么叫"雅各宾式道路"？按列宁的说法，"雅各宾式的"，就是代表革命的彻底性，即用"无情手段来扫除一切旧的东西"[①]。的确，这就是法国大革命的特点，这个特点决定了日后农村中资本主义发展的特点。

　　葛兰西说：法国革命的本质就是搞雅各宾专政。法国大革命曾把一个又一个资产阶级派别推上革命领导舞台。

---

　　① 《列宁选集》第3卷，人民出版社1995年版，第166页。

它们一个比一个更激进、更多民主思想而又更少保守思想，其顶峰就是雅各宾党人。这绝非偶然，而有其历史必然性。以雅各宾党人为代表的法国资产阶级，用真正革命的手段摧毁过时的封建制度，使全国过渡到更高的生产方式，过渡到自由农民土地占有制，并且以真正革命民主主义的速度、果断手段、毅力和忘我的精神来实现这种过渡。在雅各宾专政时期，农民的土地问题得到了比较彻底的解决。1793 年，雅各宾党人一上台就先后于 6 月 3 日、6 月 10—11 日、7 月 17 日公布了 3 个法令。规定将没收的逃亡者土地分小块出售给农民，地价分 20 年偿清；规定将近 200 年来从村社公有地夺去的土地（包括牧场和森林）归还农民，按人口分配，不分性别、年龄以及在村或外出；规定无条件地废除一切封建权利，豁免农民各种义务，包括地租和其他封建苛税，撤销与封建权利有关的一切案件，焚毁封建文据和其他契约。这样，几十万无地农民变成了小土地所有者。

法国革命的这种彻底性是其他任何一次资产阶级革命所不能达到的。例如英国，那里的封建制度从来不像法国那样得到最充分的发展。英国贵族不是完全靠特权过活，由于实行长子继承制，贵族后裔要发财致富，也要和平民一样去经营工商业。一些为追求货币财富而从事工商业经营的贵族就成为新贵族。他们是资产阶级化的贵族，和资产阶级有着共同的经济利益，和资产阶级结成联盟共同进行了反对封建的革命。所以，英国的资产阶级革命是新贵族和资产阶级妥协的产物。对于农业资本主义变革，这次革命也打下了自己的烙印。由于这次革命的头面人物多是拥有大土地的资产阶级化的新贵族,这次革命所追求的是资本主义的新的土地制度,因此,它不仅未能满足农民获得土地的要求,相反,对于"一切历史留传下来的关系,不仅村社的位置,而且村社本身。不仅农村人口的住宅,而且这个人口本身,不仅耕作的原始中心,而且耕作本身,只要它们和农村资本主义生产的条件相冲突或不相适应,就都毫无怜惜地把它去掉"①。这虽是最不利于农民的资本主义农业演进方式,但由于土地集中,资本雄厚,在整个社会资本主义关系成长的刺激下,农业资本主义关系较迅速地确立起来。

封建制度固然是资本主义发展的严重桎梏,细碎的小块土地所有制、落后的小农经济同样是与资本主义关系在农村的成长格格不入的。法国大革命所造成的小农经济,规模十分细小,多数农户不足 25 英亩土地,更少的则不到两英亩半。这为农村资本主义的发展造成了深远的影响。法国的小农经济,恰可为马克思下面这段话作注脚。马克思指出:"小块土地,不容许耕作时进行分工、应用任何科学,因而也没有任何丰富的社会关系。每一个农户差不多都是自给自足的,都是直接生产自己的大部分消费品,因而他们取得生产资料多半是靠与自然交换,而不是靠与社会交往"②。

---

① 马克思:《剩余价值学说史》(郭大力译本)第 2 卷,人民出版社 1957 年版,第 263 页。

② 《马克思恩格斯选集》第 1 卷,人民出版社 1972 年版,第 693 页。

任何国家资本主义工业的原始发展，无一例外地都要靠剥削农村来积累资本，农民的赋税负担是任何资产阶级国家维持整个官僚机构的生活源泉，高利贷对小农的盘剥也是资本主义发展初期富有特征的资本剥削形式。法国的小块土地所有者——小农尤感这种剥削之苦。

革命前，由于法国资本原始积累不足，加上贵族、王室的奢侈浪费、频繁的战争，高利贷资本就已十分发达。革命后大量的贫困小农经济更使高利贷资本获得了加速繁殖的土壤，因为它从来与小生产、自耕农占优势的情况相适应的。与资本家不同，高利贷者所要榨取的不仅是利润，而且是农民的全部剩余产品，使农民的小块土地生产方式陷入贫困的地步，使生产力萎缩；它就是靠剥削这种生产方式来养肥自己。马克思曾举巴尔扎克的小说《农民》中的一个小农，为了保持住高利贷者对自己的"厚待"，如何情愿白白替高利贷者干各种活。高利贷者则一箭双雕，既榨取了农民的劳动，又使农民越来越深地陷入高利贷的蜘蛛网中。所以，高利贷并不要改变小农这种生产方式，"而是像寄生虫那样紧紧地吸在它身上，使它虚弱不堪。……并迫使再生产在每况愈下的条件下进行"[1]。而小农为了保住自己的小块土地，不得不饮鸩止渴，把土地抵押给高利贷者。"小块土地已不是躺在所谓的祖国，而是存放在抵押账簿中了"[2]。曾经作为资产阶级革命者

---

[1] 《资本论》第3卷，人民出版社1975年版，第674页。
[2] 《马克思恩格斯选集》第1卷，人民出版社1972年版，第698页。

政治理想和农民世代愿望的小块土地所有形式，现在成了法国农民贫困的原因。下面几个数据，很能说明法国农民遭受重重剥削的情况。1890年，农业生产总额为52.37亿法郎，扣除耕作成本和农民消费以后，纯收入是16.65亿法郎。其中用来支付押地借款利息的5.5亿法郎（农民以土地作抵押的债务已达80亿法郎，到1898年更增加到110亿法郎），纳税3.5亿法郎，公证费、印花税和典当税等10.7亿法郎，还要付给法官1亿法郎。这样剩下来只有纯收入的1/3，即5.68亿法郎，每人平均不到25法郎（而每人平均以土地作抵押的债务已达358法郎以上）。这里还没有把非土地抵押贷款的利息如律师费等计算在内。小农剩余劳动的绝大部分被夺去，所剩无几，根本没有力量扩大生产规模和采用新技术，农民分化非常缓慢。

恩格斯指出：农民"为了保持他那一小块危机四伏的土地而进行的斗争愈加艰苦，更愈加顽固地拼命地抓住这一小块土地不放"[1]。这种小土地占有制的长期存在，把广大农民牢牢地束缚在土地上，限制了自由劳动力的形成；农民的极端贫困，使人口增长缓慢，造成法国工农业劳动力的缺乏，影响了经济发展速度，自给自足的小农经济，不仅使农业本身商品率低，还造成了工业市场的狭小，阻碍了资本主义的发展。工业的不发达，又反过来使农民的分化过程更加缓慢。

但是，革命毕竟消灭了封建土地制度，使农民有了自

---

① 《马克思恩格斯选集》第4卷，人民出版社1972年版，第299页。

己的生产手段，加上农业以外资本主义生产方式的确立和发展，基本趋势仍然是农业资本主义关系的成长。首先，土地抵押制本身就是一种发展资本主义土地关系的形式，"富裕地主因高利贷遭到破产，小生产者被敲骨吸髓，这二者造成了大货币资本的形成和集中"[①]。其次，小农经济在缓慢分化。一部分人彻底破产，脱离了土地，成为无产者；少数农民富裕起来，扩大土地面积，雇佣工人，进行资本主义经营。另一方面，在革命年代里，有一批资产阶级掠夺或购买了大量土地，逐渐也组织起资本主义农场。此外，革命后部分保留下来的贵族领地适应新的经济要求，转化成资本主义经营。19世纪60年代，占农村总户数5%的大农户，已占据了全国40%以上的耕地，规模在40公顷—100公顷，共雇佣了90万农业工人。资本主义农场已经使用机器，1862年法国已有播种机108 53架，打谷机100 733架，收割机8 907架，干草收割机9 442架，开始广泛施用化肥；采用新的耕作方法，休耕地大大减少；粮食总产量1790—1812年增加了10%，在1815—1852年间又增加了50%。其中，法国最主要的谷物——小麦产量，在1815—1885年间增长了1倍以上，在60年代末就已达7 420万公担。此外，在这期间，法国的畜牧业、葡萄种植业、养蚕业以及甜菜生产也大大发展。1812年农业生产总值只有30亿法郎，1850年增加到50亿法郎，1870年更达75亿法郎。如果考虑到农产品价格下降

---

① 《资本论》第3卷，人民出版社1975年版，第672页。

的因素，农业生产增长幅度实际更大一些。但是，比较起来，法国资本主义农业的发展以及资本雇佣关系的成长还是相当缓慢、很不充分的。到 1885 年，小麦的单位面积产量还只占世界的 11 位。就是在 1870 年以后，农业中资本主义关系发展迅速起来的期间，大的土地经营虽然增加了，如从 1882 年到 1895 年，40 公顷以上的地产数减少了 2.4%，而土地面积却增加了 0.88%，同时小的土地经营如 1 公顷以下的农户数也增加了 3.1%。

总之，法国资本主义农业的发展是受其生产关系方面的特点制约的，或者说法国农业资本主义的发展是带有法国特色的："在 19 世纪内，封建领主已由城市高利贷者所代替；土地上的封建义务已由抵押制所代替；贵族的地产已由资产阶级的资本所代替。农民的小块土地现在只是使资本家从土地榨取利润、利息和地租，而让土地耕作者自己随便怎样去挣自己的工资的一个借口"①。法国农业资本主义发展过程的这种特点，虽然有传统因素的影响（如高利贷资本在法国的渊源），但最主要的因素——小块土地所有制则是法国革命即雅各宾专政的直接后果。因此，我们称这样一条道路为农业资本主义发展的"雅各宾式道路"，是比较恰当的。

有人会问，美国不是资产阶级革命中也造成了大量的自耕农，其后农业资本主义的发展不是很迅速吗？马克思回答道："在这里，我们没有谈到殖民地，因为那里的独

①《马克思恩格斯选集》第 1 卷，人民出版社 1972 年版，第 696 页。

立农民是在不同的条件下发展起来的"①。美国农业资本主义发展的基础是：自由土地上的自由经济。这就决定了它不同于其他国家特别是法国小农演进道路的独特条件。

第一，土地经营规模较大。由于美国农业是在一个土地辽阔、肥沃的新大陆上进行的，土地在一定时期内无主且无限。在开拓精神的鼓舞下，特别是在两次革命战争的支持下，广大美国人民生气勃勃地向西部开发，人人都能够得到足够经营的土地，并且是面积较大的地产。从1784—1787年的土地法、1800年土地法、1820年土地法到1862年的宅地法，规定出售或无偿给予的土地每块份额分别为640英亩、320英亩、160英亩、80英亩。其中最小的地块面积也接近于法国革命70多年后中等农户里的最大地块。难以设想，如果不是伴随着美国人民不断向西开拓这样一个过程，美国农业资本主义的发展哪能有如我们所看到的非凡速度。与法国不同，"自由殖民地的本质在于，大量土地仍然是人民的财产，因此每个移民都能够把一部分土地变为自己的私有财产和个人的生产资料，而又不妨碍后来的移民这样做"②。应该说，美国的土地分配是既满足了农民群众的要求，又利于资本主义农业的发展。法国则不是这样。在土地分配过程中，一方面未能做到无偿分给农民土地，又未能给日后资本主义农业的发展创造条件。在1793年雅各宾党上台伊始的9个月里，

①　《资本论》第3卷，人民出版社1975年版，第909页。
②　《资本论》第1卷，人民出版社1975年版，第837页。

政府接到 56 个郡 220 份左右农民写来的陈情书，农民坚决反对农业资本主义。为满足农民的要求，雅各宾党人分配土地主要采取了两种办法：其一是公社的土地无偿地按人数平均分还给农民，其二是在没有公社土地的地方，以每阿尔邦土地 500 利维尔的价格把逃亡者的土地出售给无地农民，地价分 20 年偿清，利息不计。这种有利于贫民的做法使广大农民都获得土地，但面积却又很小。19 世纪 60 年代内，全法国的土地占有者中，有 74% 的人拥有不到 2 公顷的土地，有 92% 的农户土地面积不到 1 公顷。革命虽然也造成或保留了一些大的地产，但由于土地所有者可以纯粹靠占有土地掠取 60% 以上的土地收益，因此他们中间大部分宁愿把土地分成小块租佃出去，而不愿实行大规模的农业经营。到 1862 年，法国有 60 万农民租佃地主的土地。在革命后的年代里，农业资产阶级只要稍露侵占公社土地之意，农民就起来反抗。农民拼死保住他的小块土地，可是在高利贷的盘剥之下，加上拿破仑民法废除了嫡长权，建立了每个继承者之间的同等分配遗产权，使得农民的土地面积越来越小，革命后不到 70 年的时间，农民手里的土地就只剩下 1/4 了。到 1908 年，法国农场的平均规模仅为美国的 18%。第二，从欧洲大陆来到美国的广大移民，本来不是为了糊口，而是为了发财致富。他们带来了欧洲先进的农艺技术，而又较少受传统农业观念和技术的束缚，善于学习和发明，十分热衷于在自己土地上进行商品性农业生产。独立战争和南北战争中对农产品的大量需求，最早地卷入世界农产品贸易，为美国农业提供了广大的市场。在一定时期里没有绝对地租的负担，以及产业革命后工商业的发展，交通革命的完成，使美国农民有很有利的产品推销条件。这无疑都大大刺激了商品性农业生产的发展。商品化程度不断提高，竞争的加剧又促进了专业化的加深，再加上土地辽阔，劳动力缺乏，农民自己支配的剩余劳动较多，使农具的改良和技术的进步也十分迅速。19世纪30年代内，在美国农场中，通常使用改良的金属犁以及各种割草机、束禾机，在40年代内，已采用麦考米克刈禾机。到20世纪初叶，已经完成了以马拉农具为主，并且部分使用拖拉机为标志的农业半机械化。1940年，实现了基本的农业机械化。

　　而在法国，正如马克思所说："土地被分割的过程越发展，小块土地连同它那极可怜的农具就越成为零碎经营的农民的唯一资本，向土地投资的可能性就少……土地的耕作就越退步"[1]。小块土地被国家赋税、高利贷盘剥尽。20世纪初，只有4%的法国农民不负债，1914年农民高利贷债务额为200亿法郎，比1840年增加1.5倍。农民在高利贷蜘蛛网中拼命挣扎，他们的经营所得，只以收回耕作费用，维持最低限度的生活为绝对界限。因此，他们根本无力扩大生产规模和改进技术、使用化肥和机器。直到1852年，每年还要有600万公顷耕地休闲，占耕地总面积的23%，而农业机械化的萌芽到1882年才出现。劳

---

[1] 《马克思恩格斯选集》第1卷，人民出版社1972年版，第472页。

动生产率低下，农业商品率很低。19 世纪末，法国每个农民所生产的农产品可供养 4.3 人，而美国则可供养 7.4 人。这限制了法国工业发展的速度，而工业不发达又反过来影响农业进行大规模的商品化经营。法国农业就是在这样一个循环中缓慢发展。如果从雅各宾党人实行革命的土地政策算起，到法国实现基本农业机械化，中间整整经历了 162 个年头（1793—1955 年）；而如果从宅地法公布那年算起，美国这个过程只用了不到一半的时间（1862—1940 年）。

非有一定的土地经营规模，以及商品性生产的相当发展和劳动生产率的不断提高，农业资本主义不能成长起来。美国农业资本主义的发展过程以及当今美国农业的现实，充分证明美国的自耕农民是一种与法国很不相同的类型，应分别给予专门的研究。马克思曾说过："极为相似的事情，但在不同的历史环境中出现就引起完全不同的结果。如果把这些发展过程中的每一个都分别加以研究，然后再把它们加以比较，我们就会很容易地找到理解这种现象的钥匙"[①]。对于美国和法国农业资本主义发展道路，这段话非常精辟。对这两条道路分别地加以研究，进行比较，是十分必要的。

---

① 《马克思恩格斯选集》第 19 卷，人民出版社 1963 年版，第 131 页。

比较优势与农业发展政策[*]

农业发展政策是对适应特定经济发展战略而形成的有关农业经济的资源配置方式、宏观调控手段和激励机制等一系列制度安排的总称。对每一组内生形成的制度结构来说，制度适应性是制度安排的重要含义之一，农业发展政策各个组成部分改革的不配套性必然导致农业发展中的矛盾。理解我国农业市场化进程中的制度适应性，并由此在市场经济的新的支点上选择一种内在统一的农业发展政策，是本文讨论的中心。

一、传统农业发展政策及其控制原理

我国传统的农业发展政策是适应重工业优先发展战略的需要，于 20 世纪 50 年代后期形成的。

选择重工业优先发展的战略，产生了两个矛盾，一是

---

* 本文发表于《经济研究》1994 年第 6 期。

重工业的资本密集型特征与当时资本稀缺状况的矛盾，一是重工业发展要求很强的资源动员能力与当时要素市场十分不发达状况的矛盾。为了解决这两对矛盾，实际推行重工业优先发展的战略，除了形成一套以扭曲产品和要素价格为主要内容的宏观政策环境之外，还要建立一种能够不依赖市场机制的资源分配体制和直接的积累渠道。人为压低利率、汇率、能源原材料价格和工资的宏观政策环境，是为了降低重工业发展的成本。其中低工资政策又需要以农产品等基本生活资料的低价供给为条件。传统的农业发展政策便以此为逻辑起点而逐渐形成。

20世纪50年代初，国家为了以低价掌握必要的农副产品以保证工业发展和城市需要，实行了对主要农副产品的统购统销政策。在这种强制性的制度安排下，大部分农副产品的购销和定价都是由国家垄断的。然而，此时还不能确保农民能够完全按照政府所要求的品种和数量生产农产品，也不能保证农民将其生产要素完全有效地投入到农业生产中去，因此就要求有更深入一步的制度安排，以切断生产要素的流出渠道，并可以直接贯彻国家的计划。适应这种制度需求，50年代末在农业合作化的基础上迅速实现了农村的人民公社化，农业中劳动、资本和土地被集中起来统一使用，根据国家下达的种植计划生产出的产品及其价值则按照国家征购、集体积累、社员劳动报酬这样的顺序进行分配。在该制度下由于农业生产要素受到制度约束不能自由转移，其机会成本几乎为零，报酬虽然被压到了均衡水平之下，但只要仍然为正数或大于机会成本，

要素的供给量就不发生变化，一定的农产品生产及供给就
可以得到保障。由此我们看到统购统销制度与人民公社体
制在适应重工业优先发展战略及其相应政策环境条件下的
内在统一性（见图一）。

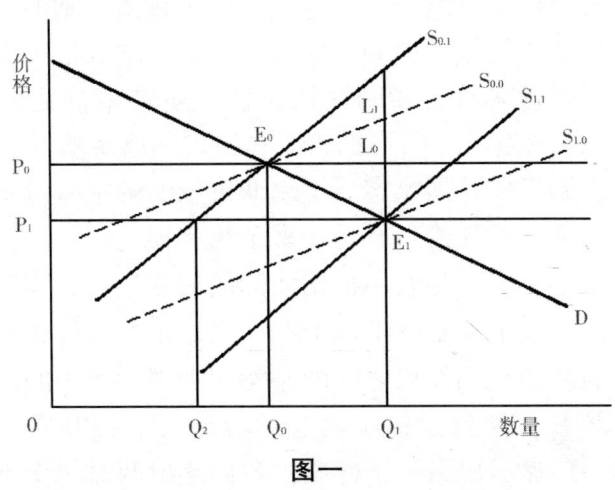

图一

　　统一在重工业优先发展战略之下的统购统销制度和人
民公社体制，构成了传统农业发展政策的基本制度结构。
这种农业发展政策不仅解决了降低重工业发展成本的问
题，也提供了一种强制性地从农业提取工业化积累的方
式。从上面的叙述可以看到，传统农业发展政策的出发点
是要用低于均衡水平的价格收购农产品，而达到这一点的
基本手段就是通过相应的制度安排实行农产品生产和供给
的数量控制。图一有助于我们理解这种低价数量控制的基
本原理。

　　我们假定图一中 P_0 和 Q_0 分别为市场均衡条件下的农

产品价格和数量。在实行低价收购农产品政策的情形下，收购价格被定在均衡水平之下，如图中的 P_1。在这种价格水平之下，农民所愿意提供的产品数量和社会需求量就产生差别，如图中 Q_2Q_1。由于政府的责任是保证工业化所必需的农产品供给，所以需要借助于直接计划的办法对农产品生产实行数量控制。假设政府设定的数量控制目标为 OQ_1，则意味政府强制性认定农业生产者的边际成本（供给）曲线为 S_1，而不承认实际的边际成本线 S_0。用这种数量控制手段，国家实现了以低价收购既定数量农产品的政策目标，但却给生产者带来了福利损失。

这个损失量就是农民根据实际的边际生产成本所不愿生产，而在政策强制下不得不在国家认定的边际成本水平上生产的两种福利效果之间的差额，表现为图中的三角形面积 $E_0E_1L_0$。这就是传统农业发展政策的福利效果。此外，图一还显示出另一个性质。我们给出两对斜率不同的边际生产成本曲线，分别为 $S_{0.1}$ 和 $S_{1.1}$ 以及 $S_{0.0}$ 和 $S_{1.0}$。在较陡的一对曲线 $S_{0.1}$ 和 $S_{1.1}$ 产生差别的情况下，生产者的福利损失为较大的三角形 $E_0E_1L_1$；在较平缓的一对曲线 $S_{0.0}$ 和 $S_{1.0}$ 产生差别的情况下，生产者的福利损失为较小的三角形 $E_0E_1L_0$。这一性质的现实含义为，生产者生产一定产品的追加成本越高，在低价收购和数量控制的制度安排下的福利损失就越大。

二、市场化改革的演进形态及其特征

20 世纪 70 年代末开始，在全国范围内迅速推开的家庭联产承包制，是针对人民公社体制下劳动激励不足、缺乏生产积极性的弊端而进行的重大改革。其实质性的意义就是以家庭联产承包制的确立为起点，我国农业的资源配置方式逐渐向市场机制过渡。但是，传统农业发展政策是适应重工业优先发展的战略及其相应的宏观政策环境而形成的，在后者没有根本改变的条件下，农业中资源配置就不可能转变到完全的市场调节基础上。80 年代中期以来农业中出现的问题，正是在这种市场化改革进程中所产生的特有矛盾，它们与非市场条件下的传统农业发展政策有着内在逻辑上的延续性，又孕育着市场经济条件下农业发展政策新支点的选择取向。因此，我们根据 6 个定性标识，把农业经济市场化改革过程按照三种形态的演进序列进行分析，既有利于理解当前农业发展的症结所在，也有利于明确进一步改革的方向。（见表1）

表1　农业市场化改革演进形态

	传统农业发展政策形态	发展政策转变形态	市场经济下农业发展政策形态
与国际市场的衔接	无	无	有
国内统一市场	无	少量	有
粮食价格形成机制	强控制	双轨	放开
经济作物价格形成机制	强控制	基本放开	放开
粮食数量控制程度	强	较强	无
经济作物数量控制程度	强	较松	无

　　在传统农业发展政策形态下，农业经济中基本不存在市场机制。虽然有对外贸易存在，但国际市场状况与国内的资源配置毫不衔接；国内省际存在着国营商业部门的农产品调拨，但并不是以市场形式而完全按计划方式组织的；粮食和经济作物的价格都由国家统一制定，并被压低到均衡水平之下；作物的生产、种植也受到严格的数量控制。所以，这种形态是市场化的最低级形态。如前所述，在这种制度结构下，农民被强制性征税，为国家工业化提供积累资金。但对于不同地区，农业经济的福利损失是不一样的。虽然农产品的普遍短缺是我国经济中的现实矛盾，但粮食作为最基本的生活必需品则是短缺中的要害产品，加上缺少外部经济联系，以及国家安全、外汇紧缺、国内运输能力弱等因素，使得"以粮为纲"、自给自足成为传统农业发展政策的一个必然组成部分。因此，各地无论是否具有生产粮食的比较优势，都被要求实现粮食的区域自给。

　　如图一所显示的，越是具有较陡的边际成本曲线，在低价和数量控制政策条件下的福利损失就越大。由于粮食自给政策，各地农业生产边际成本受到粮食边际成本的极大影响。因此，对于那些具有粮食生产比较优势的地区，农业的边际成本曲线较为平缓（如图一中的 $S_{0.0}$），在传统政策下的福利损失就较小（三角形 $E_0E_1L_0$）。而对于那些不具有种粮比较优势的地区，生产单位农产品的追加成本就上升更快（供给曲线为 $S_{0.1}$），在政策约束之下的福利损失就更大（三角形 $E_0E_1L_1$）。根据"比较优势原则"，一个地区的经济规模越小，其各种产品能满足自给自足的能力越弱或成本越高，进行区际贸易之前贸易产品的相对价格与贸易后的相对价格差异就越大，由贸易所获得的收益也越大①。反过来看，对于这些小经济来说，强制实行自给自足、禁绝贸易所造成的福利损失是很大的。把这个原理用在经济作物与粮食的关系上，我们就会看到，由于粮食是生活消费的最主要部分，所以那些在经济作物上有比较优势的地区，生产类型比之消费类型更为专业化，则在丧失贸易机会后的收益降低就更加严重。在实际执行粮食自给政策的过程中，为了操作上的必要，自给的要求就一级一级向下提出，使粮食自给自足的单位很小，造成了多重福利损失。

在农业发展政策向以市场经济为支点的政策转变阶段，市场机制对于农业资源配置的调节作用大大增强。这个阶段农业资源配置机制的特点是双轨并存。由于这种双轨制特征，那些在经济作物上具有比较优势的地区部分地从强制性种粮食的重负之下摆脱出来，因而从刚刚起步的市场机制和区域间贸易中获益最大。这主要由两个原因形成：第一，那些具有经济作物比较优势或不具有种粮比较优势的地区，由于被提供了一定的贸易机会，以及仅在一个固定的数量上受到种植及收购的约束，因而可以把更大比例的资源分配到经济作物的生产上，并由此改变农业的

①　吉利斯、帕金斯、罗默、斯诺德格拉斯，《发展经济学》，经济科学出版社，1989 年版，第 530—531 页。

边际成本曲线（使之变得平缓）。第二，由于在粮食的控制上保留更多的传统政策痕迹，而经济作物更多地受市场的调节，所以种植经济作物较之种植粮食，能够获得更符合市场均衡价格的补偿。这时，不仅具有经济作物比较优势的地区能有较大收益，就是那些在粮食上具有比较优势的地区也愿意多种经济作物。

但是，归根结底，维持一个对粮食生产和供给的较强的数量控制，妨碍了农业比较优势的发挥。首先，那些在经济作物上具有比较优势的地区，仍然要承担粮食基本自给自足的责任。只有落实了中央要求的粮食种植面积之后，才能心安理得地发展经济作物。[①] 其次，从全国来看，农业中比较优势已经逐渐由粮食转到经济作物上，所以，继续使国内资源配置与国际市场脱钩，实行粮食自给政策，会给我国农业发展带来极大障碍，产生巨大的福利代价。图二描述了一个模型，其可能的福利效果无论对于区域自给自足还是对于全国范围的自给自足都是适用的。假设一种产品最初的市场均衡是与国际市场一致的，即在需求与国内供给相等的均衡数量 Q_0 上，均衡价格 P_0[②]与国际市场价格相等。当国内生产该产品的比较优势下降之

---

① 这种种植面积的要求有时以收购数量的要求间接给出。

② 这个模型中的"价格"不一定指价格的绝对水平。由于我们考虑的是生产某种产品的比较优势而不是绝对优势，所以这里的"价格"可以理解为"生产某种产品的国内资源成本"。这个概念表示在生产某一产品时，每一追加单位的资源投入可以赚取的或节省的外汇，用来表示在该产品生产上的国内比较优势，或受到的保护，请见 S. R. Pearson, N. Akrasanee and G. Nelson（1976），"Comparative Advantage in Rice Production: A Methodological Introduction", Food Research Institute Studies, No. 2。

后，就意味着供给曲线向左上方移动，从 S_0 转移到 S_1。在国内需求数量保持不变的条件下，要保持 Q_0 的国内供给量，生产者就必须在更高的边际成本水平（R 点）上进行生产。要做到这一点，一种办法就是把价格提高到保护水平上，即从 P_0 提到 P_1，另一种办法就是保持价格不变，用数量控制的方式强制生产者提供 Q_0 的供给量。在这两种情形下，都产生如面积 $E_1 E_0 R$ 的福利损失，差别仅在于由谁来承担这个损失。在提价的情形，这个福利损失由消费者或（在实行物价补贴的情况下）由政府负担；在数量控制的情形，生产者承担这个代价。如果农业政策选择始终在这两种可能性之间权衡、打转转，则很难完成向市场经济的农业发展政策的转变。图二还提示出另一选择，即把国内生产与国际市场价格相衔接。在小国假设①的条件之下，按照国际市场价格 P_0，国内生产者只生产 OQ_1 数量。这就意味着自给自足政策的放弃，国内需求不能满足的部分（$Q_1 Q_0$）则从国际市场上购买。根据比较优势原则，由于各国生产要素禀赋存在差异，而不同产品具有不同的要素含量，因此，在相对丰裕的生产要素的产品上实行生产专业化，并出口这类产品，同时进口相对稀缺生产要素的产品，可以获得福利上的收益。

---

① 即假设一国产品供给数量以及该国在国际市场上的购买或销售数量不会引起国际市场相应产品价格的变动。

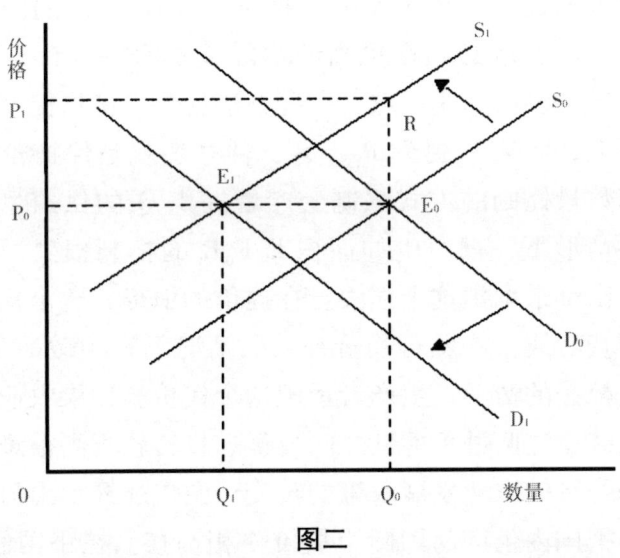

图二

　　因此，农业经济市场化改革的目标模式的第一个要素就是国内农业资源配置与国际市场衔接。除此之外，应形成比较完备、统一的国内农产品市场；包括粮食、经济作物在内的农产品价格完全由市场形成，价格机制调节产品的供求和反映要素的相对稀缺性；政府通过平准机制来对产品市场的稳定性进行宏观调控，但这种调控手段既不能妨碍价格机制的作用，也不能充当数量控制的借口。在这种完备、统一的市场机制条件下，生产者才能真正按照各地比较优势配置农业资源，以取得最大的福利收益。这样一种改革的目标模式，也就是市场经济条件下的农业发展政策形态，它是以市场机制为基础，以发挥农业比较优势为目标[①]的一整套制度安排。

三、农业中比较优势发挥的实证分析

关于农业经济市场化演进形态的理论分析表明，我国农业几十年发展的得失，在相当大的程度上取决于能否发挥比较优势或充分利用专业化这一增长的重要源泉。特别是在家庭联产承包制确立并逐步完善之后，微观层次或直接生产、经营过程中的激励问题已基本解决，进一步改革传统农业发展政策的关键就集中到能否建立起完备的市场机制，发挥农业比较优势，以保持我国农业的长期竞争力。对改革前后我国农业经济实际增长效果的实证分析，有助于我们印证上述论点。

我们大致上可以将 20 世纪 50 年代后期至 80 年代中期以前认做是传统农业发展政策主导农业资源配置的典型时期，将 80 年代中期至今认做是农业发展政策的转变时期，因而我们面临着如何完成这一转变，形成市场经济条件下的农业发展政策的选择。我们知道，粮食、棉花、油料的统购统销政策是在 1953 年开始实行的，随后又分别

---

① 钱纳利将比较优势原则应用于经济发展政策的评论，批评了传统经济增长理论，从而为一种新的增长理论开启了思路。参见 Hollis B. Chenery （1961），"Comparative Advantage and Development Policy"，*American Economic Review*，Vol. 51，No. 1，pp. 18 – 51。

将一系列其他重要农副产品纳入了统购统销的轨道。[①] 而人民公社体制则是在 50 年代末期以一场运动的方式迅速建立起来的。在这之后，农业中产品和生产要素的流动完全被国家垄断了。到 70 年代末和 80 年代初，家庭联产承包制从试验到推广，迅速取代了人民公社体制。这个时期的制度变革根本改变了农业生产过程中的微观激励机制，并导致了农业的巨大增长，但是，一方面家庭联产承包制在这个时期还处在逐步推行的阶段，另一方面农产品统购统销制度尚未受到根本触动，从整体上，传统农业发展政策仍然支配着资源的配置。

由于实行粮食的全国和区域多层次自给自足的政策，并采取低价和数量控制手段执行收购任务，在改革之前的很长时间里，在粮食生产上不具有比较优势的地区承受了更大的负担；而在 20 世纪 70 年代末和 80 年代初，农业的激励性政策也更多地倾斜在粮食生产上，具有粮食比较优势的地区获益较多。为了衡量各地区农业比较优势所在，并分别来观察不同比较优势下的农业增长绩效，我们以各地区经济作物与粮食的单位面积产值相比，再以此比值与全国该比值的平均水平相比，这就是各地区经济作物的"比较优势指数"（简称 CAI 指数）[②]。根据比较优势在

---

① 在用语上，"统购"的范围仅限于粮棉油。而另外一部分称为"派购"，依产品关系国计民生的重要性还有其他等级的管制。但其在价格和数量上的控制原理是一样的。

② World Bank（1985），"China: Long Term Issues and Options", Annex B. Rep. No. 5206 - CHA. Washington, D. C. .

一定时期内既发生较大变化，又保持某种连续性的特点，我们计算了 1983—1989 年分省的 CAI 指数，并以各省自治区的该指标与全国平均值相比。综观整个 7 年，将 CAI 指数具有最高的高于平均水平的频率的地区作为具有经济作物比较优势（或不具有粮食比较优势）的代表，将其他地区作为具有粮食比较优势的代表。剔除若干不正常值后，发现在传统农业发展政策环境下，具有粮食比较优势的地区，农业增长快于不具有粮食比较优势的地区。将各省市自治区 1976—1978 年平均农业总产值与 1954—1956 年平均农业总产值相比，计算出各地农业的增长率，而把具有粮食比较优势地区增长率的算术平均值与不具有粮食比较优势地区增长率的算术平均值相比，得出具有粮食比较优势地区农业增长的领先系数为 1.28；而以 1983—1985 年农业总产值平均值与 1976—1978 年农业产值平均值计算的该领先系数则为 1.04。可见 80 年代以来，农业激励的倾斜方向已有所变化，但粮食仍保持着占优势的地位。

　　20 世纪 80 年代中期以后，除粮食、棉花以外的农副产品都陆续放开，市场机制成为基本的调节手段。总体上来看，国内农产品的区际贸易已开始进行，市场调节农业资源配置的价格上受到的刺激较大，因而在该类产品上具有比较优势的地区，农业增长较快。以 1990—1991 年的平均值与 1983—1985 年平均值比较，具有粮食比较优势的地区农业总产值的增长已明显滞后于具有经济作物比较优势的地区，前述具有粮食比较优势地区农业增长的领先系数已降为 0.86。

与此同时，把我国农业经济作为一个整体来看，在粮食生产上的比较优势在迅速降低。一个经济的比较优势取决于生产要素的禀赋。我国是一个劳动力丰富而土地相对稀缺的经济，而农业中粮食生产恰恰具有使用较少劳动较多土地的特点。从 20 世纪 70 年代末开始的农业改革，刺激起了广大农民的劳动积极性，大大提高了劳动生产率，而耕地面积却在不断减少。这种情况使得劳动力剩余和人均耕地不足的现象愈加突出，因而在粮食生产上比较优势迅速丧失。70 年代初到 1987 年我国种植业"显示性比较优势指数"（以一国某种产品的出口份额与全世界该产品的总出口份额相比），从 2.3 下降到 1.3，水稻从 36.33 降到 2.25，小麦从 0.25 降到 0.20，油料从 2.40 降到 1.02，与粮食相反，经济作物倾向于使用更多的劳动和较少的土地，因此，粮食比较优势下降的过程同时就是经济作物比较优势提高的过程。在市场发挥了较大调节作用的条件下，价格机制就表现出对粮食的抑制和对经济作物的刺激倾向。如果是在一个开放的经济中，比较优势的变化及价格刺激的倾向性将引导国内更多的农业资源投入到经济作物生产中，而相应增加粮食的进口，这可以使我国经济在整体上得益。然而，在仍然坚持粮食自给自足政策，从而国际市场与国内资源配置不相衔接的条件下，不继续对粮食的区域自给实行严格的数量控制，就不能保证有足够的激励使国内供给达到需要的水平。因此，虽然农产品的价格在逐步改革，市场化水平不断提高，而对各地区粮食供给的数量控制仍然保留，这使得农业比较优势不能得到发挥。

四、市场经济条件下的农业发展政策选择

目前，我国农业无疑是处在由传统农业发展政策向市场经济条件下的农业发展政策转变的阶段。无论从历史的演变还是现实的比较看，都可以看到一个具有规律性的现象，即在人均收入较低的阶段，农业倾向于被征税；而在人均收入较高的阶段，农业倾向于受到保护。也就是说，农业保护是一定发展阶段上的现象。让我们借助一个农业保护（对农业的征税可以看做是一种负保护）的政策市场的分析框架①，用图三来说明农业政策扭曲的形成，以及对农业征税政策与农业保护政策之间的递嬗关系。在一个农业保护政策市场上，是否提供这种政策，在何种程度上提供，政府要权衡提供该政策的预期收益和预期成本，根据政治领导人执政机会最大化的效用目标作出决策。一个利益集团预期从一项特殊政策获益越多，其对政府提供这一政策的要求就越强烈。另一方面，因某一政策而招致损失的利益集团对该政策的抵制越有效，提供这一政策的政治成本就越高。在图三中，横轴表示保护程度，由左向

---

① 速水，《日本农业保护政策探索》，中国物价出版社1993年版，第121—123页；Anderson（1991），"International Dimensions of The Political Economy of Distortionary Price And Trade Policies" from "Open Economies: Structural Adjustment and Agriculture"，Edited by Goldinand Winters, pp. 291 – 296。

右逐步增强，P_0点为保护程度为零的点，表示不征税也无保护。纵轴表示实行保护政策为政策制定人带来的边际政治收益和边际政治成本。通常，随着保护程度的提高，支持该政策的集团活动强度减弱，而反对该政策的集团活动加强。在图中表现为政府实行农业保护政策的边际收益下降，而边际成本提高。对于政策制定人来说，满足最大预期政治利益的选择均衡点即为边际收益和边际成本相等处（见图三）。

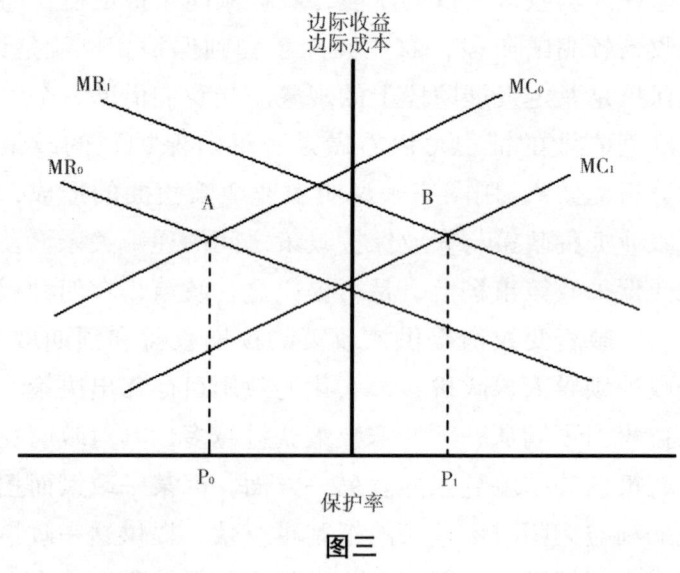

图三

在农业经济占有很大比重的发展阶段上，由于居住分散和免费搭车的问题，农民组织起来对政策施加影响的能力很弱；而城市工商业需要维持劳动力再生产的低费用，并且具有较强的政策影响力，政府实行农业保护政策的成本较高、收益较低。因此，在多数国家，农业扭曲政策表现为对农业征税或负保护（如图中的 P_0 点）。随着经济发展和人均收入的提高，首先，食品支出在居民消费支出中的比重已经降低，消费者对食品价格上涨的承受力和容忍程度已大大增强。这降低了农业保护政策的成本。其次，农业产值和就业份额都已大大降低，对于经济结构中这较小部分的保护，成本也降低了。第三，随着农业人口减少和教育水平的提高，以及交通、通讯设施日趋发达，农民组织的成本降低，其呼声开始具有较大的政策影响力，免费搭车的可能性降低。这加强了农业保护政策的需求压力和不实行农业保护政策的政治成本。第四，由于在这个转折之前，农业通常处于被征税或被强制地为工业化积累的状态，因此，当有条件扭转传统政策偏向时，道义上的舆论说辞可以降低实行这种矫枉过正政策的说服费用。最后，由于农业比较优势的下降和丧失，使处在这个发展阶段上的国家有变为农产品净进口国的倾向，这使得实行农业保护政策具有实际的需要。维持国家食品安全这个理由，也成为实行保护政策的收益。正是由于这一系列原因，大量国家和地区在农业比较优势丧失之际，十分自然地从传统的对农业征税的政策，过渡到保护农业的政策（如图中的 P_1 点）。

我国农业已经表现出从征税政策向保护政策转变的端倪，尤其是对粮食的保护可能会在不久的将来成为农业经济政策的核心。第一，粮食历来被看做关系国计民生的头等重要产品，是国家经济安全的基本象征，所以，从上到下各级政府的政策目标都要把粮食稳定供给放在重要位置。第二，农村社会的稳定取决于农民的收入水平，而不少人误以为稳住或维持一个较高的粮食相对价格可以解决农民增收问题。因此，重视农村、重视农业、重视粮食的呼声总能够得到反映。这也就意味着农民的谈判地位的提高。第三，城市居民由于收入提高较快，对于粮食价格上涨的承受力大大增强。

作为扭曲政策之一的农业保护政策，其造成的福利损失对于完备的市场机制形成的阻碍作用，以及派生出的一系列体制僵化等，在经济学分析的维度上已经可以做出无可争议的证明。[①] 而我国目前所产生的实行农业保护政策的趋向，还有着特别值得指出的危险。首先，如果农业保护倾向发展下去，我国必然陷入粮食的自给自足的封闭循环。既然不能利用国际贸易来消解我国农业比较优势下降的矛盾，则只好在提高粮食价格和加强数量控制两者之间选择。由于目前我国农业劳动力仍然占有很大的比重，实行保护价格无论是政府还是消费者都是承受不起的，所以很可能要偏于借助对粮食生产实行数量控制的手段。数量控制的福利效果前面已经充分论述，比较优势这一农业增长的重要源泉被阻断，就意味着中国农业发展道路的黯淡。其次，国内农业目前面临的矛盾都是缘自不能利用国际市场发挥比较优势。而如果将排斥国际贸易定型为既定的制度前提，人们就会发现，国内市场越是发育，粮食生

---

① 蔡昉：《论农业保护及其替代政策》，《农村经济与社会》1993年第2期。

产就越是处在不利的价格地位，维持其持续发展就越是勉为其难。很自然，就会形成"市场经济无助于中国农业"的认识，而在政策实践上则倾向于加强对粮食的数量控制而抛开市场机制。这样，农业中资源配置基础难以转到市场机制上来，社会主义市场经济在农业上就会留下死角。在面临着不同的政策选择可能性的关头，我们应坚决避免新的农业政策扭曲，而把农业发展政策的新支点放在通过市场机制的全面作用，发挥我国农业比较优势上面。

"工业反哺农业、城市支持农村"的经济学分析[*]

摆脱"贫困陷阱"需要有一个足够的力量打破"低水平均衡"。同样地,突破"温饱陷阱"也需要一个足够的力量打破"高水平均衡"。第一个力量来自于国家与农民关系的调整及其带来的一系列资源分配方式和机制的转变,即20世纪70年代末80年代初以实行家庭承包为特征的农村改革。第二个力量也应该如此。工业反哺农业、城市支持农村就是这样一个政策调整宣言。这个宣言能否成为现实并产生预期的效果,需要对反哺的含义和内容、时机与条件,以及这个调整的经济和社会收益进行经济学分析。

一、含义和内容

工业对农业的反哺以及城市对农村的支持,是农业与

---

* 本文发表于《中国农村经济》2006年第1期。

国民经济关系的一个根本性调整。在经济发展的早期，一个具有普遍意义的现象是：工业从农业无偿取得积累资源，各种资源的积累表现为从农业向非农产业流动以及从农村向城市的流动。而实施这个新战略即对农业的反哺，意味着农业到工业、农村到城市这样的资源流动方向的逆转。按照经济学文献的说法，就是在贫困国家或发展的早期，农业通常处于被征税的地位；而在富裕国家或比较发达的阶段上，农业往往受到政策的保护。

发展经济学家归纳出若干农业贡献，即在经济发展的过程中，农业为整个国民经济的增长提供的各种资源和条件的总称。早期这些贡献的主要成分是生产要素贡献。首先是资本贡献。在中国、苏联和许多发展中国家，政府通过直接税和间接税（即工农业产品价格剪刀差）的方式从农业、农村攫取剩余资金，为工业化提供积累。而反哺在这方面的意义就是要使资金的流向反过来运动，国家和社会资金要支持农业和农村的发展。其次是劳动力贡献。在征税的制度环境下，农民用自己劳动和经营所得进行劳动力再生产和人力资本积累。然而，在劳动力无限供给的条件下，农业中剩余劳动力以不变的且非常低下的工资率转移到非农产业或城市部门。而对农业的反哺则意味着，通过创造良好的劳动力流动和就业环境，为农村劳动力的再生产过程和人力资本形成过程提供经济支持，并且随着经济增长而使转移的劳动力工资水平逐渐提高。第三是土地贡献。在对农业征税和工农业产品不等价交换的体制下，很大部分农业土地的物质形态、生产力和肥力被城

市用很低的价格或无偿获得。劳动力和土地贡献的方式
是相同的，即农业劳动生产率每提高一步，都以剩余要
素转移的方式被工业或城市部门低价地或者无偿地得
到。而在这方面，对农业的反哺就意味着工业和城市要
为农业资源特别是土地资源的占用、开发和利用提供公
正、合理的补偿，对耕地的保护和生产力提高提供资金和
技术支持。

　　工农业之间或者城乡之间的资源转移，归根结底要以
资金的形态表现出来。学者们曾经对整个计划经济时期，
以各种形式实现的农村资源向城市的无偿转移进行估算，
归纳起来大约在 6000 亿元—8000 亿元。① 即使到现在，
这种农业、农村资源向非农产业和城市单向流动的局面也
没有扭转过来。经历了 20 多年的改革之后，农产品市场
发育与完善的结果，消除了工农业产品价格剪刀差存在
的条件。但是，从财政资金和信贷资金的流出和流入比
较来看，直到 21 世纪初，对农村的征税（农业税和农
林特产税以及对乡镇企业税收的总和）仍然大大高于财
政对农业的支出，农村总存款远远高于农村总贷款（图
一）。这意味着农业和农村资金向非农产业和城市的净
流出。

---

① 参见蔡昉、林毅夫：《中国经济：改革与发展》，中国财政经济出版社 2003 年
版。

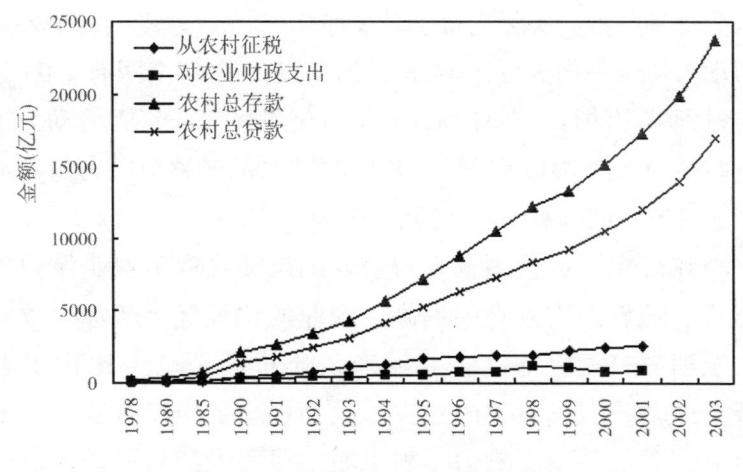

图一　城乡资金流动规模和方向

资料来源：国家统计局，《中国统计摘要2002》，中国统计出版社；国家统计局，《中国统计年鉴》相关年份，中国统计出版社；中国金融学会，《中国金融年鉴（1999—2004）》，中国金融学会编辑部。

即使是那些已经转移到城市非农产业就业的农村劳动力，依然在就业获得机会和工资决定上面受到歧视。根据计量经济学估计，外来劳动力的工资显著低于城市劳动力，其中因岗位进入障碍和同工不同酬等歧视原因造成的差距占43%。外来劳动力的小时平均工资为4.05元，城市本地劳动力的小时平均工资为5.7元，外来劳动力的年平均工作时间为3573小时。根据以上信息，我们推算出，以城市本地劳动力的小时工资为基准，如果对外来劳动力没有歧视，外来劳动力的小时工资将为4.69元。也就是说，外来劳动因为受到歧视，实际上每小时少挣0.64元。这样，一个外来劳动力每年平均少挣2284元。如果以2004年全国有1.03亿农村到城市的打工者计算，外出打工农民工每年因劳动力市场歧视而少挣2343亿元①，比同样数量的转移劳动力每年汇回农村家里的钱数1624亿元还多出44%。

在许多工业化国家，对农业的反哺采取了农业保护的形式。随着人均收入的提高，农业的比较优势通常会减弱乃至消失，相应地，农业的产值比重和劳动力比重也下降。这时，农民人数的减少，反而提高了他们争取有利于自身利益的政策影响力，加上城市居民农产品消费支出比重的降低，社会开始容忍政府实施保护农业的政策。所谓农业保护政策一般指政府为了把一国农产品价格维持在一个高于国际市场价格的水平，而采取的一系列外贸壁垒和价格、收入支持等干预手段。可见，保护政策不仅造成产品和生产要素价格的扭曲，从而损害市场机制调节农业生产的功能，还违背自由贸易的原则，造成国际贸易摩擦甚至冲突。在WTO框架下发育市场经济，不能再走扭曲生产要素价格的路径。而且，中国改革开放时期的高速经济增长大大得益于自由贸易，损害自由贸易就是伤害自己的增长源泉。因此，工业反哺农业、城市支持农村，决不意味着推行扭曲价格的农业保护政策。

中国共产党第十六届五中全会提出建设"生产发展、

---

① 根据中国社会科学院人口与劳动经济研究所在上海、武汉、沈阳、福州和西安等五城市劳动力调查数据推算。

生活宽裕、乡风文明、村容整洁、管理民主"的社会主义新农村，是对科学发展观在"三农"事业上的深刻表述，具体而恰当地描画了工业反哺农业、城市支持农村的完整内容。也就是说，这种反哺是通过资金和其他资源向农业和农村的倾斜，提高农业科学技术水平、改善农业生产和农村生活条件、提升农村道德风尚、形成民主的乡村管理体制。也说明，对农业的反哺和对农村的支持，在内涵和外延上与科学发展观是完全吻合的。

二、时机与条件

城乡关系是一种制度现象，它反映着政府作为政策制定者与农民作为制度需求者之间的博弈。城市偏向政策仍然没有寿终正寝，以农民收入增长缓慢为表征的"三农问题"，即是这种政策倾向的现实反映。制度变革的发生，最终取决于接受新的制度安排所带来的政治收益，是否大于这种制度安排导致的政治成本，换句话说，政治经济学的道理支配着这种制度的存在与消亡。

首先，农民对于一种制度以及一种利益格局从容忍到不能容忍，终究有一个转折点，最终导致制度变革。改革之前，中国农民处于一种贫困的恶性循环状态，1978年全国有2.5亿农民没有解决温饱问题。借用经济史学的概念，当时农村经济处于一个"低水平均衡陷阱"。所谓低水平，是指农民收入长期在生存水平上下徘徊，并且在动态上表现为城乡收入差距的不断扩大，1978年城镇居民的人均收入为农民人均收入的 2.6 倍。所谓均衡陷阱，是指这种生存水平的收入具有一种制度决定的稳定性，假设任何一个向上的扰动，都会由于生产队集体劳动中激励问题的存在，而被重新拉回到出发点上。这种状况达到改革前很严重的状况时，以调整城乡关系，或者说国家与农民之间关系的改革就发生了。①

农村改革一度曾大幅度地增加了农民收入，城乡收入差距也一度缩小到 1988 年的 1.5∶1。但是，这种情况没有维持很久。从 20 世纪 80 年代后期开始，城乡收入差距再次扩大，一直到目前，这个差距已经接近 1978 年的水平，2003 年城镇居民人均收入是农民人均收入的 2.4 倍。我们可以把从那时以来很大一部分农村地区，看做是陷入了一个"温饱陷阱"的状态，或者相当于经济史中的"高水平均衡陷阱"状态。所谓高水平，是由于这时的农民收入，普遍的情况是在生存水平之上，或者说达到或超过了温饱水平。说它是一个均衡陷阱，是因为迄今为止没有一个足够大的力量打破这种收入水平的徘徊和差距扩大的局面，并且，城乡收入差距继续扩大。可以预测，当城乡收入差距再次扩大到 1978 年的水平时，制度变革的临界点就到来了。

其次，劳动力市场长期供求关系的变化，相应地带来不同群体对政策影响力的决定方式，从"数量悖论"到

---

① 周其仁：《中国农村改革：国家和所有权关系的变化———一个经济制度变迁史的回顾》，《中国社会科学季刊》1994 年夏季卷。

"供求法则"的转变，从而城乡关系的均衡也发生变化。政府政策的城市偏向，在许多发展中国家都可以观察到。一个关于这种政策倾向形成的解释是所谓"数量悖论"。农民虽然人数众多，对于政策的影响却很小。这是因为农民因居住分散而导致的集体行动中过高的沟通成本，以及由于单个农民的产品只是农业产出的微小份额，因而造成的免费搭车现象，导致缺乏政治力量。由此便形成农民人数众多而政治影响力微弱这种所谓"数量悖论"。而由于经济发展过程中农业份额相对下降规律的作用，当农民的数量大幅度减少后，国家与农民的关系以及相关政策的城市偏向就发生逆转。我们可以把这种转折看做是人口和劳动力比例关系影响政策倾向的"供求法则"。

虽然对农业反哺并不应该等同于对农业进行保护，但是，两者之间也存在着一个根本性的共同点，即政治上有必要性，经济上有可能性。反哺可以采用保护的形式，也可以采用其他的形式。社会主义新农村建设的目标，如果是通过财政和其他资金渠道的支持，靠农民的努力所实现，就是采用非农业保护性的形式对农业的反哺。因此，当我们在借鉴其他国家和地区的经验讨论反哺的条件时，农业保护的形成条件也是具有参照意义的。

国际经验表明，大多数发展中国家都通过直接或间接的方式对农业进行征税，而发达国家倾向于对农业进行保护。表现为农业保护这种形式的工业反哺农业，其出现的必要条件是农业产值和就业在国民经济中份额的下降。在发达国家和地区表现出来的随着农业比重下降而农业保护程度提高的规律表明，只有多数人对少数人的反哺才是可行的。因此，农村劳动力的转移不仅创造反哺农业的条件，也决定反哺的水平。那么，从征税到保护的转折点在哪里，一旦开始对农业进行保护，到什么时候为止呢？由于每个国家或地区的经济增长速度相异，农业比较优势保持的时间长短不一，因此，农业份额与农业保护之间的关系不尽相同。从土地资源禀赋与中国大陆比较相近的日本、韩国和我国台湾省来看，在其发展的一个时期，经济增长速度很快，农业比较优势的丧失也比较迅速，随后出现农业保护现象。日本早在20世纪初就开始了农业保护。而韩国和我国台湾省的农业保护，则是在20世纪60年代，大约是在农业产值比重和劳动力比重分别下降到大约1/4和1/2时开始的。一旦从对农业征税转向对农业进行保护，随着农业份额的继续下降，农业保护水平则持续提高。根据一项对15个工业化国家和地区的回归分析，农业保护的提高直到农业产值比重下降到大约4%，农业劳动力比重下降到6%—8%时才停止下来。[①]

　　与东亚经济及其相应的经济发展阶段十分类似，中国在20世纪80年代以来，在经历着高速经济增长和人均收入水平增长的同时，农业特别是粮食作物的比较优势迅速下降。另一方面，继农业产值比重在80年代中后期下降到25%左右，滞后大约十年的时间，农业就业的比重也

①　Kym Anderson and Yujiro Hayami（1986），*The Political Economy of Agricultural Protection*，*East Asia In International Perspective*，Sidney. London. Boston：Allen & Unwin in association with The Australia - Japan Research Centre，Australian National University.

下降到50%左右。2004年，农业产值比重下降到15.2%，农业就业比重下降到46.9%（图二）。如果遵循东亚农业保护形成的轨迹，中国从20世纪90年代末，就具备了进行农业保护的条件。或者说从那时起，用这样或那样的形式反哺农业，已经是适宜的选择。从另一方面看，城乡收入差距也进一步向1978年的水平回归，按不变价格计算，城镇居民人均收入与农村人均收入的比率，从1988年的1.5提高到2003年的2.4。在这种情况下，工业反哺农业、城市支持农村的政策要求十分强烈。

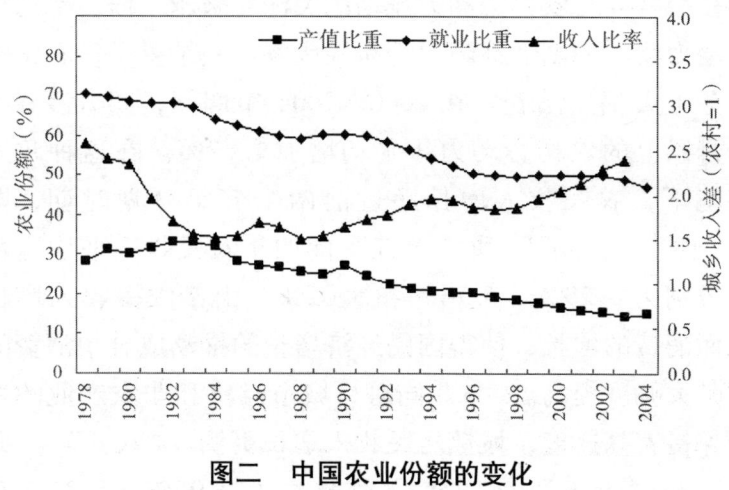

图二　中国农业份额的变化

资料来源：国家统计局，《中国统计年鉴2005》，中国统计出版社。

三、途径与措施

　　在"十五"期间，党中央、国务院高度重视三农问题，采取了一系列政策措施提高农民收入。例如，在粮食价格上采取保护措施防止谷贱伤农，开始实行对种粮农民的直接补贴政策，继续扩大税费改革范围，下大力气减轻农民负担。特别是税费改革中免除农业税等政策，具有很高的含金量，真正使农民得到了实惠。更重要的是，政府和社会各界对农村劳动力流动的关注越来越正面，不利于劳动力流动的制度性障碍纷纷被废除。其结果是，农民外出务工大幅度增长。在2000—2004年期间，离开乡镇1个月以上的农村劳动力年平均增加13.7%。在这种政策环境下，农民收入增长超过前两个五年计划时期，即"八五"、"九五"和"十五"前四年农民收入平均增长率分别为4.29%、4.76%和5.02%。由于农民收入增长从而消费的增长，使得国民经济增长的推动成分中消费的贡献大幅度提高。[1] 与此同时，城市经济和非农产业的发展保持着高速度，城镇居民收入增长更快。"八五"、"九五"和"十五"前四年分别增长了7.96%、5.76%和9.65%。由此观察，对农业的反哺和对农村的支持政策还没有取得实质的效果。从这种城乡居民收入增长的相对态

---

　　① World Bank （2005）, *Global Economic Prospects：Overview and Global Outlook*, Washington, D. C.。

势来看，我们可以做出以下判断，从而有助于我们探寻实现对农业进行反哺的有效措施和途径。

　　首先，大多数为农民增收减负的措施还是权宜之计，而具有长期效果并且与经济规律作用相一致的农民增收机制还没有启动。在户籍制度的制约下，劳动力在城乡之间流动规模和范围的扩大，尚不能改变国民收入分配格局。城乡收入差距的存在，表面上看，是劳动力在农业中的收入没有城市非农收入高，农村又缺少足够多的非农就业机会所造成。但其背后的更深层原因则是城乡之间国民收入分配格局异常，换句话说，是城乡劳动力配置与 GDP 分配的不对称。为了用数字指标表示，我们可以计算三个产业的比较劳动生产率，即每个产业的增加值占全国 GDP 的比重与该产业就业占全国就业人口的比重之间的比率。可以预期，如果三个产业之间具有比较均衡的发展关系，并且劳动力流动倾向于改变国民收入分配格局的话，它们的比较劳动生产率都应该趋近于 1。但是，事实并不如此。1990—2003 年期间，农业增加值占 GDP 的比重从 27.1% 大幅度下降到 14.6%。同期农业劳动力占全部劳动力的比重从 60.1% 下降到 49.1%，导致农业的比较劳动生产率在原来就低的基础上进一步降低，保持了与第二产业和第三产业的巨大反差。

　　其次，有利于解决三农问题的宏观经济环境还没有形成。如投资引导型的增长方式、重化工业化倾向等都不利于就业的创造，阻碍农村劳动力更快转移。农民收入的增长还没有成为经济增长的一个正常机制。根据农业份额下降的经济规律，三农问题的解决不能单纯依靠三农自身。社会主义新农村建设以及工业反哺农业、城市支持农村的政策思路，可以把解决三农问题与中国经济的整体增长有机地结合起来，形成良性互动和双赢的结果。世界银行的一项模拟表明，在今后能够把农业劳动力转移出 1%、5% 和 10% 的假设下，全部 GDP 将分别提高 0.7、3.3 和 6.4 个百分点。[①] Whalley 和 Zhang 在假设户籍制度是劳动力迁移的唯一障碍的条件下，通过一项模拟表明，一旦取消以户籍制度为代表的对于劳动力迁移的障碍，现存的收入不平等则会全部消失。[②]

最后，金融资源从非农产业和城市向农业和农村流动的机制与渠道尚未形成，因而对农业的反哺和对农村的支持都还不能落到实处。国际比较表明，中国的农业投资相对不足。例如，发达国家对农业研究的投入大约为农业增加值的 1%，大多数发展中国家这一比例为 0.5%—0.8%，而中国还不到 0.4%。[③] 2003 年中国农业增加值占 GDP 的比重是 14.8%，但是农业在整个金融机构中占用的贷款余额不到 6%。在计划经济时期，政府通过公开税、价格剪刀差和储蓄净流出渠道，从农业转移出大量资

---

① 世界银行（2004），《全国产品和要素市场分割：经济成本和政策建议》，世界银行驻中国代表处备忘录。

② John Whalley and Shuming Zhang（2004），"Inequality Change in China and (Hukou) Labour Mobility Restrictions"，*NBER Working Paper* 10683, National Bureau of Economic Research.

③ Jikun Huang, Keijiro Otsuka and Scott Rozelle（2004）"The Role of Agriculture in China's Development"，presented at Pittsburgh Conference.

金进行工业化积累。而在改革期间（1980—2000 年），相同的渠道从农业吸取了 1.29 万亿元（2000 年不变价格）的剩余用于工业发展。如果从城乡关系看，同期有大约 2.30 万亿元资金从农村流入城市部门。[①]

这种农村向外的资金流出导致农村投资不足。世界银行的一项研究表明，20 世纪 90 年代中国农村非农产业的资本边际收益率远远高于城市工业，而且超出的幅度呈现越来越大的趋势。[②] 1990 年农村非农产业的资本边际收益率是城市工业的 2.1 倍，1995 年提高到 3.7 倍，2001 年提高到 5.2 倍。这一期间农村非农产业资本边际收益率的增长速度是城市工业的 4.3 倍。农村非农产业维持较高资本收益率这一事实，意味着资金没有按照收益最大化的原则流向嗷嗷待哺的乡镇企业。

四、政 策 建 议

首先，通过户籍制度改革、发育劳动力市场和创造更多的非农就业机会，推进劳动力在城乡之间的流动，加快城市化步伐。迄今为止，以户籍制度为核心的一系列政策仍然制约着劳动力的畅通流动，是限制城乡劳动力流动的制度性障碍。绝大多数农村劳动力和他们的家属得不到在

---

① Jikun Huang, Keijiro Otsuka and Scott Rozelle（2004），"The Role of Agriculture in China's Development"，presented at Pittsburgh Conference.

② 世界银行（2004），《全国产品和要素市场分割：经济成本和政策建议》，世界银行驻中国代表处备忘录。

城市永久居住的法律认可，造成他们只能到处流动而不能迁入城市，他们的消费行为、子女教育行为也因此而异常和失范。歧视外地人的就业政策、社会保障制度和社会服务的供给等，也都根源于户籍制度，根据是否具有本地户口而定。这种排他性政策的继续实施，严重地妨碍着劳动力市场的形成和配置劳动力资源功能的发挥。因此，实施工业反哺农业、城市支持农村的政策，建设社会主义新农村，首先必须从制度上疏通城乡之间的劳动力自由流动。在劳动力市场发育的基础上，创造尽可能多的就业机会，将有利于劳动力从农村到城市的有序转移，从机制上创造农民收入的持久性源泉。

其次，通过加大对农业科研的投入、改进农业生产环境、保护水和耕地等农业基本资源，提高农业综合生产能力。农业份额越是减小，农业作为国民经济基础的意义就越是重大，也越需要一个从科技水平、基本资源的可持续性，以及农业生产环境等方面的体现。实际上，在20世纪90年代，农业比工业、建筑业和服务业有更好的全要素生产率增长表现，而且这个特征将继续保持。这使得中国农业的赢利性丝毫不逊色于非农产业，从而期待着一个对农业投资的新高潮。

第三，按照反哺农业、支持农村的政策原则重新塑造财政和金融体制，为金融资源从非农产业和城市向农业和农村的流动构造机制、疏通渠道。深化金融体制改革，发育资本市场，为农村和农业提供充分的资金支持。虽然在经济发展的过程中，农业份额相对下降的规律必然发挥作用，城市化是解决城乡收入差距的根本出路，但是，目前农业和农村非农产业必要的发展所需资金和政府投入仍然不足。农村劳动力转移也好，城市化也好，归根结底都需要有一个稳定的农业发展为基础。因此，适合于农业产业特点和农村中小型企业发展需要的金融组织亟待形成。这应该成为金融体制和银行体制改革的一个重要目标。

最后，把农村教育、卫生事业和社会保障体系的建设作为社会主义新农村建设的核心，提高农村的社会发展水平。不仅农业和农村的进一步发展需要增强农村劳动力的人力资本，农村劳动力向非农产业的转移也是以必要的人力资本为前提的。在中国总体人力资本积累水平已经取得领先于其他发展中国家的成绩的情况下，在有限的资源约束下进一步提高人力资本水平需要从现存的城乡差距中挖掘潜力。由于农村在基础教育上大大落后于城镇，导致城乡劳动力的素质也存在着巨大的差距。例如，根据第五次人口普查数据，农村劳动力、城镇劳动力和农村到城镇的迁移劳动力，受教育年限分别是 6.69 年、9.34 年和 8.66 年。国内外大量研究都表明，中学入学率对于发展中国家经济增长的贡献巨大。依据类似的道理，改善农村最基础的人文发展状况，可以收到提高劳动力素质从而创造经济增长新源泉的良好效果。

农民的产权与如何
摆脱"温饱陷阱"*

　　我们知道发展经济学中有一个概念叫"贫困陷阱"，意思是在贫困成为一种均衡状态的情况下，打破传统农业中贫困的恶性循环不容易。但是，一旦通过某种特别的努力打破这个恶性循环之后，我们又常常会进入到一个新的均衡状态，也很难打破，这就是"温饱陷阱"。最典型就是在中国广大农村地区，农业已经可以解决温饱问题了，并且在逐步进步。但是，按照现代农业的标准来衡量，它还没有积累到足够的综合生产能力，使其具备现代农业的特征。农村开始富裕了，吃穿不愁了，但与城市的收入差距还在保持，在城乡社会保障公共服务方面差距仍然巨大。农民也一样，收入在提高，但是农民还不能解决自己的发展问题，还不能解决自己的生产发展和进一步提高生活质量问题。如果这种状况持续时间比较长，而且难以一

下子被打破，我们就把它叫做"温饱陷阱"。因此，我们所要探讨解决的问题，归根结底就是如何摆脱"温饱陷阱"。

"没有免费的午餐"。它的含义是针对农业这个产业来说，我们要把它看做是一个生产函数，有投入才会有产出，有大的投入才会有大的产出，有足够的投入才有足够的产出，有现代新的生产要素的投入，才会形成现代的产业。我们知道，舒尔茨在《改造传统农业》中特别强调，没有一个新的生产要素的引进，农业就不会有突破，就会陷入到原来的资源配置的均衡点上，尽管那种资源配置也是尽善尽美的，但它是均衡的，没有突破。

对于农业来说，我们面临一个提倡"工业反哺农业、城市支持农村"的阶段。无疑，我们必须要做这件事情，这是一个必要的调整。但这还不够，仅仅用反哺还不足以把农业构造成一个自生的独立的产业，也就是说反哺是必要条件，但不是充分条件。

农业实际上是市场经济中一个经营性的产业。这包含几个观点：第一，农业经济是市场经济中的组成部分，因此它需要具备市场经济的一切要素。农业不是市场经济的例外，不是马克思所说的"伊壁鸠鲁的神，只存在于世界的缝隙中"。它是融合在市场经济世界中的，因此也必须运用所有的市场机制和市场的手段。第二，农产品价格激励是农业作为一个自生产业得以发展的终极激励。我们可以有很多政策手段，有反哺，有支持，还有其他的手段，但是我们永远不应该忘记，农产品价格是农业作为市场经济的一个组成部分所赖以发展的激励。不仅如此，我们还要强调，农产品价格激励是农业的终极激励。第三，产权制度，我们不仅仅把它看做是保护一种财产权利，它作为保护农民财产权益的制度安排固然是极其重要的方面，但是它还有一个很重要的、不可忽视的功能，那就是产权制度同时也是农业中的资源和农村中的资源实现资本化的一个基础，这点从成都的探索中已经可以清楚地看到。

在农产品市场发育之外，还有更需要我们关注的，这就是生产要素的市场。相对来说，中国生产要素市场的发育滞后于产品市场的发育。然而，作为市场经济中的一个组成部分，生产要素市场是须臾不可或缺的。

首先，我们从劳动力市场的角度讲。现在劳动力已经充分地流转起来了，我们有 1.3 亿农村进城打工的农民工，规模很大，而且现在还在继续增加。但是我们有一些制度因素还在束缚这种流动，流动是自由的，但还不是彻底的。比如说户籍制度、社会保障制度和其他相关的制度安排，合并在一起导致这个流动不是永久性的，与城市化的需要是不相适应的，可能会带来很多问题。比如农村人口结构的扭曲。我们知道，大量劳动年龄段的青壮年都外出了，剩下的农村就会出现老龄化、女性化、少儿化的现象，这与建设新农村的要求是不相适应的，同时也可能造成农村经济、社会、文化建设的凋敝。应该讲，一个健康的城市化应该是城乡统筹发展的最高境界，归根结底，实行新农村建设方针，实现城乡统筹发展，不是为了让庞大的农民群体都留在农村，相反，是需要进一步加快城市化步伐。因此，这种情况给我们提出的问题就是包括土地流转制度的改革，户籍制度的进一步放松，这些都应该成为城乡统筹改革中的重要领域，同时也可以促进劳动力转移的彻底化。这是从劳动力的角度讲生产要素市场。

其次，我们从资金的角度来看，生产要素市场是不可或缺的。我想，市场经济应该有一个法则，这个法则其实很简单，资金最稀缺的领域应该是资金回报率最高的领域。但是，我们在现实中看到的不是这样，我们的农业农村是资金最稀缺的地方，但这个领域资金的回报率不是很高的，至少我们表面上看到资本不是向这边流动，而是相反。农业与非农产业或者城乡之间显示出的这种不正常关系，并不意味着农业是弱势产业，是非正常产业，而是因为农产品价格扭曲，也是因为农村生产要素市场受到压抑，在发展经济学里叫做金融压抑，这是最主要的原因。与此同时，我们也看到，农村的土地制度和资金的流动也是密切相关的，土地没有实现资本化，也就遗漏了农民所拥有的一笔最大的潜在资本。我们知道土地应该是资本，但是作为集体所有者的农民没有得到这个资本。

第三，从土地的角度看，生产要素市场是不可或缺的。土地是生产要素，从书本上理论上我们都承认——资本、劳动、土地是生产要素。但是在现实中我们往往忽略了土地是生产要素，甚至把它看做是福利，看做是社会保障等类似这样的东西。这种认识是影响改革和完善土地制度的观念障碍。正确的一种关系应该是什么？土地作为资本，它要有它的安全性，但是，它的安全性不是不要把它看做是资本，不要把它看做是生产要素，而是土地作为资本品的安全性，应该首先来自于农业的盈利性，农业应该是一个正常的自生的产业。农民的安全性应该来自社会保障，即社会覆盖面向农村的扩大，社会保障的充分性和水平的不断提高。同时我们也看到土地产权的缺失和产权市场的缺失也导致了小农业、小农户和大市场之间的矛盾，也往往成为我们说农业是弱势产业的理由。

有一本书，叫《资本的秘密》，秘鲁的一个经济学家写的。我想书中的一句话讲得非常有意义，按照他的说法，农民之所以是穷人，主要是因为"他们有房屋却没有所有权凭证，他们有庄稼却没有契约，他们有企业却没有法人地位"，我想用这句话作为一个参照系，来观察我们的小农户和大市场之间的矛盾，是个很好的解说，问题会看得非常的清楚。

我归纳一下党的十七届三中全会关于土地产权的关键词，我觉得我们在探索中和将要探索的土地产权制度的改革的重要领域和重要的原则，党的十七届三中全会里都讲到了，而且有非常丰富的新的内涵。因此我认为我们应该在党的十七届三中全会的框架内继续我们统筹城乡改革，特别是土地产权制度改革的探索。

刘易斯转折后的农业
发展政策选择[*]

一、引　言

21 世纪以来，中国农业发展的政策环境进一步得到改善，在涉及农业、农村和农民利益各个方面政策的进展，以及使农民满意的程度都是史无前例的。但是，长期以来在三农方面存在的问题远未得到根本解决。除了农民工在城市的经济社会待遇问题，以及在社会保障和公共服务上的巨大城乡差距外，农产品也遇到一定的供给制约，甚至引发了通货膨胀压力。在逻辑上，我们究竟应该怎样解释这种前所未有的良好政策环境，与空前严峻的挑战同时并存这样一个矛盾呢？正确的回答是，我们应该从二元经济转换的特定发展阶段特征出发，认识农业发展的新特

＊　本文发表于《中国农村经济》2008 年第 8 期。

点和新要求。

在发展经济学理论中，对于二元经济发展过程的考察，是分三个相关的阶段进行的：第一是劳动力无限供给的典型二元经济发展阶段。在这个阶段上，由于在农业中有大量剩余劳动力，劳动的边际生产力为零，现代部门的工资基本不增长。第二是到达第一个刘易斯转折点之后的阶段。这时，劳动力需求增长速度超过劳动力供给增长速度，现代部门工人的工资开始提高，但是农业劳动力工资尚未由劳动的边际生产力决定，农业与现代部门的劳动边际生产力仍然存在差异。第三是第二个刘易斯转折点到达之后，即农业部门和现代经济部门的工资都已经由劳动的边际生产力决定，而且两个部门劳动的边际生产力达到相等的阶段。这个阶段的到来意味着二元经济特征的消失，经济成为一个匀质的整体。虽然刘易斯认可这样的阶段划分，但是，他本人仅仅把研究的重点放在对第一个阶段的描述。在他看来，一旦二元经济结构不复存在了，经济发展就成为新古典式的，自然可以交给主流的经济理论进行分析。同时，他本人虽然关心第二个转折点，但是，他对转折的分析却留给了以后的研究者。

刘易斯对两个转折点之间经济发展特征分析的欠缺，导致诸多理论缺憾，甚至被认为是许多政策失败或无所适从的原因。例如，如果简单地理解关于农业劳动边际生产力为零或负数的结论，就会失去在矫正扭曲的农业激励上有所作为的机会，延续传统农业，不能把二元经济转换的过程同时变为实现农业现代化的过程，甚至导致刘易斯转折点过早到来，因农业发展不能支撑劳动力的进一步转移而阻断二元经济发展进程，反而延缓了商业化点的到来和二元经济结构的消除。在表1我们归纳了一个典型的二元经济发展过程通常经过的转折点，以及在转折点之间需要解决的问题，特别强调的是农业发展遇到的挑战和政策选择要点。

表1　经济发展的转折点及其转折议程

转折点名称	转折点的特征	转折间的议程
刘易斯转折点	劳动力无限供给的结束，普通劳动者工资上涨	
		发育劳动力市场；改进政府再分配效率；提高社会对改善收入分配的共识
库兹涅茨转折点	收入分配恶化的趋势被遏止，收入差距开始缩小	
		加大对农业经济的激励，提高农业生产效率，创造更好的劳动力转移制度环境
商业化点	农业和非农产业之间劳动的边际生产力相等	

在我们以往的研究中，主要是对刘易斯转折点到来对于经济发展的含义，而较少涉及农业发展问题本身。本文尝试回答在劳动力出现短缺以及劳动力成本提高的情况

下，农业发展中的有关问题。在对于刘易斯模型的众多修正和扩展中，著名的费－拉尼斯模型对于在二元经济发展中，特别是通过刘易斯转折点之后的农业发展，做出了极其富有启发意义的论述。我们可以借助于这个分析框架，来观察在经历了刘易斯转折点之后，中国农业面临着哪些挑战，并且按照相关的分析结论，看应该采取什么样的政策应对这些挑战。

二、转折点上的农业阶段特征

由于中国经济的高速增长和人口转变新阶段的来临，长期存在的农村剩余劳动力已经大幅度减少。诚然，大多数同意上述结论的研究者，都把观察到的从沿海地区蔓延到全国各地的民工荒现象，以及农民工工资迅速提高作为经验依据。然而，迄今为止的研究较少考察在这个背景下农业发展所遇到的挑战。其实，中国农业当前面临的一系列重大挑战，都与上述发展阶段特征的变化有关。下面，我们通过回顾一个简化的费－拉尼斯模型，看农业发展乃至全部三农领域面临诸种问题的实质。

在图一中，我们用横纵坐标分别表示农业劳动力和农业总产出，图中 ORPT 为农业总产出曲线，其凸起的形状，表示农业劳动力过剩导致的劳动边际产量递减的性质。根据刘易斯的假设，在全部劳动者都务农，甚至在劳动力开始转移的情况下，在 LL_1 这个劳动力配置区间，劳动的边际产量都为零，劳动者的工资不是由边际劳动生产力决定，而是分享平均产量，即 OQ/OL。直到劳动力转移水平达到 L₁，即到达刘易斯转折点（图中 P）之前，转移到非农部门的劳动者继续分享平均产量。由于劳动的边际产量为零，劳动力转移的机会成本也为零，农业劳动力投入的减少并不会引起农业产出的下降，非农部门的工资水平也没有实质性的提高。

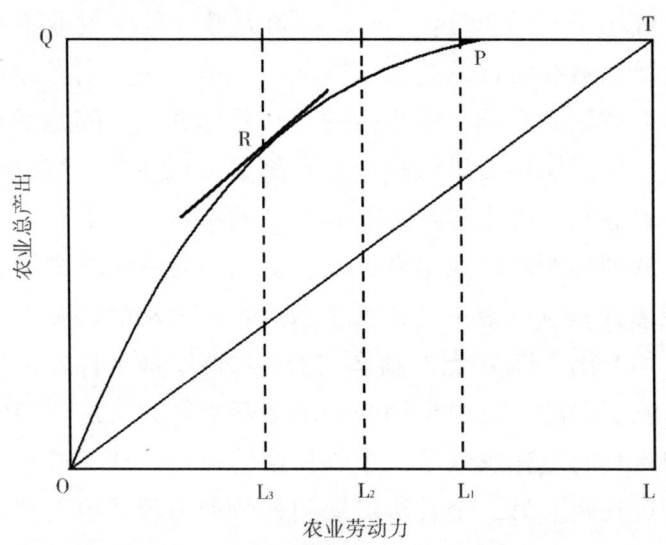

图一　刘易斯转折点与农业发展

资料来源：根据 Ranis, Gustav and John C. H. Fei (1961), "A Theory of Economic Development", *American Economic Review*, Vol. 51, No. 4, pp. 533—566 绘制。

但是，一旦劳动力转移达到 L₁ 的配置状况后，劳动力继续转移的话，农业中劳动的边际产出就成为正数了，按照定义，我们把 P 点看做经济发展到达刘易斯转折点。

到达这个转折点之后，非农部门的实际工资开始上涨，并且根据需求收入弹性的幅度，工人对食品的需求也相应扩大。这时，继续转移农业劳动力，就会造成农业产出的减少，并导致一个逐渐增大的食品供求缺口。由于直到农业劳动力转移达到 L_3 之前，农业劳动的边际产出始终小于平均产出，即在 R 点的右边，RPT 曲线的任何一点上，斜率皆小于 OT 的斜率，农业劳动力继续处于就业不足的状态，仍然有转移的要求，因此，虽然农业产出已经受到劳动力转移的影响，停止劳动力转移却并不是问题的解决办法。拉尼斯和费景汉理论的全部要义就在于，解决这个阶段农业问题的出路是提高其生产效率。

从刘易斯转折点出发，农业劳动力转移仍将继续，直到转移到 L_3 这一点上，R 所表示的农业劳动的边际产出等于平均产出，即 R 点的斜率与 OT 的斜率是平行的，农业和非农部门的工资由相同的劳动边际生产力决定，经济发展到达其商业化点或第二个刘易斯转折点。从越过第一个转折点到迎来第二个转折点期间，劳动力转移得以顺利进行的保障，则是不断提高农业生产率水平。提高农业生产率的途径包括技术进步及其成果的推广和应用，新的生产资料的使用，更高的投入水平，更高的劳动效率，规模经营等。但是，农民作为理性的生产者和经营者，是否愿意进行更高的投入，以提高农业生产效率，归根结底在于是否具有必要的激励，即要在相对收益的比较中决定。这就涉及农产品价格的相对水平，或者如拉尼斯和费景汉所讨论的贸易条件问题。

中国劳动力供给形势的变化，虽然是改革开放以来高速经济增长、提前完成人口转变、政府与市场促进就业，以及劳动力流动规模与范围不断扩大的结果，是持续性累积的结果，但是，自进入本世纪以来，一个根本性的转折正在迅速发生。在劳动力市场上表现出来的变化，是城乡就业的扩大和失业的减少、劳动参与率提高、普通劳动者工资上涨、普遍的劳动力短缺等现象。我们对农村剩余劳动力的研究，也证实了中国农业发展已经处在后刘易斯转折点的阶段上。这个阶段性变化，要求农业发展的政策环境有相应的转变。下面，我们结合农业中已经表现出的一些新现象，尝试揭示最紧迫的政策挑战，提出政策建议。

三、农业发展面临的挑战及其性质

在解释 2004 年以来在全国蔓延的民工荒现象时，有不少学者认为是由于三农政策的显著改善，使得农村劳动力更倾向于选择留在农村务农，而降低了外出打工的意愿，即强调农业对劳动力流动的反向拉力。然而，通过对现实的深入观察我们会发现，上述观点存在逻辑上的盲点。第一，它不能解释为什么在民工荒现象出现的同时，农村劳动力外出打工的增长速度却没有丝毫的减缓。第二，它也无法解释在大大改善了三农政策环境的情况下，农业仍然潜伏着生产经营积极性上的危机。我们在以往的研究中表达过自己的观点，即认为产生民工荒现象的根源其实是劳动力的短缺，是刘易斯转折点到来的必然结果。

一方面，这个结论是对现实的客观反映，是通过对城乡人口结构和劳动力市场状况进行分析的结果，另一方面，把这个结论放到现实中检验时，可以发现它具有远为强大的解释力，有助于我们对于这个阶段的三农问题乃至中国经济发展问题，做出一个前后一致的理论说明。

在家庭经营基础上和资源配置市场化的条件下，农民主要根据产品市场和生产要素市场的相对价格信号做出生产经营决策。我们先来看他们如何应对生产要素禀赋变化从而要素相对价格变化做出自身生产经营调整的。从经济理性出发，农民的技术选择、生产结构安排、投入数量、质量和结构的决定，都会根据变化了的生产要素稀缺程度和相对价格进行调整。因此，如果根据理论来做推论的话，我们可以预期，在劳动力出现短缺和劳动力成本上升的情况下，上述各种调整都会按照减少劳动投入的方式进行。我们可以在当前中国农业发展特征中看到这种正常反应。

劳动力短缺必然诱致出农业生产节约劳动的倾向。在以前的研究中，我们已经从机械化提高的角度揭示了农业技术变化的劳动节约倾向，这里我们主要从农业生产中用工量下降的角度给予进一步的说明。从图二可以看到，在20世纪90年代中期以前，由于中国仍然拥有大量的农业剩余劳动力，粮食生产中劳动的投入水平较高，并且保持稳定。随着90年代中期以来大规模劳动力外出，农业劳动力剩余的程度大大减轻了，相应地，粮食生产中劳动力使用的密集程度下降，表现为三种主要粮食作物的单位面积用工量大幅度减少，并且，三种作物用工水平有趋同的倾向。当然，这种用工减少只是表面现象，其中必然既包含机械化程度提高节约劳动力的效果，即符合发展规律的诱致性技术变迁的效果，也包含在其他政策扭曲存在的条件下，劳动投入减少，经营趋于粗放的消极效果，或者说劳动力短缺导致农业生产集约化程度降低。

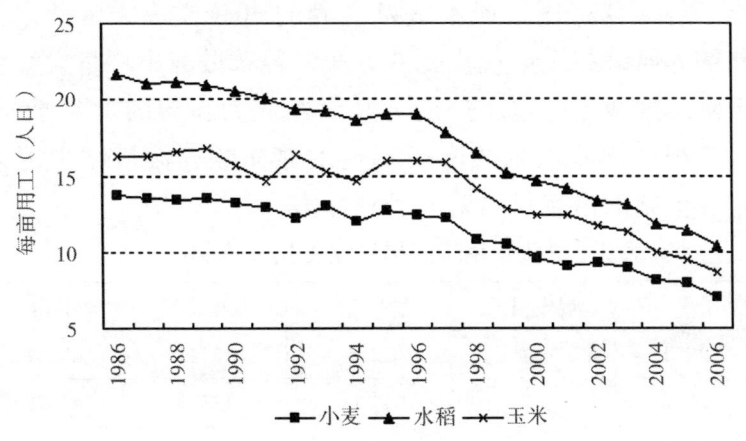

图二　粮食生产用工水平变化趋势

资料来源：国家统计局，《中国农村统计年鉴》（历年），中国统计出版社。

农民还会通过生产结构的调整，对劳动力短缺做出反应，即生产更多的劳动节约型产品，较少劳动密集型的产品，使农业生产结构向劳动密集程度低的方向转变。一个表现是农户小规模养猪数量的下降。长期以来，饲养家畜家禽是农户最有效利用剩余劳动时间的方式。一旦劳动力出现短缺，用工成本提高，这种饲养方式就遇到了挑战。正如表2所显示的，一个调整方式是减少饲养中的实际用工量（表中第一和第二列）。在2000—2006年短短几年中，规模在50头以下的农户散养用工成本就下降了19%，50头以上的规模养猪用工成本下降了29%。另一个调整方式是减少用工多的散养猪数量（表中第四列）。由于规模养猪用工成本只是散养的30%左右，因此，生猪饲养越来越采取规模化的方式，导致散养出栏量大幅度下降。这成为生猪生产能力和供给能力脆弱的重要原因，一旦规模饲养数量的增长不足以弥补散养数量减少的效果，生猪的市场供给就会受到冲击。

表2　每头猪用工和出栏量变化（人日，万头）

	规模用工	散养用工	规模出栏	散养出栏
2000	4.4	12.8	12141	40532
2001	3.7	13.0	12839	42098
2002	3.0	11.6	15407	41278
2003	3.9	12.1	16795	42405
2004	3.6	11.1	20518	41283
2005	3.3	10.9	24602	41497
2006	3.1	10.4	29262	38789

　　资料来源：根据国家统计局《中国农村统计年鉴》（历年）和国家发改委宏观经济研究院2007年度应急课题《当前农产品价格上涨的原因及影响分析》中的数据计算得到。

即使在粮食生产中，农民也越来越倾向于种植那些使用劳动较少的作物，而减少耗费劳动作物的种植比重。在小麦、玉米和水稻三种作物之中，单位播种面积小麦用工最少，玉米其次，水稻用工最多。以小麦为基准，三种作物用工之比，1986年为1∶1.19∶1.57，2006年为1∶1.24∶1.48。因此，在出现劳动力不足的情况下，我们可以预期使用劳动力较少的小麦和玉米的播种面积，相对于水稻来说更倾向于扩大。或者说，在粮食作物整体有减少趋势的情况下，小麦和玉米的减少幅度小一些。在图三的左图中，按照实际播种面积描述的趋势，并不十分明显地与我们预期的变化相吻合，因为播种面积的变化，不仅仅取决于生产要素的相对密集程度和要素禀赋的变化，还取决于作物的相对价格水平变化。因此，我们应该控制价格因素的影响。通过用生产者价格对播种面积分别进行回归，我们就控制了价格变动因素对播种面积的影响。这时，计算残差项的预测值，我们得出调整过的三种作物播种面积的变化趋势，相对来说更接近于反映劳动力短缺程度对播种面积的影响。我们也知道，农村劳动力显示出短缺迹象，主要发生在2004年以后，所以在图三的右图中，我们看到劳动节约型的粮食作物有增加播种面积的趋势，并且很可能延续到今后几年。

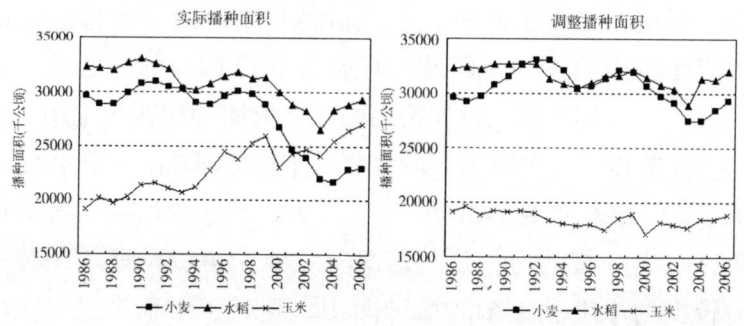

图三　粮食播种面积变化趋势

　　资料来源：根据国家统计局《中国农村统计年鉴》（历年）数据计算得到。

　　除此之外，在劳动力短缺、外出务工收入提高的新形势下，如果农产品价格特别是粮食价格保持不变，则农业的比较收益进一步降低，不可避免地出现土地撂荒、变相撂荒和粗放耕作的现象。例如，我们在农村调查观察到的事实，与一些记者的调查结论十分相似，在中部产粮地区，普遍存在着耕种中"两熟"改"一熟"，"双季稻"变"单季稻"，农田季节性闲置或永久性种树、减少农药化肥和劳动投入，甚至干脆撂荒土地等现象。[①] 这些现象表明，农业生产并没有充分利用其生产可能性边界。实地观察的结果表明，这些现象的产生无疑是劳动力出现短缺的直接结果。但是，如果向农民询问原因，他们会更加一针见血地指出：是因为比较收益太低。我们认为，这两个

---

　　① 林崴：《新撂荒警示农业"缺工"》，《瞭望》2008 年第 17 期。

原因必须同时成立，而且在作用上互相联系和互相促进，才会造成土地撂荒和农业粗放经营的结果。这恰恰是经济发展经过刘易斯转折点所产生的阶段性现象。

　　在解释为什么农业生产没有在其生产可能性边界上进行时，仅仅引用比较收益这个理由，在逻辑上仍然是不充分的。这是因为，农业特别是粮食生产比较收益低，是长期存在的事实，何以在三农政策环境明显改善、农业和粮食生产的政策激励力度最大的时候，出现这种负面的情况呢？单纯用劳动力短缺解释也是没有政策含义的，因为在目前的发展阶段上，务农劳动力比重仍然较高，农村劳动力回流并不符合规律。如果我们把两个因素结合起来，就可以认识到，正是在劳动力转移达到刘易斯转折点，农业生产的价格激励不足，农业潜在的短缺点发挥了警示性的作用，不是周期性波动问题，而是长期农业发展问题。当然，从短期上看，由于加上一个意料之外的原因，即由于石油和矿产品价格的上涨，导致农业物质投入成本与劳动力成本同时上涨，加剧了这个趋势。因此，出路和相关的政策解决方案，应该在劳动力配置和价格激励上面去寻找。由于关于劳动力流动政策和户籍制度改革的问题，我们已经在以前的文章中多次给予讨论，本文的以下部分将着重于讨论与农产品价格相关的激励问题。

四、开放条件下的粮食安全

　　讨论粮食价格不可能回避粮食安全问题。关于粮食安全，学术界和国际社会一直都进行着广泛的讨论，有很多种表述，分别包含了相关的理论倾向和政策取向。最新的一个由联合国粮农组织给出而且被国际社会接受的定义是："食品安全是指这样一种状态，任何人在任何时候，都对充足、安全和具有营养价值的食品，具有实物、社会和经济上的获取机会，以满足他们活跃和健康生活的食用需要和偏好"。从这个定义可以看出，食品安全的保障，涉及农产品的供给（包括国内生产和进口）、农产品价格、城乡居民收入和农产品流通（贸易）政策。其中任何因素的缺失，都不足以达到食品安全的目标。

关于粮食价格与食品安全之间的密切联系，在全球粮价上涨时期，不同国家命运的天壤之别中表露无遗。贫困国家遭受最严重的冲击，穷人因为买不起粮食，结果是饥馑的蔓延。与此同时，农民并没有从粮价上涨中获益，因为他们中的许多人生产规模十分微小，并不是商品粮的生产者。许多下中等收入国家也是如此，导致在许多国家出现政治危机。大多数发达国家则不存在这样的问题，飞涨的粮价并没有对老百姓的生活造成很大影响，以大规模方式生产粮食的农民却从中受益。这似乎印证了阿玛蒂亚·森的假说：饥馑归根结底是由于体制问题所造成，是因为农民买不起粮食，而不是由于粮食的绝对短缺。同样，作为一种制度安排，粮食安全战略在不同国家实际上起到的作用截然不同，在一些情形下，它或许保护了老百姓的生计，在另外一些情形下，它甚至对饥馑起到推波助澜的作用。因此，当我们尝试评价粮食安全的政策效果时，除了做传统上的区分，即执行或不执行粮食安全战略之外，还要注意到名义上的粮食安全战略，常常有不同的做法，因而产生大相径庭的效果。下面，我们撇除那些封闭农业经济的例子，只讨论开放农业经济条件下的两种粮食安全战略。

第一种是被动的粮食安全战略。在粮食缺乏比较优势的条件下，保障粮食安全最常见的做法，就是尽可能利用 WTO 的条款，保护国内粮食生产能力，保持足够高的粮食自给自足，并且使主要粮食的价格与国际市场脱钩。从图四可以看到，2001 年以来，中国三种主要粮食的价格与国际市场价格始终是不一致的，并且没有明显的一致变动趋势。这样做的优点是，当出现如 2007 年至 2008 年这样全球性粮食供给紧张、粮价急剧高涨的情形时，国内粮价保持高度稳定并处于较低水平，低收入消费者得以免受高粮价的冲击。

但是，这种战略也有其弱点，主要是在解决了国内粮食的自给自足和免受国际价格波动影响的同时，却不能有效地形成一种激励机制，维系和培养粮食种植者的长期生产积极性和生产能力。具体来说，虽然政府承受着相对沉重的补贴，如利用"绿箱"政策进行的直接生产补贴，生产者所得也并不充分，甚至在亏损的状况下种粮，农业建立在弱质产业的基础上，缺乏自生能力，市场机制是不健全的。不仅如此，消费者常常还要支付高于开放均衡水平的价格，具有较少的品种和品质选择；特别当国际市场发生变化时，不健全的市场机制的弱点就暴露无遗：在国际粮价下降时，出口盈利减少，进口冲击的风险至少部分地要由生产者承担；当国际粮价上涨时，出口受到政府的控制，国内价格被设置上限，农民无法从市场获益，加工企业可能承受亏损。

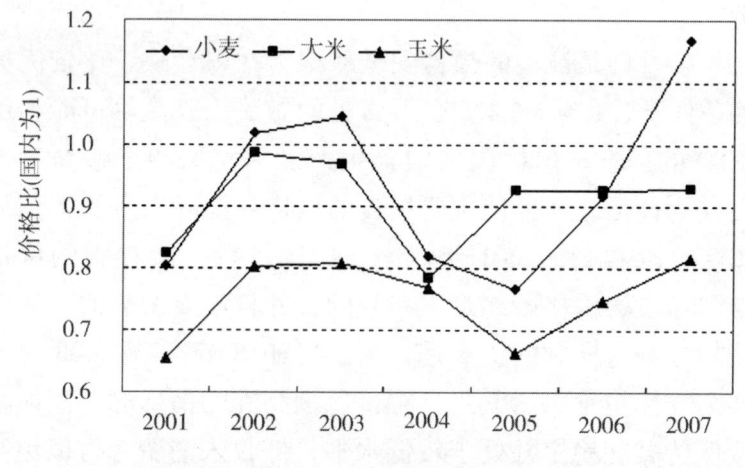

图四　国内、国际粮食价格变化趋势

资料来源：中国社会科学院农村发展研究所、国家统计局农村社会经济调查司（2008），《中国农村经济形势分析与预测（2007—2008)》，社会科学文献出版社。

第二种是主动的粮食安全战略。在具备比较优势的条件下，国内生产者不仅满足国内需求，而且为国际市场提供产品，获得国际市场粮食价格。由于在开放条件下，国际市场价格就是均衡价格，所以这种开放可以利用国际市场调动国内生产者的种植积极性，保持生产能力的稳步提高从而供给安全。固然，在存在通货膨胀压力时期，特别是由于国际食品价格上涨推动国内价格的时期，政策无疑应该着眼于控制食品价格上涨，防止其引起明显的通货膨胀。然而，在一个相对宽松的宏观经济条件下，按照国际和国内农产品价格差异的相对程度，利用出口这个杠杆，可以有步骤、有节奏、平缓地把国内价格向国际市场靠拢。当然，根据国情的需要保持一个必要的食品自给自足水平也是必要的，但是这并不与国内外食品价格的挂钩策略相矛盾——归根结底，我们的目的是建立一种传导机制，把国际市场上的价格水平和趋势，转变为对中国农民的生产激励因素，而不是完全的食品自由进出口。

显而易见，从第一种粮食安全战略向第二种粮食安全战略转变，需要以粮食经济具有比较优势为前提，而转变的关键步骤在于粮食市场更加开放，参与到国际竞争当中，一方面，使具有比较优势的粮食产业通过国际市场获得价格激励；另一方面，把比较优势转化为竞争优势，更加主动地取得全面的粮食安全。

然而，粮食市场对外开放的时机十分重要。当粮食不具有比较优势时，如果实施一项旨在施加国际市场压力而提高其竞争力的开放政策，通常有两个因素导致达不到预期的政策效果。第一，如果由于缺乏比较优势，以至国内粮食竞争力与国际市场相差甚远的话，过快的开放会因没有回旋余地，而对这个部门造成剧烈的冲击。第二，缺乏比较优势意味着开放后获得的市场价格低于开放之前，种粮比较收益一度会大幅度降低，而由于其他种植业以及非农产业的收益更高，所以在粮食获得比较优势和竞争优势之前，资源已经流出这个部门。如果粮食部门的开放发生在恰当的时机，也就是说该部门生产效率有了实质性的提高，生产要素禀赋发生的变化使其具有了比较优势，粮食价格与国际市场挂钩，就意味着粮食生产可以从国际市场竞争中获得正面激励，生产者由于获得价格刺激而进一步提高生产率水平，竞争力相应不断得到提高，粮食产业进入良性循环。所以，获得比较优势是粮食经济对外开放，实施主动的粮食安全战略的最佳时机和必要条件。

五、粮食比较优势与价格激励

在中国加入世界贸易组织（WTO）之际，人们普遍担心在劳动力过剩而土地相对稀缺的资源禀赋条件下，粮食作物可能会因缺乏比较优势而受到严重冲击，以致伤害农民的就业。然而，在中国进入 WTO 之前和之后，中国农业特别是粮食生产发生了巨大的变化。首先，农村劳动力以前所未有的规模加速转移到城市非农产业中，在 2000—2006 年期间每年新增的农村进城务工劳动力超过 890 万人，每年平均增长率为 9.1%。这导致农业中剩余劳动力大幅度减少，粮食生产中劳动边际生产力显著提高。其次，作为对农业中剩余劳动力减少的正常反应，农业中劳动替代型技术变化速度明显加快，机械化水平迅速提高。在批评关于农业机械使用的传统观念时，舒尔茨指出农业中拖拉机使用的不可分性是虚假的。中国的实践证明了这一点，即在耕种规模没有实质性扩大的情形下，农民通过购买适宜的农业机械和购买社会化的农业机械服务，同样提高了农业的机械化水平。在 2001—2006 年期间，农业的机耕面积占耕种面积的比重提高了 8.0 个百分点，机播面积占播种面积的比重提高了 5.9 个百分点，机收面积占收获面积的比重提高了 7.1 个百分点。

　　农业特别是粮食生产中劳动边际生产力的提高，以及技术变化的劳动节约倾向，不仅是二元经济结构下劳动力无限供给特征消失的反映，也是粮食作物比较优势提高的标志。这意味着，中国粮食产业与国际市场的接轨，已经在经济上是可行的。在国际市场价格明显高于国内的情况下，农民获得更加贴近国际市场水平的价格，就有更大的激励提高农业生产效率、增强农业生产和供给能力，并通过农业这个正常产业提高收入水平。与此同时，与国际市场价格形成机制的衔接，并不会导致价格波动水平的加剧。根据经济学理论，较大的市场如世界市场，其稳定性将高于它的任何一个地区组成部分。从图五中中国与美国（代表国际市场）小麦和玉米的价格变化趋势中，我们可以观察到，在 1997—2006 年的粮食价格变化中，中国具有比美国更大的标准差，即更加不稳定。除此之外，世界市场价格的变动，相对于国内市场受到较多干预的情形而言，更加反映长期的供求趋势，因而是更加有益的市场信号。

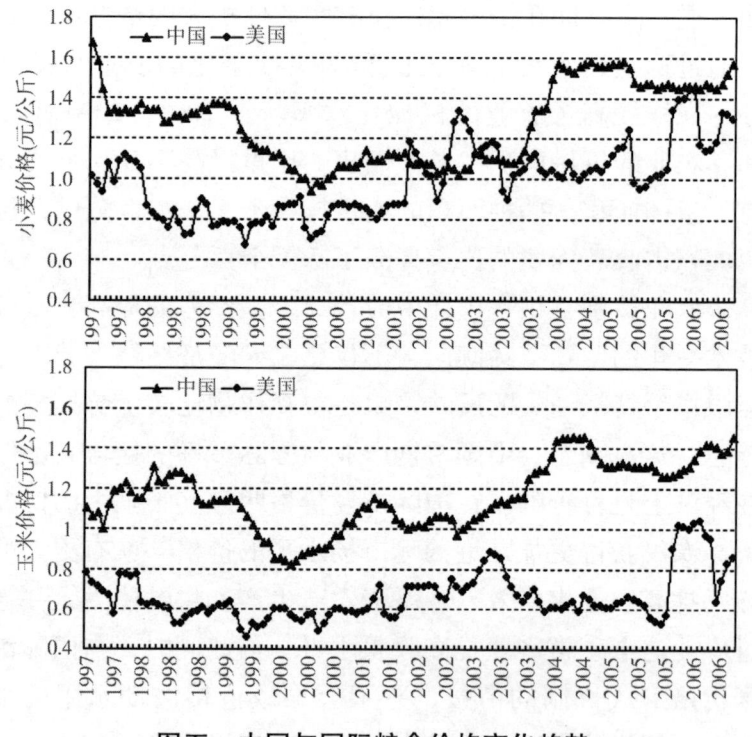

图五　中国与国际粮食价格变化趋势

资料来源：国家统计局，《中国农产品价格调查年鉴》（历年），中国统计出版社；美国农业部经济研究局网站，http：//www. ers. usda. gov/Data/。

　　由于 2007 年以来国际市场的粮食价格已经大大超过国内水平，从这个基点上实施国内市场与国际市场的衔接，无疑会对部分低收入特别是贫困人口的消费能力造成威胁。其实，解决这个问题的出路很简单，那就是给予城乡低收入和贫困家庭以直接的食品补贴。从财力上看，目前政府为了保持农民种粮的积极性，采取种粮补贴和购置生产资料补贴的方式，使农民特别是务农的农户直接受益，受到群众的欢迎。关键在于，补贴用在生产领域还是消费领域，在技术上更加可行？换句话说，我们需要比较一下两种补贴方式的瞄准效果和充分水平。

首先，直接补贴生产者的政策，往往难以达到准确地瞄准对象群体的目的。直接补贴粮食种植者面临的一个问题是，种植粮食的人数是个"黑箱"，信息不对称会导致实际中多报种粮的面积，因而补贴生产者的政策旨在调动农民种粮积极性的初衷，在执行中往往被大打折扣。在实际支付补贴的操作中，许多地方是以农业税废除之前的计税土地作为计算和分配补贴的依据，而与土地是否真正种植了农作物，是否种植了粮食作物脱了钩，更不用说该补贴甚至不能考虑到土地是集约地得到使用还是被粗放经营，乃至撂荒和变相撂荒。相比而言，补贴消费者在实际操作中更加简便，完全可以局限在城乡享受最低生活保障的家庭，或者按照某种标准对这个数字加以延伸，通常较少出现信息不对称现象。

其次，对农业生产者的直接补贴，从数量上也很难完全达到调动种粮积极性的效果。例如，2006 年对农民粮食直补和农业生产资料综合直补，合计为 271 亿元，仅仅相当于当年粮食全部生产成本（物质费用、人工费用和土地成本之和）的 4.0%，相当于粮食总生产成本（物质费用和人工费用）的 4.8%，以及物质成本的 8.1%。虽然 2007 年和 2008 年对种粮和生产资料购置的补贴水平都大幅度提高，但与此同时，农业生产资料的提高幅度也相当大，农民认为难以抵偿生产资料价格的上涨。[①] 最重要的是，这种补贴不是无止境的，也不能成为永久、常规、有效的激励信号。

在图六中，我们用纵轴表示粮食价格和补贴水平，用横轴代表时间和变化趋势。从纵轴来看，从原点 O 出发，我们设定 P_o 为粮食生产的合理盈利水平，P_b 为盈亏平衡水平，即一旦粮食价格低于该点，粮食生产就不再盈利。从横轴来看，随着时间的推移，如果粮食相对价格逐年降低，为了补偿粮食生产成本并保持生产者盈利，则需要提高补贴水平。图中从 O 点出发上扬的直线表示不断提高的补贴水平，从 P_o 点出发下滑的直线表示持续下降的粮食相对价格水平。在到达 T_e 点之前，粮食价格不足以保证种粮者获得合理盈利水平的部分，可以由补贴给予补偿。例如在 a 点，粮价下降导致的激励缺口 cd 由补贴形成的 ab 予以补偿。但是，如果价格的降低和补贴的增加继续下去，到了 T_e 点之后，即粮食相对价格和补贴在 E 点相交之后，粮食生产的盈亏完全由补贴水平决定，并且只是通过补偿价格的下降保持盈亏平衡。例如，在 a′ 点上，相对价格低于盈亏平衡水平的部分 b′c′，则需要由补贴高于盈亏平衡水平的部分 c′d′ 予以补偿。

---

① 崔晓林、马玉忠、王瀛：《农资攻坚》，《中国经济周刊》2008 年第 14 期。

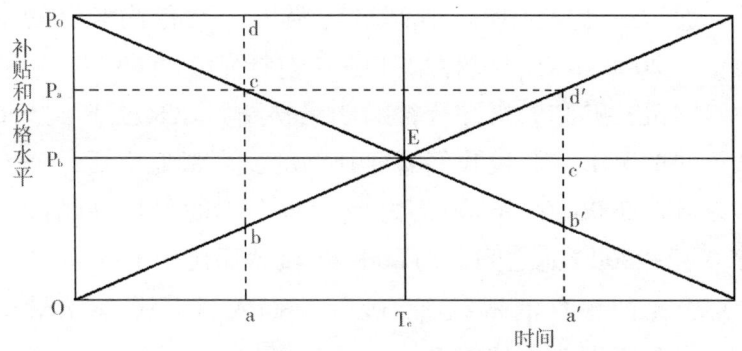

图六　粮食相对价格和补贴的激励效果

　　这时，对于生产者来说，仅仅领取补贴而不种植粮食，比种粮要更加合算。而如果不能有效地识别生产者是否种粮以及实际投入水平，则这种情形必然会发生，种粮补贴政策的初衷就走向了它的反面。值得指出的是，在缺乏识别机制的情况下，生产者不种粮、少种粮或粗放种粮的情况，并不是只在 T_e 点之后才发生，而是在价格与补贴呈现相反变化趋势时，就以各种表现形式发生了。因此，对于种植粮食的直接补贴政策的运用，不是越多越好，越久越好，而是有一定的适用空间和时间范围的。

　　相反，同样的补贴数量，用在数量有限的城乡低收入或贫困人口身上，却可以取得显著的效果。总体来看，城乡居民的收入增长很快，承受一定程度的食品价格上涨是完全可行的。由于粮食对大多数家庭的收入需求弹性小于1，粮食消费支出的增长速度通常不会超过居民收入水平的整体提高速度。而人民币升值还会使居民在很多消费领域得到替代补偿。对于那些低收入和贫困家庭的消费补贴，通过最低生活保障机制进行瞄准，没有技术上的难题。在 2008 年对农民种粮补贴（包括粮食直补、良种补贴、农机补贴和农资综合补贴四类补贴）已经提高到 956 亿元的情况下，假设我们需要补贴的城乡最低生活保障人口数量在 5000 万—6000 万之间，每个人的平均补贴额为 1500 元—2000 元之间，而 2006 年城镇居民中 10% 最低收入户全年的粮食消费只有 219 元，而农村居民 20% 最低收入户全年用在食品支出也才只有 805 元。因此，政府从补偿城乡低收入家庭入手，把国民的消费能力提高到国际市场水平，也是中国经济在超越刘易斯转折点之后，继续向商业化点转变的必由之路。

推进三农工作,化解金融危机*

三农工作涉及农业、农村、农民的政策制定与执行,不仅是长期的制度建设任务,也具有应对当前金融危机,化解危机对我国经济不利影响的近期意义。具体来说,在三农工作重要领域的实践,如建立农业农村经济发展激励机制、提高农业生产支持和保护力度、改善农业发展的市场环境、完善农民收入的稳定增长机制,以及推进农村社会发展的保障机制等方面的工作,无不与应对金融危机的保增长、调结构、扩内需、保民生、促改革原则密切相关。因此,加大推进三农工作的力度,是抗击金融危机的重要举措。

一、保增长:支撑在农业

面对日益严峻的经济形势,政府为 2009 年确立了

---

* 本文发表于 2009 年 3 月 24 日《光明日报》。

8%的经济增长目标，在世界经济增长表现中愈显一枝独秀。如果单纯以占 GDP 的份额看，农业增加值比重 2008 年只有 11.3%，并且处于继续下降的趋势；如果单纯从产业对 GDP 的拉动效果看，农业排在 14 个部门的倒数第 2 位，似乎农业这个部门对保 GDP 增长并不会做出很大的贡献。但是，跳出"以 GDP 论英雄"的思维框架，从保增长产业选择的两个原则，即产业对整个国民经济具有基础支撑作用，同时在国民经济中又处于相对薄弱环节的视角来看，农业对于保增长的重要意义就十分凸显了，农业发展是否稳定，是实现健康、持续、稳定经济增长的基础性保障。

农业是国民经济的基础产业，"无农不稳"、"民以食为天"是经过长期实践检验的政策理念，生动地揭示了农业对于国民经济和社会稳定的支撑作用。2007 年下半年至 2008 年上半年，世界经历了一场严峻的粮食价格上涨和食品短缺，推动了恶性通货膨胀，在许多国家造成贫困的大幅度增加，甚至导致民众骚乱和政治危机，而我国得益于较强的粮食自给能力和正确的应对措施，保障了食品供给和价格的基本稳定。这一经历更加彰显了在我国的三农政策中，具有中国特色的稳农、强农、惠农战略所蕴涵的高度智慧。此外，与随着农业劳动生产率的提高，剩余劳动力转移到非农产业这一过程相反，在宏观经济走低、就业压力加大的时候，农业又是返乡劳动力的巨大蓄水池，可以起到稳定就业的重要调节作用。实行家庭承包制之初农业发展对国民经济恢复起的带动作用、在整个改革期间农业生产效率改善对于经济增长的基础保障作用，以及农产品供给水平的提高对宏观经济稳定做出的贡献，都切实地证明了农业的这种基础支撑作用。因此，在应对金融危机时刻，把农业作为实施积极财政政策的投入重点，对于实现经济平稳较快发展，仍将起到重要的基础支撑作用。

农业是一个基础性的、具有战略意义的产业，但是，它却不像有人认为的那样，是一个弱质产业，它也不是公共品部门，而是一个完全可以自生的经济部门：有投入就有回报，有较大的投入才有较大的回报。目前我国农业基础仍然薄弱，综合生产能力不够强的现实，是由于在计划经济时期，乃至以后的多年时间里，对农业实行取多予少的政策所形成的历史欠账在农业生产基础上的反映。因此，在实施积极的财政政策的实践中，加大对农业的投入，不仅是必要的，而且是可以预期产生显著成效的。对于农业的投入，一靠市场提供激励，二靠政策持续扶持，三靠改革挖掘潜力。近年来，中央政府逐年加大财政支持力度，扩大对农业的各种直接补贴和扶持，形成了整体成片扶持与分类瞄准补贴相结合的政策做法，卓有成效。与此同时，农业要自生自立地持续发展，不能仅靠政策性支持，归根结底离不开来自农产品价格的激励效果。而这种市场化的激励机制的形成和完善，则要通过改革才能实现。

二、扩内需:重点在农村

出口需求、投资需求和消费需求，是我国经济增长依靠的三个常规需求拉动因素。金融危机时期，在出口大幅度下降的情况下，三足鼎立式的需求因素少了外需这条腿，要迅速转向依靠内需为主的经济增长模式。然而，内需是投资需求和消费需求的协调统一体，依靠经济刺激计划所激发的投资需求，如果不能诱导出相应规模的消费需求，仍然是跛足的内需，形不成投资和消费两条腿走路的格局，也无法支撑经济持续稳定发展。因此，当前应对金融危机对我国经济增长的不利影响，培育和扩大消费需求是关键；而培育和扩大消费需求的重点则在农村。

虽然在改革开放的同时，城市化也以高速推进，但是，迄今为止我国仍然处在一个农村人口比重高、数量大的二元经济发展阶段。按照以常住人口概念统计的城市化率计算，我国目前有农村居民 7.3 亿，占人口总数的 55%。但是，在全国社会消费品零售总额中，县以下所占比重只有 21.1%，即使假设县一级零售中有一半是农民购买的，所占比重也只有 26.7%，与农村居民的人数及比重十分不对称。农村消费需求不足的第一位原因，是与城市居民相比，农民收入仍然处于相对低的水平。实际上，农村居民消费的比重与他们的收入占全部城乡居民收入的比重（26.9%）是对应的。

无论是与改革开放以前比较，还是与其他发展中国家的情况相比,农村居民收入增长速度都是很快的,但仍然滞后于城市居民收入增长速度,也滞后于 GDP 的增长率。此外,在农村居民人均纯收入的构成中,家庭经营收入占 53.0%,工资性收入占 38.6%,财产性和转移性收入只占 8.5%。虽然家庭经营仍然是收入的主要来源,但是,在新增加收入中,打工收入的重要性不断提高,表现为工资性收入在农民收入增量中所占比重越来越大,从 2001 年的 28.6% 提高到了 2007 年的 47.5%。农民工在非农产业就业面临的特殊制度性约束,为农民收入的稳定增长带来很大风险,在遭遇宏观经济周期性下滑的情况下,他们往往是最早失去工作的劳动者群体。此外,农民收入增长的预期不稳定,加上社会保障不健全,防范基本生活冲击的能力弱,还为他们进行基本生活消费造成了后顾之忧。

城乡居民收入都以较快速度增长但农民收入增长相对慢,从而形成较大城乡收入差距,以及城乡消费差距这个事实,形成了城乡之间消费模式上的梯次性,即两者既有空间上的差异性,又有时间上的继起性。随着农民收入的继续提高,在很大程度上农民的消费模式会重复城市居民已经走过的道路。这为扩大农村居民消费提供了一个赶超空间,也为消费品生产提供了一个产能过剩的缓解空间。在经济处于低谷的时期,因外需减少和城市消费水平下降而形成的普通消费品的过剩生产能力,可以通过开拓农村市场而获得释放。虽然农民收入水平较低,但是,由于农村人口规模庞大,其消化过剩产能的潜力仍然是巨大的。由此可见,诸如"家电下乡"的做法及其拓展项目,应该是有效刺激农民消费的举措。

　　然而，充分挖掘农村消费潜力，关键在于保持农民收入的稳定增长，并通过提高农村社会保障的覆盖率解除农民消费的后顾之忧。这就需要针对农村居民中的不同群体，采取有效措施，确保民生稳定。

三、保民生:难点在农民

　　我们现在所说的农民，实际上是一个较其传统意义远为丰富和复杂的概念，即他们是由各具特点的不同群体所构成。第一个群体是作为农村常住人口的务农劳动力，大致有1.8亿人—2.3亿人。由于农业的比较收益低于非农产业，这部分务农劳动者的收入仍然偏低，农户增收主要还是依靠非农就业。第二个群体是转移到非农产业就业的农民工，大致有2.3亿人。在他们当中，有1.5亿人在本地或外地的乡镇企业就业，其余的8000万人—9000万人则进入城市务工。近年来，农民工工资水平有较大幅度的提高。然而，由于农民工通常是异地打工，不具备打工地的居民身份，使他们在劳动力市场上处于相对脆弱的地位。在遭遇金融危机的情况下，他们面对严重的就业和生活困难。

　　第一，伴随着金融危机对沿海地区外向型企业的严重影响，农民工的就业不同程度地遭遇到冲击。他们最先受到失业影响。一部分得以保持了就业岗位，但许多人处于就业不足以致工资水平下降的状态；另一部分留在城市寻找新的岗位，也有一部分失业返乡，成为潜在的回流农业劳动力。在春节之前，已经有 2000 万农民工因失去工作提前返乡，加上数百万新成长的潜在外出劳动力，对就业岗位的压力可能高达 2500 万。在外向型企业获得足够的订单之前，岗位的恢复是有限的。由于农民工遭遇的主要是周期性失业冲击，因此，旨在稳定经济增长的投资计划、产业振兴规划以及其他政策手段，应该按照就业最大化原则实施，并把农民工的就业，放在与其他就业群体同等的地位给予扶持。

第二，农民工的就业问题就是青年就业问题。解决这个群体的就业面临着三个现实的难题，使得现实中的困难远比想象的要大得多。首先，根据调查，有 1000 万农民工已经没有承包土地。对于这些农民工来说，回到农业生产的可能性已经很小。其次，由于农民工中 40%—50%是年龄在 25 岁以下的 80 后、90 后青年，从未有过务农的经历，大多数也没有务农的意愿。最后，这个群体的整体受教育水平以初中毕业为主，并不完全适应劳动力市场变化的要求。经济危机时期，往往也是产业结构调整最急剧的时期，具体来说，沿海地区将加快产业升级的过程，并与中西部地区的产业承接一道，构成产业转移和重组。这对劳动力素质提出更高的要求。

解决青年农民工就业难的问题，出路在教育和培训。对劳动者个人来说，更多的教育和培训无疑可以提高他们在劳动力市场上的竞争能力，得以尽快实现就业再就业。从劳动者群体来看，参与培训和延长在校时间可以延缓他们进入劳动力市场的时机，缓解就业压力。根据预测，如果能够通过更有力的财政保障，巩固初中在校率，大幅度提高包括中等职业教育在内的高中在校率，把农村在校率提高到目前城市的水平，可以把 2009 年进入劳动力市场的 16 岁农村青年减少 65%，把 19 岁农村青年减少 49%。对企业来说，职工的更高教育水平有助于企业生产效率的提高，从而提高应对金融危机的能力。

第三，由于农民工和农村劳动力的社会保障程度较低，在遭受就业冲击的情况下，他们的基本生活受到的影响最严重。根据 2005 年 1% 人口抽样调查数据计算，包括农村常住人口、农民工，甚至一些因区划变化而被统计为城镇常住人口，但仍然具有农业户口身份的居民，享有基本养老保险的比例为 3.9%，享有基本医疗保险的比例为 24.9%，而享有失业保险的比例则只有 2.1%。至于最低社会保障制度的保护，对这些群体来说就更加有限了。此外，由于农民工在城市没有稳定的居住身份，地域流动性较强，他们往往也不能获得有效的就业扶助。因此，以扩大对农民和农民工的覆盖为主攻方向的城乡统筹社会保障制度建设，也是抵御经济危机的有效手段。

四、推改革：潜力在三农

虽然我国经济当前遭到的不利影响，起因是美国次贷危机和世界性金融危机，但是，在同样的危机面前，能否免于冲击，一旦不可避免，它对民生的影响有多深，需要多长时期得以复苏，则取决于经济发展方式，及其决定发展方式的体制是否符合科学发展观的要求。越是在危机的时候，越是需要加快改革的步伐，加大改革的力度，才能尽快走出困境。在中央一号文件和《政府工作报告》已经做出部署和规划的基础上，我们有条件通过推进改革，利用未竟改革留下的制度空间，化解危机带来的不利因素，实现长期的制度建设与近期应对措施的良好结合。对于促进三农工作的要求来说，改革应该在以下几个方面着力推进。

首先是建立和完善农业生产的正常激励机制。按照农业的性质，把这个产业作为一个正常的产业进行投入，把农民作为理性的生产者给予激励，是其得以自生发展的关键。而实施粮食安全战略，归根结底在于形成有保障的生产激励机制。因此，对于农业的发展来说，继续实施对农业生产的补贴政策是必要条件，却不是充分条件。农产品价格是农业作为市场经济的一个组成部分所赖以发展的终极激励。农产品价格形成机制改革的关键在于，既能够建立一种传导机制，得以利用国内乃至国际市场价格变动的激励作用，让农民获得价格上涨的好处，又能够形成一个有效的屏障机制，过滤掉非理性的农产品价格涨落，不致伤害农民的种植积极性和影响消费者的基本生活。

其次是构建农业支持体系和农业生产能力的提高机制。我国农业的基础尚不牢固，综合生产能力不强，还没有完成现代化的任务，大力度的支持与投入仍是当务之急。从经营活动的微观层面看，农业是一个正常的产业，而从粮食安全的宏观层面看，农业的确具有其战略意义。着眼于未来，我们应该立足于把农业培养成为可以自生的产业，但是鉴于长期以来对于这个产业实行多取少予的历史，仍然需要继续给予反哺。实行城市支持农村、工业反哺农业的方针，应该在工农业均衡发展的政策理念基础上，形成一个稳定和持续的支农制度框架，使之成为与市场经济相衔接的农业发展机制中的有机组成部分。

第三是建设统筹城乡的经济社会管理体制。城乡之间的劳动力市场一体化和公共服务均等化，是这一新型经济社会管理体制的标志。其中户籍制度的改革，在这一体制的形成中具有特别关键的地位。一方面，离开劳动力市场发育和公共服务事业发展的内涵，户籍制度改革是没有意义的，另一方面，不配套进行户籍制度改革，城乡统筹的目标也不可能实现。在没有发生经济危机的时候，现行户籍制度似乎并没有成为劳动力流动的严重障碍。但是，一旦危机来临，由于与户籍制度相关的社会保护机制的缺失，构成城市化重要组成部分的农村转移劳动力就陷于脆弱的境地。因此，应该时不我待地加快这个领域的改革，发挥出社会保障和其他公共服务的反周期功能，乘机完成根本改变城乡关系的历史大变革。

最后是以资金和土地为中心的生产要素市场的发育与完善。在工农业关系还处在对农业取多予少的时期，金融渠道是一个比财政机制更大的吸盘。同样，在三农政策逐渐转向多予少取的新时期，金融体制对于形成完备的农业生产要素市场也是至为重要的。土地是农业最基本的生产要素，由于我国耕地的稀缺性和建设对土地的强烈需求，应该有一个最严格的耕地保护制度。这个耕地保护制度要以土地作为生产要素的市场机制为基础，才可以有效实施。固然，严守18亿亩耕地红线的危险在于土地市场的"一活就乱"，但是，土地市场并不必然是不可管理的。形成一个规制良好的土地市场，不仅可以为农业的投入找到激励的支点，为农业金融找到实物的基础，更是严守红线的必由之路。

经济发展与改革

JINGJI FAZHAN YU GAIGE

为什么中国经济改革取得了成功：
对其他改革中经济的含义[*]

一、引　言

　　将一个中央计划经济转化为分散的市场经济，经济学家通常推荐两种不同的策略。一种是"创世纪的"方式或"休克疗法"。东欧和苏联所经历的改革就是这种方式的典型例子。"创世纪的"改革策略的设计者认为，稳定化、市场化和私有化是经济改革的有机组成部分，缺少任何一个部分便不能发挥作用，因此改革要像上帝在 7 天内创造所有的生灵一样，必须在短时间内完成。另一种与之不同的改革策略是"渐进的"、"有机的"或"进化的"策略。后一种策略以中国近些年的改革为特征。这种方式是逐渐的、部分的、增长的、连续的，最初通常是试验性

---

　　*　本文发表于《经济社会体制比较》1995 年第 7 期，与林毅夫、李周合著。

的。它没有引起大规模的私有化。经济学界曾普遍认为后一种改革策略无法实现自己的目标，而前一种主张十分流行，被认为具有理论上的完美性和可行性。中国的改革始于 1978 年年末。改革以来，中国国民生产总值在价格水平相对稳定的状态下实现了快速、持续的增长。"休克疗法"从理论上推论就知道在经济增长上会有"J 型曲线"效应，即在改革之初国民生产总值出现下降，随后将出现有力的恢复。然而意想不到的是，"休克疗法"给东欧和苏联造成了急剧的经济衰退和超常规的高通货膨胀率的结果。①

中国的改革经验能否为其他改革中经济提供借鉴，引起了国际经济学界的热烈探讨。一些经济学家认为，中国的成功对把稳定化、自由化、私有化作为改革获得成功的基本前提的常识提出了挑战，并显示出进化式的、实验性的、自下而上的渐进式改革优于全面的、自上而下的"休克疗法"。另一些经济学家则认为，中国改革的成功既不是因为它的渐进性，也不是它的实验性，而是中国独特的初始条件，即一个很大的农业劳动部门，低补贴的人口和一个相对分散的经济体制，对中国的成功作出了很大的贡献。按照这些经济学家的观点，由于初始条件不同，东欧和苏联无法采用中国的改革方式，所以中国的经验没有一般性的政策性含义。

---

① 因经互会解体引起的国际贸易衰退，是这些国家国民生产总值下降的影响因素之一，然而，"休克疗法"无疑是这些国家国民生产总值下降最为主要的原因。

在这篇文章中，我们乐意为这场辩论提供一个新的角度。中国和其他前社会主义国家的经济问题，是在资本稀缺阶段强制推行资本密集的重工业优先发展战略，造成劳动激励不足和部门间资源配置扭曲，进而造成无法有效地利用资源的后果。"休克疗法"试图提供一个能够改进激励并诱导资源存量从低生产率部门转移到高生产率部门的框架。然而，资源由一种用途转为另一种用途要付出代价，建立新制度需要消耗时间和资源。因此，对于"休克疗法"来说，经济增长将不可避免地表现为"J型曲线"或更为糟糕的"L型曲线"。中国的改革没有采取重新配置资源存量，使资源从低生产率部门转移到高生产率部门的做法，而是通过改进物质刺激创造出新的资源，并将它们配置到在传统的重工业优先发展战略下受压制的部门。由于资源存量的生产没有遭受破坏，而新创造的资源配置到与中国经济比较优势相一致的部门，避免了"存量导向"策略所引起的"J型曲线"的后果，国民经济在改革期间实现了持续、快速的增长。劳动者激励低下和非优先部门受压抑是所有推行重工业优先发展战略的国家的共同特征，因此，中国的改革策略对其他推行相同发展战略的国家具有一般性意义。

二、改革前中国经济的主要问题

中国的传统经济结构是 20 世纪 50 年代初期选择重工业优先发展战略的产物。这个结构有三个构成一体的组成

部分：（1）以人为的低利率、低汇率、低工资率以及低
生活必需品和原材料价格为特征的扭曲的宏观政策环境；
（2）按计划配置信贷、外汇和其他物资的资源配置制度；
（3）国有企业、集体农业没有经营自主权的微观经营机
制。这三个组成部分是在资本稀缺的农业国中选择重工业
优先发展战略所内生出来的。

　　1949年中华人民共和国成立时，中国政府接受的是
一个饱经战争创伤，89.4%的人口居住在农村，工业仅占
国民收入的12.6%的农业国。在那个时代，人们把重工
业的发达程度作为衡量一个国家综合国力和经济成就的标
志，因此，同印度及许多其他新独立的发展中国家的政府
领导人一样，中国领导人也打算加速发展重工业。1950
年中国卷入朝鲜战争之后，受到来自西方国家的政治孤立
和经济封锁，加速工业化也成为国家安全的需要。此外，
20世纪30年代苏联推行重工业优先发展战略所取得的杰
出成就——与西方市场经济的大萧条形成鲜明的对照——
既使中国领导人感到鼓舞，又为中国领导人提供了经验。
因此，1953年国民经济刚从战争破坏中恢复过来，中国
政府就选择了重工业优先发展战略。该战略的目标是使国
家尽可能快地形成生产资本品和军事物资的能力。这一发
展战略是通过一系列的五年计划得以实施的。

　　重工业是一个资本密集型的产业部门。其建设项目具
有三个特征。（1）建设周期长，一个项目要用10年乃至
更长的时间方能完成；（2）大多数设备，至少在初期，
需要从发达国家进口；（3）每个项目都需要大量投资。

中国在 20 世纪 50 年代初期开始推行重工业优先发展战略时，是一个贫穷的、资本稀缺的农业国，其经济也有三个特征：（1）可利用的资本有限，市场利率很高；[①]（2）出口品数量少且主要由低价格的农产品组成，外汇稀缺而昂贵；（3）国民经济以传统农业为主，经济剩余小且分散。由于中国经济这三个特征与重工业项目的三个特征截然不同，资本密集型工业不可能自发地在这种经济中发展起来。[②] 因此，要发展重工业就必须设置一套扭曲的宏观政策。在"一五"计划之初，为了减少利息支出和进口设备的费用，政府制定了低利率和低汇率政策。[③] 为了使工业有足够的资本扩大再生产，还实行了包括工资、原材料、能源和运输在内的低投入品价格政策。[④] 实行这种宏观政策的理由是，由低价格政策所创造的大量利润，可以使企业有能力返还贷款或为再投资积累足够的资金。由于企业属于

[①] 在选择重工业优先发展战略之前，非正式的金融市场上的正常月利率为 3%，年利率为 36%。

[②] 重工业不可能自发发展的原因是：第一，高利率将使任何长期投资无利可图。例如，假如资本的年利率为 30%（月利率为 2.5%），项目的建设期为 10 年，那么到项目竣工时，第一年的 1 美元投资的本利和为 13.8 美元。即使项目只需 5 年时间便能完成，1 美元投资到项目竣工时的本利和也将达到 3.7 美元。很明显，不会有赢利性高到能够承担如此高昂的利息负担的重工业项目。第二，由于大多数设备需要从发达国家进口而外汇供给极为有限，由市场决定的汇率使重工业建设项目更加昂贵。第三，因为农业剩余少且分散，难以为巨额投资动员足够的资金。

[③] 例如，官方确定的银行贷款的年利率为 5%，若项目建设期为 10 年，第一年的 1 美元投资到项目竣工时的本利和仅为 1.6 美元。

[④] 20 世纪 50 年代初期，由于存在着国有企业和私有企业的竞争，工资率大概没有被压低。然而，私人企业不久就国有化了，国家成为唯一的雇主，就能够压低工资率了，其结果是，1952—1978 年间，实际的人均国民生产总值增加了 3 倍，而同一期间工资率仅增长了 10.3%，几乎保持不变（《中国统计年鉴（1987）》，第 151 页）。

私人所有，就不能保证这些由政策创造的利润投放在政府想要发展的项目上，因此，私有企业很快就国有化了。①新建的重点企业属于国家所有，以确保利润用于重工业项目。同时，为了使低工资政策切实可行，政府不得不以低价方式向城市居民提供食品和包括住房、医疗和服装在内的其他必需品。低利率、低工资率和低原材料、低生活必需品价格，构成重工业优先发展战略下的基本宏观政策环境。②

　　扭曲的宏观政策环境造成了信贷、外汇、原材料和其他生活必需品供需总量的不平衡。为了避免非优先部门同优先部门竞争低价格的资源，确保有限的资源用于"赶超战略"所规定的优先项目，在资金、外汇、劳动力、原材料和生活必需品的配置机制上，计划和行政控制替代了市场，国家垄断了银行、对外贸易和物资分配系统。③

-----

　　①　根据共产党的新民主主义政策，革命成功后，私有企业将和国有企业长期共存。然而，1952年政府选择了重工业优先发展战略以后，很快就对私有企业实行了国有化。政府改变私有企业政策的目的，是为重工业项目筹集资金。

　　②　从理论上讲，在资本稀缺阶段，政府采用补贴的方式替代扭曲价格信号的方式来促进资本密集的重工业的发展，在经济上更有效率，然而在补贴政策下，重工业将发生以货币方式支付的巨大损失，为了弥补这个损失，政府必须向其他部门课以重税。在这种情形下，政府将难以保持加速重工业发展的政治稳定性。况且在欠发达经济中，政府无法征收到大量的税收。上述解释可以说明，为什么不管在社会主义下还是资本主义下，政府一般都采用价格扭曲而不是补贴来加速优先部门的发展。

　　③　在文献中，许多作者将扭曲的政策环境和行政控制等同于社会主义。然而通过上述探讨我们发现，存在这些政策和控制的基本原理并不是社会主义，而是在资本稀缺的阶段选择重工业优先发展战略内生出来的。由于在斯大林的影响下，所有的社会主义国家都选择了相同的发展战略，所以形成了相同的政策环境和行政控制。由于诸如印度这样的非社会主义的发展中国家也选择了相同的发展战略，因而也有相同的政策环境和行政控制。

　　扭曲的宏观政策环境和高度集中的资源配置制度，压制了竞争，利润不再是度量企业效率的尺度。[1] 由于缺乏市场规则，管理上的随意性便成为严重的潜在问题。为了减轻这一问题，经营者被剥夺了经营自主权。国有企业按照指令性计划进行生产，通过一个行政性的资源配置系统获得它们所需的大部分物资投入。产品的价格由价格主管部门决定，即政府主管部门控制了产品从生产者到消费者的产品循环。国有企业工人和经理人员的工资和薪水决定于国家的工资水平。投资和流动资金大多来自于国家预算或银行系统的贷款。国有企业的利润全部上缴国家财政，发生的亏损则由国家预算核销。[2] 简言之，国有企业是毫无自主权的。它们在就业、利润使用、生产计划、物资供应和产品销售方面没有任何自主权。

　　发展战略和由其导致的政策和资源配置制度还决定了中国农业制度的演变。为了确保粮食和其他农产品廉价，以适应城市的低价配给制度，政府于1953年在农村实行了强制性的收购政策，强制农民按政府指定的价格，将一定数量的产品，包括粮食、棉花和食用油出售给国家。

　　除了向工业化提供廉价的食品外，农业还是外汇收入的主要来源。在 20 世纪 50 年代，仅农产品就占出口总量

---

　　[1]　如果企业的产出是其他部门的投入，例如能源和交通，它就会因为产出品的价格被压制而产生亏损；相反，如果企业的产出位于产业链的下游，就会因为能够享用低投入品价格和高产出品价格而获得利润。

　　[2]　改革前，在城市地区有一些集体企业。但是，事实上，除了是较低级的伙伴以外，集体企业的管理体制与国有企业相比并没有什么不同。

的 40% 。如果将加工后的农产品计算进去，农业对中国外汇收入的贡献率高于 60% ，该情形一直延续到 70 年代。在重工业优先发展战略下，外汇是和资本同样重要的限制因素。因此，在发展的早期，国家为工业化进口资本品的能力明显地依赖于农业的成就。

同发展工业相似，发展农业也需要资源和投资。然而，政府不愿将稀缺的资源和资金从工业转移到农业。因此，在推行重工业优先发展战略过程中，政府采用了不让农业与工业扩张竞争资源的新的农业发展战略。该战略的核心是动员农村劳动力开展诸如灌溉、洪水控制和土地垦殖等劳动密集型项目建设，并通过密植、更为精心的除草和施用更多的有机肥等传统的方法和投入，提高单位面积的农产品产量，政府认为农业集体化是实施这些功能的一项制度安排。政府还把集体化视为影响国家的粮食和其他农产品低价收购计划的一项措施。集体农业中的收入分配以每个集体成员在生产中的努力程度为基础。然而，由于农业生产在时间上和空间上的特点，监督劳动者在农业生产中的努力程度是极为困难的一项工作，因而集体农业中的报酬制度是基于平均主义的。

在资本稀缺的经济中，扭曲的宏观政策环境、计划的资源配置制度和微观经营机制，使优先发展重工业的资源动员能力达到了最大化。由于经济活动中个人的积极性被抑制，所以政府的投资结构成为衡量官方发展战略之结构偏差的最好指标。从第一个五年计划（1953—1957 年）至第六个五年计划（1981—1985 年）期间国家基本建设投资的部门份额的数据中可以看出，尽管 3/4 以上的中国人口以农业为生，但在 1953—1985 年间，农业得到的国家投资份额不足 10%，重工业得到的投资份额为 45%。此外，在包括工人住宅和基础建设的其他投资中，还有很大的份额与重工业相关联。其结果是，重工业产值占工农业总产值中的份额由 1952 年的 15% 提高到 20 世纪 70 年代的 40%。

从中国产业结构判断，三位一体的传统经济结构——扭曲的宏观政策环境、计划的资源配置制度和毫无自主权的微观经营机制——使中国实现了加速发展重工业的预期目标。然而，中国为取得这一成就也付出了沉重的代价。（1）背离经济中的比较优势的产业结构偏差，导致了资源配置效率低下；（2）经营者和工人劳动激励低下造成技术效率低下。

1. 资源配置效率低下。在中国经济发展的初期，资本相对稀缺而劳动力相对丰富。如果价格由市场竞争决定，则资本将相对昂贵而劳动力相对便宜。因此，中国经济比较优势是在劳动密集部门。如果投资由市场上的供需变动引导，追求利润的激励将诱导企业家采用资本节约型和劳动利用型技术，并将更多的资源配置在劳动密集型产业中。所有这些都将严重损害整个经济的增长。要维持增长率，就必须提高积累率，这又导致了居民消费不足和生活水平长期得不到提高的问题。[1]

2. 技术效率低下。由于利润不再是衡量企业效益的尺度，计划的资源配置制度又常常不能按时分配物资，经营者被迫维持大量的储存，没有经济地利用资源的激励。职工超员、物资超储和资源利用效率低下，便成为没有自主权的国有企业的全部特征。而且经营者无权决定工人的工资和奖金，工人的收入同他在企业的努力没有联系，同企业的盈利状况也没有联系，这样的报酬制度致使劳动激励低下。集体农业中的情形也是如此，由于收入与努力之间的联系很弱，[2] 农民的劳动激励也很低下。

三、中国经济改革的分析性评论

就像帕金斯指出的那样，"中国领导人在开始改革经济结构时心中就有一个设计好的蓝图是不可能的"。然而，借助于上述分析可以看出，中国的改革具有内在的逻辑。三位一体的传统经济结构——扭曲的宏观政策环境、计划的资源配置制度和毫无自主权的微观经营机制——是在资本稀缺的经济中推行重工业优先发展战略所内生出来的。它的主要问题是产业结构扭曲和劳动激励不足造成低

---

① 平均年积累率从第一个五年计划的24.2%上升到第四个五年计划的33.0%和第五个五年计划的33.2%。而国民收入的年增长率则从第一个五年计划的8.9%下降至第四个五年计划的5.5%和第五个五年计划的6.1%。其结果是，在1952—1978年期间，国有企业职工的工资几乎保持不变。

② 林毅夫估计，集体农业中因劳动激励低下造成的损失高达总要素生产率的20%。参见林毅夫提出的有关集体农业激励之监督问题的理论模型。

下的经济效率。早在 20 世纪 70 年代末以前政府就看到了
这些问题,并数次采用中央政府和地方政府行政性分权的
方式来解决这些问题。然而,依靠行政手段配置资源的性
质并没有变化,政策环境和经营体制也没有改进,以致校
正结构扭曲和改进经济激励的试图都没有成功。1978 年
年末的改革目标也是校正结构扭曲和改进劳动激励,与以
往改革不同的是企业改革,即赋予企业部分经营自主权。
这些变动的目的是借助于建立职工努力和奖金之间的紧密
联系改进劳动激励。这使三位一体的传统经济结构出现了
小小的裂缝。一旦这个小小的裂缝打开之后,它就朝着彻
底摧毁传统体制的方向越来越宽。

微观经营机制改革

开展微观经营机制改革的初始动力是改进国有企业毫
无自主权的微观经营机制。改革经历了四个阶段。第一阶
段(1979—1983 年)是通过扩大企业自主权和在传统经
济结构中扩大物质激励的作用等试验性的措施,调动企业
和劳动者的生产积极性。这些措施包括引入企业利润分
成、实行奖金与效益挂钩和允许国有企业从事指令性计划
外的生产。有出口任务的企业实行外汇留成,企业有权支
配所得的外汇额度。第二阶段(1984—1986 年)的重点
是在国有企业实行经济责任制,使企业受市场的影响。从
1983 年起,利润税替代了利润全额上缴。1984 年,政府
允许国有企业完成计划任务后可以按协议价格出售计划外
生产的产品,并据此安排它们的生产。这样就建立了双轨
制的价格体系。第三阶段(1987—1992 年)实行了试图

划清企业经理人员权力和责任的合同责任制，并得到了广泛采用。最后一个阶段（1993 年至目前）试图在国有企业引入现代企业制度。随着改革推进，政府的干预越来越少，企业则获得了越来越多的自主权。

　　然而，微观经营机制中最重要的变化是以家庭为基础的家庭联产承包责任制替代了集体农业体制。农业改革不同于企业改革，在改革之初，政府并没有打算改变农业集体经营制度。虽然在 1978 年就已经认识到解决集体农业体制中的经营问题的关键是改进农民的激励，但是，政府的正式文件仍然坚持把农民集体作为农业生产的基本单位。然而，一小部分集体，起先是秘密地，后来得到地方政府的允许，实行了农户租用集体土地的经营体制，并将强制性的收购任务分摊到各个农户。一年后，这些集体的产品产量大大超过了其他生产队的产品产量。后来中央政府承认了这一新的农业体制，但又将它的应用范围限制在贫困地区，以及农民对集体体制失去信心的贫困生产队。然而，这一限制在绝大多数地区都被忽略了。不管是穷队还是富队，都采用了新体制，生产面貌也都焕然一新。1981 年年末，即开展最初的价格调整的两年后，政府正式认识到家庭联产承包责任制是一种具有广泛适用性的农业耕作制度。那时，中国 45% 的农业集体已经解体，实行了家庭联产承包责任制。到 1983 年年底，中国的 98% 农业集体都采用了新体制。在实行家庭联产承包责任制之初，土地承包期只有一至三年，由于承包期过短严重制约了农民进行土地改良投资的激励。1984 年，政府允许将承包期延长到 15 年。

微观经营机制的改革实现了它改进技术效率的预定目标。林毅夫估计,在 1978—1984 年期间。种植业部门产出增长的将近一半（42.2%）,来自于生产率变化。其中,几乎所有的生产率增长都与引入家庭联产承包责任制导致的变化有关。其他实证性研究证实了林毅夫的发现。好几项研究中的生产函数估计也发现,企业自主权的增加提高了国有企业的生产率。正如所预料的那样,在一个扭曲的宏观政策环境下扩大企业自主权,会激发经理和工人的随意性行为。由于工资和附加收益增长得过快,国有企业在生产经营效率提高的情形下出现利润下降和政府补贴增加的问题。然而,一旦赋予企业自主权,再撤销它要付出沉重的政治代价,所以国有企业的利润下降迫使政府试图通过进一步扩大企业自主权的措施,使企业在经济上独立。

资源配置制度改革

企业自主权的扩大对放松僵化的计划资源配置制度施加了压力。由于国有企业有权从事指令性计划之外的生产,所以企业一方面需要获得额外的投入。另一方面必须在计划分配体制之外销售超额生产出的产品。在来自企业的压力下,物资供给与计划的联系愈益减少,零售商业逐渐地不再受计划调节了。最初,一些主要投入品仍维持在计划控制下。然而,被控制的产品正在加速减少。到 1984 年年底,信贷审批权也下放到了地方银行。

放松资源配置制度的一个意想不到的结果是非国有企

业，特别是乡镇企业，出现快速增长。乡镇企业在传统体制下就已经存在，它是 1971 年政府作出发展农村加工业以加速农业机械化进程之决策的结果。1978 年乡镇企业的产值占中国工业总产值的 7.2%。改革前，乡镇企业的增长因资金、原材料和市场等方面的束缚而遭受严重制约。改革为乡镇企业的快速发展创造了两个有利条件。(1) 由家庭联产承包责任制带来的大量剩余为新的活动提供了资源基础；(2) 僵化的传统计划配置制度的放松提供了主要原材料和市场。在 1981—1991 年间，乡镇企业的数量、就业量和总产值的年平均增长率分别达 26.6%、11.2%、29.6%。乡镇企业总产值的年平均增长率是同期国有企业的 3 倍。1992 年，乡镇企业产值占全国总产值的 32.3%。非国有企业的产值份额已由 1978 年的 22% 上升到 1992 年的 52%。

　　非国有企业的迅速进入产生了两个意想不到的效果。首先，非国有企业是市场的产物。在传统经济结构之外的非国有经济，必须从竞争性的市场中获得能源和原材料。它们的产品也只能在市场上卖出，因而它们的预算约束是硬的。如果经营不善，它们就无法生存。非国有经济中的职工没有"铁饭碗"，他们随时有可能被解雇。非国有企业的快速增长给国有企业施加了压力，并诱导出将非国有企业的微观经营机制移植到国有企业和进一步扩大国有企业自主权的国家政策。以利润税替代利润上交，建立承包合同制和引入现代企业制度，就是面对竞争压力所作出的反应。第二，非国有企业的发展大大地校正了结构失调的资源配置。在多数情形下，非国有企业必须按市场价格购买它们所需的投入品，必须按市场价格出售它们的产品。价格信号诱导非国有企业采用劳动更为密集的技术，集中在劳动更为密集的小产业中。[①] 因此，非国有企业的产业结构与中国资源禀赋所表现出来的比较优势更趋于一致。乡镇企业的进入缓减了由重工业优先发展战略引起的产业结构扭曲。

宏观政策环境改革

在三位一体的传统经济结构中，扭曲的宏观政策环境与发展战略的联系最为紧密，对配置效率和技术效率也有间接的影响。然而，宏观政策的改革大大滞后。我们在后面将要证明，改革中出现的大多数经济问题，例如，活乱循环和寻租行为，都是由于扭曲的政策环境和开放的资源配置和企业制度不一致造成的。因此，中国政府经常面临着两难抉择：或是使宏观政策环境与开放的微观经营机制、资源配置制度相一致，或是再实行高度集中的微观经营机制和资源配置制度，以维持传统经济结构的内部一致性。剥夺企业自主权必定要遭到国有企业职工的抵制，体制复归还会使经济再次出现停滞局面。因此，不管政府是否愿意，改革宏观政策环境，使它与开放的资源配置制度和微观经营机制相一致，是保持持续发展的唯一选择。

---

① 例如，1986 年中国工业企业的平均职工人数为 179.9 人，每个工人的固定资产为 7510 元（《中国工业经济统计资料（1987）》第 3 页）；而同年乡镇企业的平均职工人数为 28.9 人，每个工人的固定资产为 1709 元（《中国统计年鉴（1987）》第 205 页）。

宏现政策环境的变化始于商品价格体系。国有企业实行利润留成以后，企业被允许进行指令性计划之外的生产。企业起先利用非正式的易贷贸易的方式获得计划外的投入品，按加价的方式销售计划外的产品。1984 年，实行双轨制的价格体系后，国有企业可以以市场价格销售计划定额以外的产品，并据此制订生产计划。双轨制价格体系旨在以市场机制决定边际决策，同时保留国家对物资配置的控制。到 1988 年，按计划价格出售的零售商品占零售商品总额的比重已降至 30%，国有企业 60% 的投入品和 60% 的产品是按市场价格购买和售出的。

宏观政策环境的第二个重大变化发生在汇率政策上。在 1979—1980 年间，官方汇率大约是 1.5 元人民币兑换 1 美元。由于 1 美元的平均换汇成本约为 2.5 元人民币，所以按这一汇率进行交易出口品连成本都收不回来。从 1981 年起实行了双重汇率体制，其中商品贸易以 2.8 元人民币兑换 1 美元的内部汇率结算，非商品交易仍然采用 1.53 元人民币兑换 1 美元的官方汇率。1985 年以后，人民币逐渐贬值。外汇留成（1979 年开始实行）的比例逐渐提高，企业被允许通过中国银行以高于官方汇率的价格将它们的外汇额度卖给其他企业。建立外汇调节中心以后，有关外汇交易的限制进一步放松。1985 年在深圳，企业可以在外汇调节中心按协商价格进行外汇交易。到 20 世纪 80 年代末，中国的大多数省都建立了这样的中心，80% 以上的外汇交易是在外汇调节中心进行的。1994 年 1 月 1 日，一个有管理的浮动汇率制度的建立和双轨汇率的并轨，标志着中国汇率政策改革的完成。

利率政策是传统政策环境中受影响最小的领域。在重工业优先发展战略下，为了促进资本密集型工业的发展，利率被人为地压在很低的水平上。1979 年实行改革以来，虽然政府已数次提高存贷款利率，[①] 然而在整个改革过程中，利率一直维持在低于市场结清利率的水平上。1993年下半年，政府宣布了建立旨在为长期项目筹措资金的发展银行，并将现有的银行转为商业银行的计划。据预计，完成这项改革至少需要 3—5 年时间。目前尚不清楚的是，完成这项改革以后，利率是否将由市场调节或由政府管制。由于重工业优先发展战略的思想深深地植根于中国政治领导人的头脑中。而扭曲的宏观政策环境——至少是低利率政策——是在资本稀缺的经济中加速发展资本密集型产业的基本条件，因此，金融市场上的行政干预很可能会再延续一个时期。

宏观政策改革，特别是有关利率政策的改革，滞后于资源配置制度和微观经营机制改革，造成了一些经济后果。其一是活乱循环的反复出现。由于利率被维持在一个人为的低水平上，企业试图获得更多信贷的激励导致资金需求大于资金供给。在改革前，资金需求受到限制性的集中配给的压制，1984 年秋信贷审批权下放到地方银行以

----

① 1988 年 10 月，为了制止挤兑风潮，实行了存款利率与通货膨胀率挂钩的保值储蓄政策。但是，1991 年这项政策被取消了，1993 年 5 月，1 年期存款的利率为9.18%，而 1—3 年基本的投资贷款的利率为 10.80%（《中国统计年鉴（1993）》第670—671 页）。然而，商业贷款的市场利率在 15%—25% 之间。

后，引起迅速的信贷膨胀和投资压力。其结果是，同1983年相比，1984年的货币供给增加了49.7%。它使通货膨胀率由上一年的不足3%跳跃到1985年的8.8%，1988年政府试图放开对价格的控制，引起了高通货膨胀预期，而存款利率又没有调整，因此，发生了抢购和挤兑。然而，贷款仍维持在以前的水平上。在这种状态下，1988年货币供给增加了47%，通货膨胀率达到18%。在高通货膨胀期间，经济过热，交通、能源和原材料供给相继成为制约增长的瓶颈。由于政府不愿意把提高利率作为抑制投资的措施，而是求助于信贷和原材料的集中配给和投资项目的直接控制，导致计划资源配置制度的复归。政府配给和控制使国有部门处于优先的位置上。虽然通货膨胀压力减轻了，但市场疲软紧随其后。

　　前面已经指出，尽管微观经营机制改革使国有部门的生产率有所提高，然而受国有企业的经理和工人随意性行为的影响，国有部门的赤字增加了，财政收入越来越依赖于非国有部门。在市场疲软期间，非国有部门的增长率因在获取信贷和原材料方面受到紧缩计划的限制而下降，使国家财政无法忍受。因此，国家再一次被迫放开对信贷和原材料供给的控制，为非国有部门的增长创造必要的条件，经济也随之活跃起来。然而，扭曲的宏观政策环境和开放的资源配置制度、微观经营机制之间的冲突也再次产生。

　　扭曲的宏观政策环境与开放的资源配置制度、微观经营机制不相协调的第二个后果是寻租现象蔓延。改革以后,几乎每一种受国家控制的投入品和商品,市场价格都合法或非法地与计划价格并存。市场价格与计划价格之间的差异是经济租。据估计,由控制商品价格、利率和汇率而造成的经济租,至少有 2000 亿元,约为 1988 年国民收入的 21.5%。1992 年,仅出自银行贷款一项的经济租就达到 2200 亿元。① 非国有企业以及具有自主权的国有企业,都有通过贿赂和其他手段向国家主管资源配置的机构或人员寻租的激励。据报道,在"竞争"下,就是获取低价资源具有优先权的国有重工业企业,为了获得计划配置的贷款和物资或为了准时得到这些资源,也需要向银行和其他资源配置机构行贿。

由于寻租,国有企业常常无法得到计划安排的信贷和物资。寻租还引起了公众普遍的愤慨。成为社会不稳定的一个根源。为了保证国有企业的生存和消除公众的不满情绪,1986 年和 1988 年政府两次试图通过紧缩规划重新加强对资源配置的控制。由于国家财政依赖于非国有部门快速增长,后来又放松了控制。目前,除了利率以外,绝大多数物资和商品的价格已不存在行政控制了。

四、改革道路:一个比较

为什么中国的改革比东欧和苏联更为成功?学术界已

---

① 国家银行的信贷总额为 21616 亿元(按市场汇率计算为 2485 亿美元),而官方利率与市场利率相差 10 个百分点,所以仅银行贷款一项的经济租就高达 2160 亿元。

对这一问题展开了讨论。除了渐进性改革以外，上述研究都强调中国改革之初的产业结构（中国有一个很大的农业部门）或分散化的地区经济结构。如果中国的成功主要归功于中国独特的初始条件，那么中国的改革经验对初始条件不同于中国的其他国家就没有一般性的含义。其实，改革前的中国和所有其他社会主义国家推行的是相同的经济发展战略，形成了相同的宏观政策环境、计划配置制度和没有自主权的国有企业制度，它们面临的经济问题也是相同的。经验证据表明，同改革前的中国一样，东欧和苏联都有国有企业过大造成的超工业化，以及服务部门和轻工业部门不发达，职工的劳动激励低下的问题。

对于一个特定资源存量的经济，"休克疗法"试图通过改革经济结构，使资源存量得到更有效的利用，并把稳定化、市场化和私有化作为实现这一目标的必要条件。其理由是，（1）企业必须对经济有稳定的预期；（2）企业能获得正确的相对价格信号；（3）企业具有对价格信号作出正确反应的激励。经济稳定化、价格自由化和企业私有化的惯例具有内在的一致性。这一方案相当于在短时间里替代由重工业优先发展战略内生出来的整个传统经济结构。

如果改革无须支付过渡成本，这一方案是可行的。然而，重工业中的一些固定资产并不能用于轻工业生产，其他设备改作新的用途需要进行调整。从事重工业的工人派到新的工作岗位之前需要进行再训练。而且，建立新的市场制度需要时间和资源。因此，在改革的最初阶段，轻工业的增长或许不能弥补重工业的下降。其结果是国民生产总值的增长呈一条"J型曲线"。在到达转折点前国民生产总值下降幅度有多大？下降将持续多长时间？决定于最初的扭曲的严重程度和能用多快的速度建立必要的制度，这只能靠经验来确定。东欧和苏联的经历表明，国民生产总值的下降可能要超过50%，到达转折点需要数年时间。改革的结果如此可怕，政府无疑要遭到合法性的危机。领导人就不可能在深化改革的过程中保持一致，政治上的不稳定就会紧随其后。除了导致"J型曲线"外，"休克疗法"还可能导致一个大的"L型曲线"。

20世纪70年代末中国开始改革时，政治领导人并没有怀疑传统经济结构的可行性或适宜性。当时的改革目标是通过赋予企业和集体农业经营自主权，使劳动者收入和个人努力之间建立更紧密的联系，改进国有企业和集体农业的激励。赋予企业部分微观经营自主权使传统经济结构开了一条小裂缝。农业和工业部门生产率的提高表明，赋予微观经营单位自主权，不仅能够改进农业的绩效，而且能够改进工业的绩效。部分自主权还意味着企业家对新创造资源的配置拥有部分控制权。传统经济中的受压制部门是和经济中的比较优势相一致的部门。微观经营机制改革的后果是，在利润动机的驱动下，拥有自主权的企业经理人员将他们可支配的新资源配置在营利性更高的受压制部门。由于仍然维系着计划的资源配置制度和扭曲的宏观政策环境，国家还控制着老资源并保证将这些资源配置在优先部门。因此，在改革过程中经济实现了持续的增长。而且随着经济增长，按计划价格配置的资源占资源总量的份额越来越小。商品价格放开以后，市场价格与计划价格的差异越来越小，放开商品价格引起的振荡也越来越小。

如果上述有关中国经济能够在改革过程中实现持续增长原因的分析是合理的，那么我们就期望能得出下列结论：首先，由于受压制部门的扩张是依靠新创造的资源实现的，它的扩张不会引起优先发展部门的下降；第二，由于新创造资源被配置在更有效率的部门，所以经济可以达到高于改革前的经济增长率。这两个方面都已经被经验数据所证实。[①] 在改革期间，除 1984 年和 1992 年的农业劳动力以外，各部门的劳动者人数都增加了。就是在这两年里，农业劳动力的下降也不足一个百分点。而且改革期间国有部门投资占中国总投资的水平和份额并没有下降。因此。并非如一些学者所说，农村工业和经济中其他部门的快速增长是由于国有部门的劳动力和其他资源转移到非国有部门，劳动力从低生产率的农业部门转移到高生产率的工业部门造成的。从农业、工业、建筑业、运输业和商业等几个部门的国民收入增长率来看，[②] 同预料的一样，每个部门的年增长率都在加速。国有工业部门的年增长率也是正的，只是改革期间的增长率低于改革前。

虽然政治领导人最初并没有改革传统经济结构的打算，但是，企业自主权成为对扭曲的宏观政策环境和计划

---

① 参见《中国统计年鉴（1993）》，第 98 页和第 107 页。
② 参见《中国统计年鉴（1993）》，第 43 页。

的资源配置制度的一个冲击。第一，在扭曲的政策环境中很难防止侵权行为，所以企业经理人员和工人一旦获得自主权，他们就会充分利用它们来侵蚀利润和国有资产。而且一旦将自主权赋予企业和集体农场，任何剥夺自主权的企图都将遭到工人和农民的抵制。第二，依靠新创造的资源建立的非国有企业位于传统的经济结构之外。它们将同原有的国有企业展开竞争，并迫使政府赋予国有企业更多的自主权。非国有部门和非优先部门中的国有企业将通过寻租活动，即通过向国家主管部门和官员行贿，获得所需的信贷、外汇和原材料。如果国家限制这些企业的活动，就会同1986—1987年间和1989—1991年间的情形一样，造成非国有经济和非优先部门增长率的下降。由于在改革期间来自传统源泉——国有企业——的财政收入急剧下降，所以这些部门经济增长率的下降在财政上是无法忍受的。经济增长率减缓也是导致合法危机的潜在原因，特别是对新一代领导人，他们的委任既不是来自革命，也不是来自人民的选票。因此，国家被迫修改资源配置制度和宏观政策环境，以确保它们同市场取向的企业保持一致。由于三位一体的传统经济结构是所推行的发展战略内生出来的。所以，除非政府放弃资本密集的、重工业优先发展战略，否则传统经济结构的改革将永远不可能完成。

五、结 论

虽然在改革之初中国领导人的脑子里并没有一张设计

完好的蓝图，但是通过本文的讨论中可以发现，中国的改革遵循了一条可以用诱致性制度创新理论给予说明的道路。传统经济结构是由重工业优先发展战略诱导的制度创新产物，它是为动员资源以发展优先部门而设置的。然而，它的经济效率低下。因此，一旦扩大企业自主权打破了传统经济结构的整体性，以更有效率的市场经济结构替代传统结构的制度变化就以自我推动的方式发生了。在这个过程中，企业自主权的扩大和来自非国有企业的竞争，改进了国有企业的效率。经济的动力主要来自于新的、小的非国有企业的快速进入。由于来自非国有企业和具有自主权的国有企业的冲击，原有的计划资源配置制度和扭曲的宏观政策环境在愈益难以维系的情况下被逐渐扬弃了。在改革过程中，国家、企业和人民有足够的时间调整新的市场经济结构。由于在整个改革过程中经济一直保持着快速增长，绝大多数人民都是改革的受益者。

东欧和苏联所选择的"创世纪式的"改革方式，试图用更有效率的市场结构替代缺乏效率的经济结构。在取消了不准建立私有企业的禁令以后，私人所有的小企业立即显现出来了，但大中型国有企业的私有化进行缓慢。事实上，这种混合企业结构和中国实行渐进式改革后的企业结构是相同的。然而，中国的改革方式没有造成国有部门生产的崩溃。因此，中国的渐进式改革方式获得了"创世纪式的"改革方式的正面效应，又避免了它的成本。如果考虑制度变迁的过渡成本和途径的相依性，中国的渐进式改革在理论上和经验上都优于"创世纪式的"改革方式。

至今为止，中国改革的大多数策略不是设计出来的，而是诱导出来的。然而，中国改革的经验可以为其他在资本稀缺的条件下推行重工业优先发展战略或其他相似战略的国家设计改革政策，提供有用的经验和教训。当然，各个国家在发展阶段、资源禀赋结构、政治制度和文化传统等方面是不一样的，一个国家的改革设计和顺序应该是"诱致的"而不应该是"强制的"。然而，除了维持经济和政治稳定的总的政策性含义外，对一个经济结构与改革前中国的经济结构相似的国家的政府来说，下列经验是有用的：

1. 赋予微观经营单位自主权，以改进激励结构和创造出新的资源流量。

2. 允许新的资源流量以市场价格在计划外配置，准许自主的企业将新的资源流量配置在受压抑的部门，将维持原来的优先部门生存所需的资源仍置于计划控制之下。

3. 当由市场配置的新的资源量超过按计划配置的资源量时，放开扭曲的政策环境和计划配置制度，使它们同拥有自主权的微观经营制度相一致。

比较优势与发展战略

——对"东亚奇迹"的再解释*

在经济上赶超先进国家，几乎是所有落后国家和地区的热切愿望。然而，几乎所有实行赶超战略的经济，大都陷入诸如日益加深的城乡贫困化、旷日持久的高通货膨胀以及积重难返的经济结构失衡的困境之中。如果这种赶超战略是唯一的选择，我们又没有发现任何采取其他战略成功地实现赶超发达经济的事例，则还不能说赶超战略失败了，只能说这种战略的推行和结果是无法回避的。

然而，事实并非如此。一些没有采取赶超战略的发展中国家和地区，反而取得了快速的经济增长，成为世界经济发展中的明星。第一个成功的事例发生在日本，紧随其后的是地处东亚的韩国、新加坡、中国的台湾和香港。在过去数十年，这些经济以与其他发展中经济相同的起点，实现了完全不同的发展绩效，成为世界经济中高速、持续

---

* 本文发表于《中国社会科学》1999 年第 5 期，与林毅夫、李周合著。

经济增长的典型，被誉为"东亚奇迹"。这些成功的发展事例，是否代表了一种可供替代的发展战略，这种发展战略的不同之处何在，它对经济发展理论提供了哪些新的知识，以及当东南亚金融危机发生之后这种发展战略是否还站得住脚，是本文尝试回答的问题

一、对"东亚奇迹"的不同解释

与大多数发展中经济一样，日本和亚洲"四小龙"也是自第二次世界大战后从较低的经济发展水平上起步的。特别是亚洲"四小龙"国家和地区，其工业化水平在 50 年代初期仍然很低，资本和外汇十分稀缺，人均国民生产总值只有 100 美元左右。但是，这些经济在二三十年的时间里持续、快速增长，并且随着资本、技术的积累，它们又逐步发展资本、技术密集型的产业，成为新兴工业化经济，进入或接近发达经济的行列。值得指出的是，在这些经济中，高速增长还伴随着收入分配的相对均等、经济结构的优化以及一系列社会福利指标的提高。

关于日本、东亚"四小龙"何以能够成功地实现经济快速增长从而达到赶超发达经济的目标，学术界存在着种种不同的解释。有不少研究者的解释已经超出了经济范畴，以为这些经济的成功与经济因素无关。其中一种是从文化的角度进行解释。例如，有人观察到日本和亚洲"四小龙"都深受儒家思想的影响，认为勤恳耐劳和奉行

节俭的儒家文化是这些经济实现成功赶超的原因。① 如果事实真正如此，其他国家实现经济成功发展的机会就相当有限了，因为文化是不同的，而且难以在短期内发生变化。然而问题在于，这些国家和地区长期以来就一直在儒家文化的濡染之下，但为什么它们并没有在 16 世纪、17 世纪率先实现现代化和经济发展？此外，同样受到儒家文化影响的许多其他国家并没有实现同样的经济成功，而许许多多与儒家文化无缘的国家却更早地实现了经济现代化②？

　　第二种解释是由一些从政治地理的角度观察问题的学者做出的。他们认为，由于长期的东西方冷战，美国和西方国家向日本和亚洲"四小龙"提供了大量的投资和援助，以期减弱社会主义阵营对这些国家和地区的影响，同时美国也更加乐于向这些国家和地区转移知识、技术和开放市场。然而，当年卷入冷战的国家远不止这些实现成功赶超的经济，为什么成功者寥寥？按照这个逻辑，亚洲的菲律宾和大量拉丁美洲国家都应该在这个成功者的名单上；而恰恰是这些国家成为经济发展不成功的典型事例。

———————

　　① 金耀基：《东亚经济发展的一个文化诠释》，《信报财经月刊》1987 年第 11 期。

　　② 如果要说儒家文化的影响，中国应该执天下之牛耳。但是，近代中国经济落后的历史表明，作为儒家文化的发源地，她的经济发展绩效并未得益于这种文化传统。相反，有着类似的思想方法的文化极端主义者，却知耻于落后挨打的民族地位，喊出了"打倒孔家店"的口号。可见，用儒家文化解释不了"李约瑟之谜"，也无法回答东亚奇迹产生之谜，正如这种解释本身就否定了用所谓"新教伦理与资本主义精神"对著名的"韦伯之疑"所作解释的有效性一样。

可见，由于冷战的需要而形成的政治因素对经济发展的影响，充其量可以视为促进成功的经济发展的辅助性因素，而远非决定性因素。

从经济学角度解释东亚成功原因，吸引了许多经济学家的兴趣，并提供了各种不同的假说。我们可以将这种种观点归纳为三类。提出第一种假说的学派以世界银行的经济学家为代表。他们认为这些经济的成功是由于实行了自由市场经济，价格扭曲较少，资源配置得当且效率高。但这种解释过于理想化了，因而远远不能令严肃的观察者满意。因为人们同时很容易观察到，事实上，这些经济同样存在着明显的政府干预，竞争障碍乃至价格扭曲和贸易保护也是存在的。例如，中国台湾省、韩国和日本都曾经积极地采用了进口限额和许可证、信贷补贴、税收优惠、公共所有制等手段，以培育和保护其幼稚产业。

与此恰好相反，以麻省理工学院经济学家 Alice Amsden 和英国经济学家 Robert Wade 为代表的另一学派提供的解释是，这些经济的成功是由于政府有意识地扭曲价格、限制市场的作用、利用产业政策来扶持某些关键性的战略产业。诚然，这些干预的确存在，可是，许许多多存在着经济干预和扭曲价格的经济，却往往成为经济发展最不成功的例子。许多推行赶超战略的国家，就以其发展经验表明这种理论假说缺乏说服力。

第三种假说把日本和亚洲"四小龙"经济发展的成功归结为这些国家实行了外向型发展政策。由于实行外向型发展战略需要介入国际竞争，所以一个国家或地区的产业必须具备竞争力，从而必须是有效率的。因此，这种观点认为，国际贸易对于经济发展的成功是至为关键的。然而，需要质疑的是，经济的外向型究竟是经济发展的结果，还是导致经济发展的原因？如果是后者，完全可以不惜代价地人为推行出口鼓励型的发展政策，提高贸易在经济中的比重，以便达到经济发展的目标。实际上，那些推行赶超战略的国家，也经常把鼓励出口作为其赶超的一个手段。但由于采取的是扭曲价格和汇率以及直接补贴的办法鼓励出口，就不可避免地导致资源配置的失误，经济仍然陷入重重困境。最近一些经济研究也发现出口比重和一个经济总要素生产率的提高并没有显著的关系。①

二、一种可供替代的发展战略

任何一种有效的理论，一方面需要在逻辑上具有内部的一致性，另一方面需要在经验检验中站得住脚。上述关于日本和亚洲"四小龙"成功地实现经济赶超的解释，无疑都触及事物现象本身的某个方面，但都没有揭示事物的本质，因而相互之间是矛盾的，而且各自的解释力都在这种矛盾中彼此抵消了。因此，我们所要提出的理论解释应该是一种能够包容上述假说的。

从日本和亚洲"四小龙"的发展经验来看，它们的

---

① Robert Z. Lawrence and David E. Weinstein (1999), "Trade and Growth : Imported or Exported ? Evidence from Japan and Korea", memo.

经济发展是一种循序渐进的过程。一个与赶超战略截然不同的特点就是，它们在经济发展的每个阶段上，都能够发挥当时资源禀赋的比较优势，而不是脱离比较优势进行赶超。表1表明，这些经济在其不同的发展阶段上，由于不同的比较优势，形成的主导产业也不一样。一个共同的规律是，随着经济发展、资本积累、人均资本拥有量提高，资源禀赋结构得以提升，主导产业从劳动密集型逐渐转变到资本密集型和技术密集型、乃至信息密集型上面。

表1　日本和"四小龙"的关键产业与发展阶段

	日　本	韩　国	台湾地区	香港地区	新加坡
纺织	20世纪30、50年代		60年代和70年代	50年代	60年代初，70年代
服装、成衣	50年代		60年代	50年代至60年代	
玩具、表、鞋			60年代至70年代	60年代至70年代	
炼制		60年代初（推动）			
钢铁	50年代至60年代	60年代末70年代初（推动）			
化工	60年代至70年代	60年代末至70年代			

	日 本	韩 国	台湾地区	香港地区	新加坡
造船	60 年代至 70 年代	70 年代			
电子	70 年代	70 年代末至 80 年代	80 年代		70 年代
汽车	70 年代至 80 年代	80 年代			
电脑与半导体	80 年代	80 年代末			
银行与金融				70 年代末至 80 年代	80 年代

资料来源：Ito, Takatoshi (1995), "Japanese Economic Development：Are Its Features Idiosyncratic or Universal?" paper presented at the XI th Congress of International Economic A ssociation at Tunis, December 17—22.

无论是日本还是亚洲"四小龙"，在其经济发展过程中都没有明确地宣布过它们实行怎样的发展战略。毋宁说，除了香港之外，这些经济在发展的早期，都曾经尝试推行进口替代政策或者说作为次级进口替代阶段的重化工业优先发展政策。如果照那样的道路走下去，我们今天也许没有机会讨论所谓的"东亚奇迹"了。但是，这些经济与其他发展中经济不同之处在于，由于这些经济感受到赶超战略的高成本和沉重代价，因而较早地放弃了与其比较优势相抵触的赶超战略，转而按照各自的资源禀赋条件，积极发展劳动密集型产业，从而增加了出口和经济的外向型程度，达到了比较优势的充分利用。虽然它们对这种发展战略从未明确表述，但是可以看出其特点是主导产业在发展过程的每一个阶段都遵循了经济学中所说的"比较优势原则"，因此，我们称之为比较优势战略。

日本和亚洲"四小龙"为什么能够不同于其他发展中经济，而在较早的阶段上放弃赶超战略呢？经济学家也尝试作出解释。而我们将这些经济与那些固守赶超战略的经济作比较时，会发现两者截然不同之处在于前者的人均自然资源占有水平很低，同时人口规模较小。赶超战略是一种效率很低、浪费很大的发展道路，一个经济能够在多久的时期持续推行赶超战略，通常取决于两个因素。第一是人均自然资源的丰裕程度。自然资源可供无偿开发的程度，决定了一个经济在低效率的发展战略下得以延续的时间长短。第二是人口的规模。人口规模的大小决定了对资源浪费的人均负担程度，相对小的人口规模就无法维持长期的资源浪费。

日本和亚洲"四小龙"由于经济规模太小、人均拥有的自然资源太少，在发展的早期，政府每次想要推行重工业优先发展战略时，马上就遇到财政赤字增大、外贸收支不平衡、通货膨胀过高的难题，因而无法坚持下去，只好放弃政府的积极干预，而由企业自由选择。企业要实现利润最大化这个目标，在选择技术和产业时，就必须以充分利用经济中资源禀赋的比较优势为出发点。日本和亚洲

"四小龙"遵循比较优势发展经济，是在政府放弃了赶超战略后企业自发选择的结果。可见，它们都没有把按照比较优势发展经济作为一种主动的政策选择。但是，既然它们成功的经验表明遵循比较优势原则可以快速地发展经济，作为后来者，就应该以此作为替代传统赶超战略的一种主动的战略选择。

从这里我们也可以看到赶超战略与比较优势战略之间的一个最重要的差别。无论是早期重商主义者、德国的历史学派经济学以及"霍夫曼定律"，还是第二次世界大战之后传统发展经济学中五花八门的发展战略的倡导者，以及推行形形色色赶超战略的实践者，都把产业结构和技术结构的差异看做是发达经济与落后经济之间的根本差别。于是，发展经济学文献中的"大推进理论"或"中心—外围理论"，实践中的重工业优先发展战略或进口替代战略，都把提升一个经济的产业结构和技术结构视为经济发展和赶超发达经济的同义语。为了提升产业结构和技术结构，这些国家或地区高度动员有限的资源，人为地扶持一两个资本密集型的产业。

问题在于，产业结构和技术结构的升级，都是经济发展过程中的内生变量，即它们仅仅是发展的结果，或者说是一个经济中资源禀赋结构变化的结果。资源禀赋结构是指一个经济中自然资源、劳动力和资本的相对份额。自然资源通常是给定的；劳动力增加的速度取决于人口的增长率，国家之间并无巨大的差异，一般在 1%—3% 之间；所以，唯一可以有巨大的增长差异的资源是资本。有的国家可以达到年平均 20%—30% 的资本积累速度，而有的国家仅能达到 10% 甚至更低的年平均资本积累率。如果这种差异持续一个较长的时期，譬如说一个世纪，将会产生巨大的不同。因此，当我们讨论资源禀赋结构的提升时，事实上是指资本相对丰裕程度的提高。

在发展的早期阶段或当今的发展中国家，资源结构的特征是资本的严重缺乏。在通过扭曲要素价格和其他经济管制人为推行重工业化的情况下，所能做到的也仅仅是把有限的资本倾斜地配置到几个产业上，与此同时必须压抑其他产业的发展。由此必然产生的几个问题是：

第一，以牺牲经济整体进步为代价的少数产业的赶超，不足以支持资源结构的升级或总体经济实力的提高。受保护产业没有竞争力，利润低，经济剩余少；受压抑产业没有资本，也难以形成有效的生产力，因此也提供不了足够的资本积累。在这种状况下，资源结构的升级最终只能落空。苏联就是一个典型的例子。由于推行重工业优先发展战略，国家用强制性计划手段动员资源，使其军事工业和空间技术产业得到高度发展，在冷战期间堪与超级大国美国媲美，其工业产值与发达经济比较也不算低，但在以人均国民生产总值衡量的综合国力和资源结构水平上，苏联与美国等发达资本主义国家相比，差距并未缩小。更重要的是，苏联在民生工业上极端落后，人民生活水平长期得不到改善。第二，赶超战略所扶持的产业部门，由于不符合资源禀赋的比较优势，只好完全依赖于扭曲价格和国家保护政策才得以生存。在缺乏竞争的条件下，它们固然可以成长起来，并在统计意义上改变国家的产业结构状况，但这些产业必然是缺乏效率的，毫无竞争能力可言。中国在改革过程中，国有企业特别是那些资本密集型产业的国有企业所面临的窘境就证明了这一点。第三，在赶超战略下，违背比较优势所形成的畸形产业结构与劳动力丰富的资源结构形成矛盾。这种偏斜的产业结构大大抑制了对劳动力的吸收，形成资源利用的二元性质，使广大人民不能均等地分享经济发展的好处，相当大规模的人口处于贫困之中。第四，赶超战略着眼于在前沿上赶超与发达经济之间的技术差距。然而，既然不能改变资源结构，某些产业资本密集程度的提高，必然降低其他产业的资本密集程度，也就不能在整体上缩小与发达经济在资本和技术水平上的差距。

由此可见，经济发展的真实含义不是几个重工业产业鹤立鸡群式的增长，而是国家综合国力的提高。具体来说，对于一个处于落后地位的经济来说，所要寻求的发展应该是资源结构的提升或人均资本占有量的增加，产业结构的升级、技术水平和收入水平的差距只是这个过程的自然结果。

日本和亚洲"四小龙"经济由于人均自然资源和人口规模的制约，对这种牺牲大部分产业而集中扶持少数产业的做法所带来的巨大代价承受力较低，所以较早地放弃了赶超战略。企业从利用其劳动力丰富的优势出发，发展劳动密集型产业，反而使资源禀赋结构的提升速度加快；作为其人均资本拥有水平提高的结果，产业结构和技术结构得以更快地升级（表1），最终进入发达经济的行列。实际上，按照比较优势来发展经济的原则，不仅适用于劳动力相对丰富的经济，对于那些自然资源丰富的国家和地区也同样适用。①

三、比较优势战略与资源禀赋结构的提升

经济发展归根结底是要改变资源结构，即增加资本在资源禀赋中的相对丰富程度。资本来自于积累，而社会资本的积累水平取决于经济剩余的规模，后者又依赖于生产活动的绩效和特点。如果一个经济的产业和技术结构能充分利用其资源禀赋的比较优势，那么这个经济的生产成本就会低，竞争能力就会强，创造的社会剩余也就会多，积累的量也就会大。我们可以把一个社会中的生产性活动分为社会生产性活动和私人生产性活动，社会生产性活动可以增加整个社会可用的产品或服务总量，而私人生产性活动虽能增加个人的收益，但有时未必能增加社会的产品和服务总量。寻租行为是造成私人的生产性活动与社会的生产性活动不一致的一个主要原因。例如，如果政府可以利用权力设定一项生产限额，就会使该产品的国内生产者获

---

① 以澳大利亚、新西兰的发展绩效与拉丁美洲的阿根廷、乌拉圭等国相比较，是十分有说服力的。在19世纪末和20世纪初，这些国家的经济发展水平大致相同。由于澳大利亚和新西兰在随后的经济发展中充分利用了自然资源丰富的比较优势，制造业在国民经济中的比重并不高，但却跻身于发达国家的行列；而不顾自身资源比较优势、推行赶超战略的阿根廷和乌拉圭却从当时的发达国家行列倒退到中等发达国家的地位，虽然拥有更高的制造业比重，人均国民生产总值却大大低于前两个国家。

得更高的利润。因而，相关的生产者就会采取各种手段去说服政府官员设定和执行这个生产限额。这类寻租活动消耗社会资源增加个人收益，但并不增加社会产出，因而是有益于私人的活动而对社会有害。如果每个人的私人生产性活动同时也是社会生产性活动，社会产出就会较多，可供积累的剩余也会较多。我们将论证如果一个经济充分发挥其比较优势，私人的生产活动和社会的生产活动将会取得一致。

除此之外，积累的水平还决定于储蓄倾向，在同样的经济剩余水平下，储蓄倾向越高，社会资本的增加就会越多，资源禀赋结构的升级也就越快。一个发展中经济若能充分发挥其比较优势，储蓄倾向也会较高。传统的经济增长理论也强调资本积累，甚至把储蓄率和投资率的作用强调到决定一切的地步。但是，最重要的增长理论没有提出的问题在于：怎样增加社会剩余总量及怎样才能使所有的生产活动从社会的角度看是生产性的、竞争性的，以及如何才能提高储蓄率。

从理论上看，一个国家怎样才能发挥其比较优势呢？根据赫克歇尔—俄林模型①，如果一个国家劳动资源相对丰裕，该国的比较优势就在于劳动密集型产业。如果这个国家遵循比较优势，发展轻工业即劳动密集型产业为主的产业，由于生产过程使用较多的廉价的劳动力，减少使用

① B. Ohlin（1968），*Interregional and International Trade*，Cambridge，MA：Harvard University Press.

昂贵的资本，其产品相对来说成本就比较低，因而具有竞争力，利润从而可以作为资本积累的量也就较大。

　　要使整个社会都能够对比较优势作出正确的反应，就需要有一个能够反映生产要素相对稀缺性的要素价格结构。即在劳动力相对丰富的禀赋条件下，劳动力价格应该相对便宜；而在资本变得相对丰裕的禀赋条件下，资本就相应地成为相对便宜的要素。如果一个经济中的要素价格结构能够充分反映各种要素的相对稀缺性，企业就会自动地作出调整，即在其产品和技术的选择中尽可能多使用便宜的生产要素，从而实现比较优势。必须指出的是，要素相对稀缺性在要素价格结构上的准确反映，必然是市场竞争的结果，任何人为的干预和计划机制都做不到这一点。所以，世界银行经济学家把亚洲"四小龙"发展的成功归结为市场机制作用的解释是有一定道理的。

　　日本和亚洲"四小龙"实行的是市场经济，政府又较早地放弃了赶超战略，因此，各种产品和要素的价格基本上由市场的供给和需求竞争决定，能够较好地反映各种要素的相对稀缺性，企业在做产品和技术选择时就能利用各个发展阶段显现出来的比较优势。此外，政府不对价格的形成进行干预，还可以减少社会中的寻租行为。这样，企业和个人要增加收益就只能通过提高技术水平和管理水平，私人的生产性活动也就会是社会的生产性活动。同时，在发展中国家，资本是稀缺的要素，利率如果由市场竞争来决定必然高，由于利率同时也是现在消费和未来消费的相对价格，利率高则现在消费的相对价格高，未来消费的相对价格低，因而会抑制现在消费，增加储蓄倾向。

由于生产要素和产品的价格都是由市场竞争决定的，能够反映产品和要素的供求状况和相对稀缺性，微观经营单位在依据这样的价格信号从事经营和生产的过程中，会对通过市场价格传递的关于产品和要素的供求状况及相对稀缺性作出反应，并相应于一定的市场需求和资源禀赋状况进行产品结构和技术选择。从全社会的角度来看，这样的产品和技术选择的结果就是形成了与特定的资源禀赋相适应的产业结构和技术结构。同时，一个微观经营单位要想生存和发展，除了通过寻找更廉价的投入品、开辟新的市场、改进经营管理、选择适宜技术等途径实现微观上的技术创新之外别无他途。因此，微观经营单位不仅要密切关注当前的市场，利用当前的适宜技术从事生产，还要研究和预测将来的市场以及未来的比较优势。静态比较优势的发挥使经济发展速度加快，资本积累的速度将远高于劳动力和自然资源增加的速度。因此，资本将由相对稀缺逐渐变成相对丰富，资本的价格将由相对昂贵逐渐变成相对便宜。企业为了竞争的需要，就要根据相对价格信号的变化，调整产业和技术结构，实现动态的比较优势。

在劳动力相对丰富的经济中，推行比较优势战略不仅能通过静态和动态比较优势的利用实现有效率的增长，而且能通过充分利用丰富的劳动力资源使劳动者充分就业。随着经济增长，劳动力变得相对稀缺，工资水平则不断提高，劳动者因而可以从经济的增长中不断受益；而"赶超战略"优先发展的是资金密集的产业，能创造的就业机会少，劳动者无法充分就业，工资水平将长期受到抑制，使劳动者难以分享增长的果实。因此，与赶超战略相比，比较优势战略才真正可以实现公平与效率的统一。

在这样的制度环境下，每一个企业乃至整个经济结构都发挥比较优势，其产品的国际和国内竞争力都必然是较高的。同时，这种发展战略也必然通过国际贸易来发现和实现自身的比较优势，并利用国际贸易提高本国产业和企业的效率，因而是外向型的。可见，用经济外向型特征来解释日本和亚洲"四小龙"经济成功的说法，也正确地观察到了这个重要的现象，只是未能理解这种现象是充分利用比较优势发展经济的结果，而不是这些国家和地区经济发展成功的原因。

四、政府在经济发展中的作用

政府在经济发展过程中的适当作用，也是实行比较优势战略的题中应有之义。政府在经济发展中的作用是什么，政府应该如何发挥其促进经济发展的作用，是经济理论和经济政策讨论中一个旷日持久的论题。

例如我们前面所讨论过的，日本和亚洲"四小龙"经济快速增长的奇迹，在经济研究的文献中，既可以用于支持新古典经济学强调市场作用和企业家个人积极性、反对政府干预的主张，又常常被用来证明政府通过产业政策干预市场的成功。刘易斯概括了这个关于政府在经济发展中的作用的悖论"如果没有一个明智的政府的积极促进，任何一个国家都不可能有经济进步……另一方面，也有许多政府给经济生活带来灾难的例子，以至于要写满几页警惕政府参与经济生活的话也是很容易的①"。更确切地说，"政府的失败既可能是由于它们做得太少，也可能是由于它们做得太多"。

然而，从实行比较优势战略出发，就能够使我们既认识到政府在经济发展中的作用所在，又能够将政府作用界定在适宜的范围内。我们可以在与赶超战略的比较之中来理解这一点。在实行赶超战略的情况下，为了支持一些不具自生能力的产业的发展，对经济进行人为的干预，使市场和价格信号扭曲，是这种战略的内生要求。因此，政府作出不恰当的行为以致伤害经济发展过程，几乎是必然的，而且除非改变这种发展战略，否则这种灾难性的政府干预是无法纠正的。

而在实行比较优势战略的情况下，发展战略内生的要求是使市场充分运行，价格信号正确。因此，政府的作用首先在于维护市场的竞争性和规则。由此而提出的这些政府经济职能包括：

（1）建立市场规则和实施反垄断法。这是保证市场机制充分发挥作用的关键，因为一旦市场被垄断，价格信号和比较优势信息就会被扭曲，企业也就难以按照比较优势进行投资决策。从这个意义上看，政府的职能不仅不在

---

① 阿瑟·刘易斯：《经济增长理论》，上海三联书店、上海人民出版社1994年版。

于消除市场竞争和限制价格机制的作用，相反是保护这种竞争，从而让价格机制发挥最充分的资源配置作用。

（2）采取独立的货币政策和财政政策降低经济发展过程中的过度波动。在价格机制调节生产和消费的过程中，经济波动有时是难以避免的，这时市场需求的信息会发生紊乱，生产者和创新者会感到无所适从，这就需要政府发挥职能以反周期政策最大限度地减少波动。显然，这也不是任何意义上的否定市场竞争和价格机制。

（3）采取适当的方式，参与建设和投资于那些具有某种外部性的产业，以及那些需要较大规模的初始投资或需要较长建设周期的项目，例如教育、卫生、交通运输和能源等必要的基础设施部门。这样可以为社会经济活动建设起必要的基础设施，降低经济活动和市场机制运行的交易成本。

通过比较优势的发挥，可以化解稀缺资源不足所造成的瓶颈制约，资源结构升级要快于实行其他发展战略的情形，从而产业结构和技术结构的变化速度将十分迅速。比较优势战略加快产业结构和技术结构升级的这个特点，对政府提出了除了维护市场秩序的许多迫切的额外要求，特别表现在产业政策的制定和实施上面。下面分别根据实行比较优势战略的经济和实行赶超战略的经济的相关经验，对产业政策的本质、内容以及与赶超战略的经济计划之间的差别作一些概括。

首先，随着资源禀赋结构的变化，产业结构和技术结构也要相应发生变化。现实中存在各种各样的产业与技术可供选择，为了产业结构升级的目的，无论企业家还是政府，都需要有关于哪些技术或产业最能充分利用比较优势以及新的产品市场潜力有多大、可能存在的竞争状况等一系列信息。然而，信息是一种准公共品。任何企业固然可以投资于某种活动去取得这种信息，但信息一旦取得，其传播成本接近于零，最佳的社会方案应该是让所有企业知晓。此外，信息的收集、传输和处理过程具有规模经济。因此，自然而然地，政府应该充当这个集信息收集、处理和发布的职能于一身的角色，并把处理过的信息以产业政策的形式公布于社会，作为企业进行产业和技术升级时的参考。实行比较优势战略条件下的产业政策是一种指导性的，其主要特征与其说是要求企业家去做什么或怎样做，不如说是提供一些可能的机会供企业家们选择。

其次，实施这种产业政策需要政府履行社会协调的职能。当资源禀赋的升级要求一个社会的产业随之升级时，所需的投资范围十分广泛。由于资金的限制、风险和外部性的存在，单个企业不会在所有的领域进行投资，但有时这种投资活动的不配套会导致社会最佳投资机会的丧失。例如，要从以农业为主导的产业结构升级为以轻加工业为主导的产业结构，教育、交通运输、商业、流通基础设施及进出口活动等都要有所变化；而从轻加工业升级为资本、技术密集型的产业，教育、科研和资本市场等方面也需要相应调整。而单个企业不能胜任这种协调职能。政府的作用就在于通过决定朝哪个方向努力、对需要采取的行动进行分析以及提供引导和支持，帮助单个企业就其自身状况和经济发展前景作出最有利的投资决策，并同时达到社会上各个企业投资活动之间的协调。由于这种政府引导是协调性的，以资源禀赋结构的变化为依据，而不是强制性和扭曲性的，因而不会距离当前比较优势太遥远，从而可以避免严重的决策失误。

最后，提供一定的财政支持以补偿企业进行产业创新和技术创新时面临的外部性。对那些遵循政府产业政策的企业来说，其创新活动必然具有外部性：即由于政府并不总是正确的，所以它们的创新活动可能成功，也可能失败。如果成功了，其他企业可以随之跟进，而使超额利润很快消失；如果创新失败，表明这个社会的比较优势尚未达到如此高的阶段，或是技术方向选择、市场需求判断等不正确，但其他企业却得以避免重蹈覆辙。结果，创新的企业付出成本，其他企业则因获得的信息而坐享收益。由于无论是成功还是失败，这种创新活动及其经验对于社会都有价值，因此，如果政府不能给创新企业提供一种补偿，实际所发生的创新将会比社会最佳方案所要求的少。所以，政府需要通过减免税收或贴息等补偿形式，鼓励这种具有创新性质的投资活动。

以上分析表明，如果仅仅限于获取信息提供中的规模经济以及对创新活动中的外部性提供补贴，政府的经济职能乃至干预活动就是必要的，也是有效的。前述关于日本和亚洲"四小龙"成功经验的政府干预学派也像盲人摸象一样，反映了日本和亚洲"四小龙"发展成功经验的一个侧面。但这个学派未能看到，政府的这种干预是在比较优势变化、产业结构升级过程中用来补偿创新企业所要面临的外部性，而不是像实行赶超战略那样用来保护、扶持不具自生能力的产业。

归纳起来，产业政策的成功必须同时满足两个条件：一方面，产业政策提供了经济比较优势的动态变化趋势的信息；另一方面，这一政策目标又不能和现有的比较优势相距太远。19世纪后期德国依靠政府"铁与血"的强制政策成功地实现了赶超英法的经验，常常被作为政府成功干预经济的论据。这里必须把握的是，德国是在与英国、法国具有大体相似的资源禀赋条件、比较优势接近而且经济发展水平相差不多的情况下进行"赶超"的。20世纪50年代日本提出重工业优先发展战略时，其人均国民生产总值已达美国的1/4以上，而且日本开始发展的重工业是劳动力相对密集的造船、炼钢等产业。事实上，日本和亚洲"四小龙"的经验与社会主义国家及拉美经济的教训表明，政府产业政策目标必须是可见的近期比较优势。如果目标过于遥远，为追求该目标就不可避免地要扭曲要素的相对价格。而当干预目标是"近"的和可见的，就可以使这种政府作用是顺应市场的（Market Conforming）而不是扭曲市场的（Market Distorting）。

具体来说，着眼于近期比较优势，政府不会使过多的资源用于干预本身。因为政府的管理行为作为一种资源也是有限的，如果政府过多地直接干预和替企业作决策，必然造成"该干的没干，不该干的干糟了"。政府着眼于可见的比较优势，可以适宜地界定其作用范围，使其对产业的引导在大多数情况下只是通过与企业的信息交换进行的。由此形成东亚经济的产业政策与社会主义国家及拉美经济的赶超战略最根本的分界。

五、比较优势战略与金融危机

在人们探讨和争论日本和亚洲"四小龙"经济发展成功之谜的时候，1997年的亚洲金融风暴几乎波及所有我们考察的这几个经济，以致人们要提出这样的疑问：金融危机与这些经济所实行的发展战略是否有某种联系。同样，本文作者在总结并推荐了这些经济所实行的比较优势战略之后，也不可回避地要对上述问题作出解释。让我们先从金融危机产生的原因和发生机理讨论起。

人们通常看到，金融危机与资本的跨国流动有着直接关系。在经济高速增长且有良好的预期的情况下，投资以及信贷行为高度活跃是十分自然的。如果经济活动是健康的，投资可以依赖于生产增加得到偿还，跨国的资金流动不致酿成灾难性的金融危机。从东南亚和日本、韩国的经历看，金融危机的直接导因是银行的不良贷款过高，而不良贷款比例过高则是由于泡沫经济的破灭和产业发展政策的失误所致。

经济的泡沫状态（bubbles）是指一种或几种资产的价格持续上涨，并以继续涨价的预期吸引人们专门从事这些资产的买卖活动以牟利，而对这些资产使用本身不再关心。泡沫经济可分为房地产泡沫和股市泡沫。房地产泡沫在日本、韩国以及东南亚国家和地区几乎无所不在。亚洲国家和地区人口密度较大,土地资源相对稀缺。随着社会总需求的增长,房地产业对土地的需求不断增长,加上这些国家和地区经济活动的区域分布过度集中,使得土地成为这些经济中供给弹性最小的要素。在经济增长十分迅速的情况下,人们预期土地价格会不断上涨,从而大量资金被投入房地产业,以期获得不断增加的资本收益,并进一步刺激地产价格上涨。股票市场泡沫产生的机理与房地产泡沫相似。在短期内,股票的供给弹性很小。当经济增长处于上升期时,人们看到股票价格普遍上涨。为了赚取价格上涨的资本所得,大量资金涌入股市,进一步推动股价狂涨。

泡沫经济的持续受两个因素影响:第一是受可用来投资的资金总量大小的影响;第二是受社会对经济增长的实际预期和心理预期的影响。从静态的角度讲,当一个社会可动员的资金达到极限时,房地产和股票的价格就不会继续上涨,因为投资于房地产不仅有风险,资金也有机会成本。这时就会有人率先抛售,导致价格下跌,其结果是导致更多人抛售。从动态的角度讲,价格上涨快时,社会上过多的资金被用于房地产投机,生产性投资越来越少,生产的竞争力就会降低,经济增长会停滞,对供给弹性小的房地产和股票价格上涨的预期也就会从乐观变为悲观。与此同时,房地产供给的增加会使其价格达到高位后迅速跌落的时点很快到来,从而泡沫的破灭成为必然。

不过,泡沫经济本身未必一定导致金融危机。如果用于泡沫经济的投机资金都是投资者自己的，这种破灭还不会导致银行危机。然而，当投资人看到房地产和股票价格不断上涨，就会冒险以购买的房地产和股票作抵押，向金融机构借款进一步投机。这种不断自我加强的预期也会使银行和其他金融机构大量贷出资金，甚至直接投资于房地产和股票市场。一旦在泡沫经济破灭时房地产和股票的价格大幅度跌落，抵押品的价格会跌落到其作为抵押品贷款时的价格之下。投资者收不回投资，银行收不回贷款，就形成大量坏账。此时是否形成银行危机，还要看每一笔贷款中投机者自有资金的比重以及整个银行资产的结构状况。所以，问题还涉及银行资产结构和监管体制。如果对以房地产和股票作抵押的贷款没有限制，或者整个银行体系的资金可用于房地产和股票抵押贷款的比例没有限制，或者虽有限制却监管不力，在泡沫增长时，投资者有意愿用贷款来进行投机，银行等金融机构存在着道德风险，[①]就会有大量银行资金流向投机领域。结果一旦经济泡沫破灭、不良贷款变成坏账，就会出现银行危机。

　　如果投入到泡沫产业中的资金全部是国内储蓄，当泡沫经济破灭时，银行危机还不会演变为东南亚所出现的货币危机。一旦外资直接进入投机性产业或通过金融机构进

---

①　克鲁格曼把金融体制中的问题归结为金融中介机构行为中的道德风险问题（moral hazard），即由于金融机构明确或暗含地受到政府的信用保障，因而缺乏投资者的监督。在金融中介人主要使用储蓄者的钱的情况下，形成"赚了是我的，赔了是储蓄者的"这样一种机会主义态度。所以，在选择投资方向时，这些金融中介往往不是采取风险中性的态度来选择预期收益最大的项目，而是选择收益最大但风险也最大的项目。

入到投机性产业，就会吹起更大的泡沫。当经济增长放慢从而预期发生变化时，或者一旦遇到某种外生的变化，譬如说政府不再能够对一系列失败的投资进行挽救，投资人便一下子无比悲观。如果货币可自由兑换，资金可以自由流动，挤兑和撤资便会发生。在资本具有很强的流动性的条件下，迅速的资本外流加快了金融体系的崩溃。在实行固定汇率制的条件下，为了维持汇率稳定，中央银行通常要进行干预，外国金融投机家于是便有机可乘。例如投机者向国内银行借本币，到国际市场上抛售，政府就要用外汇储备托市。但国内储蓄者看到国内金融机构的危机，在外国投机者攻击本国货币时，很可能产生信心危机，进而会随着金融投机家抛售本币。当中央银行把有限的外汇耗尽而无力托市时，汇率就会像自由落体一样直线跌落，从而出现东南亚金融危机中的货币危机和支付危机。

银行不良贷款比例过高的第二个原因是政府产业政策失误。政府为了扶持没有竞争力的赶超部门，以人为方式压低银行利率、并指令银行贷款支持这一类型的项目，但这些项目自我积累的能力很低，在用完国有银行的有限资金后，要继续扩张就不得不大量向国外举债。可是，资本密集、技术密集型的项目到底不是资金相对稀缺的东亚国家的比较优势之所在，在政府的支持下这一类型的产业可以建起来，但和发达国家相比生产成本较高，只有以亏本的方式才能把产品卖出去，从而导致投资予该类型项目的企业无力还本付息，国内外的银行贷款变成呆账、坏账。

这样，金融机构可贷资金开始减少，银行资金紧缩，利率提高，还不起银行贷款的企业增加；可贷资金进一步减少，利率进一步提高，金融机构的不良资产便迅速膨胀起来。一方面，这种膨胀一旦到了储蓄者对某一家银行失去信心时，该银行就会出现挤提而崩溃。而一二家银行的崩溃经常会产生多米诺骨牌效应，使许多家银行同时发生挤提，从而爆发金融危机。另一方面，如果经济中已存在房地产泡沫和股市泡沫，银行可贷资金减少，利率上升，投资和消费需求下降，经济增长减缓，也可能导致前面论述的经济泡沫的破灭而引发金融危机。

如果一个经济的总体投资是根据比较优势进行的，产业结构不存在问题，企业效益好，产品具有竞争力，资金积累就快，或者可以较少地依赖外债，或者有较高的偿债能力和信誉度，就可以维持其经济增长率，房地产和股市泡沫也可能不致破裂；即使泡沫破灭而且出现银行危机，由于整个经济仍有竞争力，外贸继续增长，货币危机和支付危机也不至于出现。在这场东亚金融危机中，日本和中国台湾就属于这种类型。

这次受到金融危机冲击的泰国、马来西亚、印度尼西亚和韩国等国家，恰恰在上述几个方面都具备陷入危机的条件。房地产泡沫在东亚国家和地区上自日本、韩国，下到泰国、马来西亚、印尼，几乎无一幸免。此外，银行将可贷资金投向效益低的行业和企业，也是普遍现象。而政府对金融机构的发展和贷款额的发放几乎没有限制，对银行体系缺乏监管，甚至政治性贷款和家族化经营相结合，导致腐败现象丛生，从而大量贷款流入房地产等泡沫经济领域。一遇信心危机或国外投机者狙击，金融机构大批破产，坏账激增。这些国家又在国内金融监管制度尚未健全的情况下实行了金融自由化以及固定汇率政策，结果在经济增长放慢后出现了泡沫经济破灭，银行危机、货币危机和支付危机一齐迸发。

从上述金融危机形成的机理来看，比较优势战略与金融危机并不具有必然联系。首先，泡沫经济的产生是任何经济快速增长时都可能发生的事情。比较优势战略可以加快经济增长，所以也会产生泡沫经济。其次，从泡沫经济的破灭来看，比较优势战略并不必然带来这种破灭。相反，如果一个经济始终如一地坚持发挥其自身的资源比较优势，经济高速增长的可持续性就强，从而就可以延缓泡沫经济破灭的时间。第三，从泡沫经济转化为银行危机，以及银行危机转化为货币危机这两个形成金融危机的关键转化来看，如果能加强银行监管，减少银行资金流入房地产和股票市场，那么即使泡沫破灭也不至于出现银行危机和货币危机等。遵循比较优势战略也具有防范金融危机的作用。产业的竞争能力强、获利能力高，即使向银行借款来发展，也不至于形成大量的呆账、坏账。在坚持比较优势的条件下，产业的资金密集程度与资源禀赋结构是相适应的，必要的资金大多来自国内储蓄，即可降低对外债的依赖程度，因此也就不会出现货币危机和支付危机。

在了解到比较优势战略并不必然导致金融危机、也不会加大发生金融危机的可能性，相反在某种程度上具有防范和抵御金融危机的作用的同时，东南亚金融危机的发生也为我们关于比较优势战略和东亚奇迹的讨论提供了两点新的经验：

第一，比较优势战略有助于把政府的干预限制在尽可能小的程度上，但并不意味着可以自然而然地摆脱金融风险。对于任何一种经济发展方式来说金融风险事实上都是存在的，因此，严格的银行监管制度是十分必要的。

第二，从日本和亚洲"四小龙"的总体经济发展过程来看，特别是与许多推行赶超战略的发展中国家相比较来说，这些经济无疑实行的是一种我们前面概括的发展战略模式——比较优势战略。然而，这些经济也并不是同等程度地遵循比较优势原则；同时，即使就同一个国家和地区来讲，也并不是在每个发展阶段上同等程度地遵循比较优势原则。因此，在发展的绩效上，在经济结构的健康程度上，从而对于金融危机的防范能力上，这些经济之间显然存在着很大的差别。

银行监管不力，在韩国和日本最为典型。例如，日本的主银行体制允许银行持有企业的股份。在泡沫经济条件下，资产膨胀使银行和其他金融机构提高了贷款能力，从而进一步向泡沫产业如不动产业大举投资。一旦泡沫经济消失，银行和金融机构持有的股票和地产迅速贬值，使其资本金急剧收缩，不动产贷款也大都成为坏账。而韩国的情形则是，政府着眼于扶持超大型企业集团，在产业政策的引导下无限制地对这些企业集团贷款，形成很高的资产负债率。而产品竞争力不足，企业经营效率低下，与这种金融的软预算约束相结合，导致企业偿债能力很差。

　　比较我国台湾省和韩国的发展模式和经验最为典型。同为亚洲"四小龙"，自 60 年代台湾地区和韩国都曾经有很高的经济增长率，在 70 年代以前都曾以劳动密集型产业为主，发挥了资源比较优势。然而，以后两者采取了不尽相同的发展战略，从而在经济体制上也大相径庭。韩国政府大力发展资本密集型产业，扶持超大规模的企业集团。研究者早在 80 年代初就发现，韩国企业的集中度大大高于台湾地区，甚至高于日本，① 自那以后，这一特点几乎有增无减。与韩国热衷于建立超级大企业相反，许多台湾地区企业常常选择为美国和日本企业的配套供货，而不是创立自己的品牌。其结果反而是台湾地区产业的利润率高，企业资金雄厚，经济内部积累能力强、速度快，新的投资项目规模一般不超出岛内资本市场所能动员的资金规模，因而外债很少。所有这些特征，都大大降低了金融风险。正因如此，尽管台湾地区经济也有泡沫的迹象，② 但经济和出口仍可维持适度的增长，房地产和股市泡沫并未受东南亚金融危机影响而破灭。即使台湾地区将来像日本经济增长那样，由于从缩小与发达国家技术差距的高速度增长期转向技术趋于成熟的慢速增长期，从而泡沫经济破灭，也不至于立即转变为货币危机和支付危机，像泰国、马来西亚和印度尼西亚那样立即发生大的崩溃。

---

　　① 世界银行：《东亚的奇迹》，中国财政金融出版社 1995 年版。
　　② 根据美林证券台湾分公司的估计，台湾银行贷款的 40% 被用于房地产投资，与发生金融危机的东南亚经济不相上下；全部金融贷款中有 2/3 是以土地作抵押的，这个比例是日本的 2 倍。

六、总　结

　　无论是过去创造经济奇迹的经验，还是在金融危机中的表现，比较优势战略都显示其维持持续经济增长的优越性，而这种战略是日本和亚洲"四小龙"经济成功的核心所在。由此表明，除了立足于赶超的重工业优先发展战略或进口替代战略之外，还有一种更为成功的经济发展道路。把这种道路总结为比较优势战略，有助于我们准确地理解这种成功经验，从而更好地理解实行赶超战略失败的原因。由此，实施这种发展战略就可以从不自觉的行为变为自觉的行为，从"必然王国"走向"自由王国"。

中国经济如何跨越
"低中等收入陷阱"？[*]

一、引　言

适应国内外形势的新变化和各族人民对于更好生活的新期待，在"十一五"规划充分论证的基础上，党的十七大把十六大确定的国内生产总值（GDP）总量 2020 年比 2000 年翻两番的目标，修订为人均 GDP 翻两番。按照这个更高要求，预计在 2020 年，中国以不变美元计算的人均 GDP，就不是达到 3000 美元而是达到 4000 美元左右。仅仅从这个翻番目标来看，这个任务的完成并不是十分艰难的。2006 年中国人均 GDP 为 2040 美元。从这个基点出发，如果以 1978 年至今的增长率趋势预测，人均 GDP 达到 4000 美元甚至会发生在 2020 年之前，也就是说，如果在 2020 年达到这个翻番目标，只需保持一个比以往的经验

---

* 本文发表于《中国社会科学院研究生院学报》2008 年第 1 期。

更为平滑的增长趋势即可（参见图一中的两种情形）。

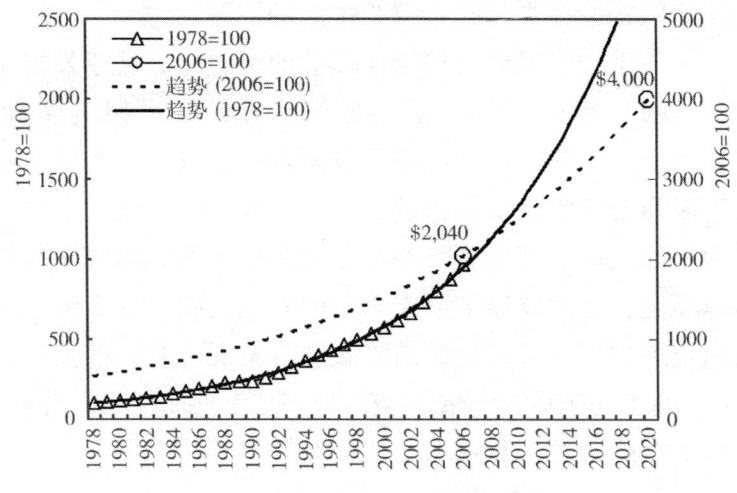

图一　人均 GDP 翻两番的预测

资料来源：国家统计局，《中国统计年鉴（2007）》，中国统计出版社。

按照十七大精神，人均 GDP 翻两番的任务同样要体现"又好又快"的要求，即这个人均收入水平目标的达到，应该以基本形成合理有序的收入分配格局，以及中等收入者占多数为条件。换句话说，通过初次分配和再分配环节改善收入分配格局，构建民生为先的中等收入社会，是 2020 年全面建设小康社会目标的一个重要标志。从这个目标出发，改善收入分配既是当务之急，又是发展阶段所决定的长期任务。按照世界银行的分组，中国目前的人均收入水平位于低中等收入国家的行列。世界银行在其最新报告《东亚的复兴》中，警告东亚经济要防止陷入

"中等收入陷阱"。其中一个特别指出的挑战就是如何解决该地区普遍存在的收入差距扩大的问题。

在关于经济发展的理论和经验的讨论中，对于发展中国家摆脱"贫困陷阱"的文献汗牛充栋，而相对而言，对于一个国家如何超越低中等收入发展阶段，向高中等收入阶段乃至高收入阶段跨越，还是比较新的课题。中国迄今为止的改革、开放与发展都是史无前例的，形成许多成功的经验，为发展经济学作出了应有的贡献。本文将从理论和政策的层面，讨论如何吸收国际发展经验，根据中国的国情制定正确的经济政策和社会政策，改善收入分配，超越正在面对的"低中等收入陷阱"。

二、收入差距扩大的挑战

中国正处于改革发展的一个关键阶段。深刻认识这个阶段面临的挑战何在、机遇何在，是实现全面建设小康社会目标的关键。按照世界银行最近的定义，人均 GDP 在824 美元以下的国家，属于低收入国家；人均 GDP 在 825 美元—3254 美元之间的国家，属于低中等收入国家；人均 GDP 在 3255 美元—10064 美元之间的国家，属于高中等收入国家；人均 GDP 超过 10065 美元，则进入高收入国家的行列。经过 30 年的改革、开放和发展，中国从一个人均 GDP 只有 300 美元左右的典型的低收入国家，跃升到低中等收入国家的行列。这个新的发展阶段定位，带来前所未有的机遇和前所未有的挑战。观察世界各国从低收入向中等收入的跨越，继而向高收入的跨越经验，有助于我们认识面临的机遇和挑战。

　　国际经验表明，从什么样的发展水平起步，对于随后的发展绩效有重要的影响。通过对 1970—2003 年期间各国经济发展数据的分析可以发现，那些起步时人均 GDP 在 1000 美元以下的国家，经过 30 余年的发展之后，或者继续被困于低收入水平上，或者虽然摆脱了低收入却陷于"中等收入陷阱"之中；而那些起步时人均 GDP 在 1000 美元—3000 美元之间的国家，30 余年以后大多摆脱了贫困陷阱，但是国家之间也产生了巨大的分化，有些进入了高收入国家的行列，有些则被困于中等收入陷阱。中国已经处在典型的低中等收入国家的发展阶段，意味着我们既面临前所未有的机遇向高中等收入国家的行列跃升，也面临长期陷入"中等收入陷阱"的危险。

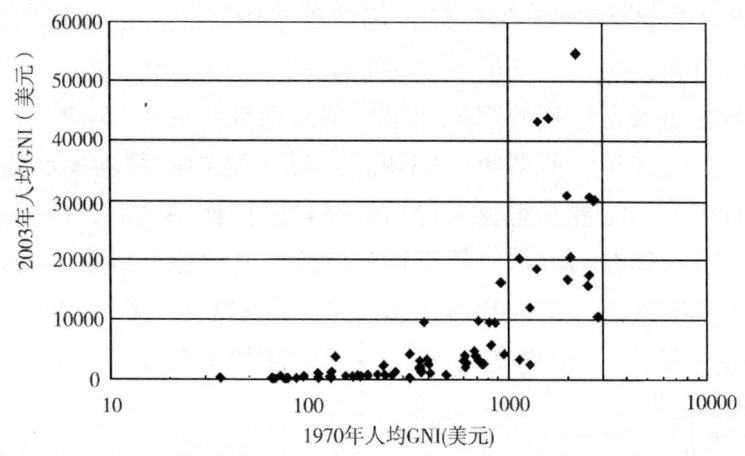

图二　各国经济增长分化期和"中等收入陷阱"

注：横坐标是按照对数形式绘制的。

资料来源：世界银行数据集。

在中等收入的发展阶段上，导致国家之间产生分化的因素很多，包括资源环境状况、改革与调整的进程、社会稳定程度以及国际市场的影响等。但许多因素的效果，都在一定程度上与收入分配政策及其作为结果的收入分配状况相关。也就是说，低中等收入实际上是一个对收入分配高度敏感的时期，随着人均收入的增长，分配状况是否公平，既影响经济激励，也影响社会稳定，最终在经济发展效果上表现为大分化。国际上公认为成功地实现了从中等收入向高收入跃升的日本和亚洲"四小龙"，收入分配普遍比较公平，公认为陷入中等收入陷阱的拉丁美洲国家，收入分配高度不公平，而最不发达国家常常收入分配异常不公平。例如，目前位居高收入国家的日本和韩国，基尼系数分别为 0.25 和 0.32，仍然处于中等收入国家行列的巴西和巴拉圭，基尼系数分别为 0.59 和 0.58，而处于最不发达国家行列的塞拉利昂，基尼系数高达 0.63。[①]

经济学中所谓收入陷阱，实际上是指一种均衡状态，即在一个促进人均收入提高的因素发挥作用之后，由于这个因素具有某种程度的不可持续性，其他制约因素又会将其作用抵消，把人均收入拉回到原来的（生存）水平上面（图三）。早期的发展经济学关注的重点在于，贫困国

---

① World Bank（2005），*World Development Report* 2006：*Equity and Development*，Washington，D. C.：The World Bank and Oxford University Press.

家如何通过资本积累摆脱"贫困陷阱"，所以，大多数文献都把一个临界水平的积累率作为经济起飞的前提。例如，刘易斯认为，经济发展的核心问题是迅速的资本积累，或者说如何把储蓄率和投资率从4%—5%或更低的水平，提高到12%—15%甚至更高的水平。罗斯托也把储蓄率和投资率从5%上升到10%或以上作为经济起飞阶段的条件。然而，如前所述的发展中国家经验表明，一个国家即使跨越了低收入水平阶段，仍然有可能在中等收入水平上停滞不前，甚至有人均收入下降的危险。按照世界银行的观点，在从低收入到中等收入迈进中起作用的因素，到了中等收入阶段就不够了。例如，收入分配的恶化如果达到伤害经济激励和社会稳定的程度，就会产生一系列阻力，阻碍经济增长，使人均收入水平不能继续提高。

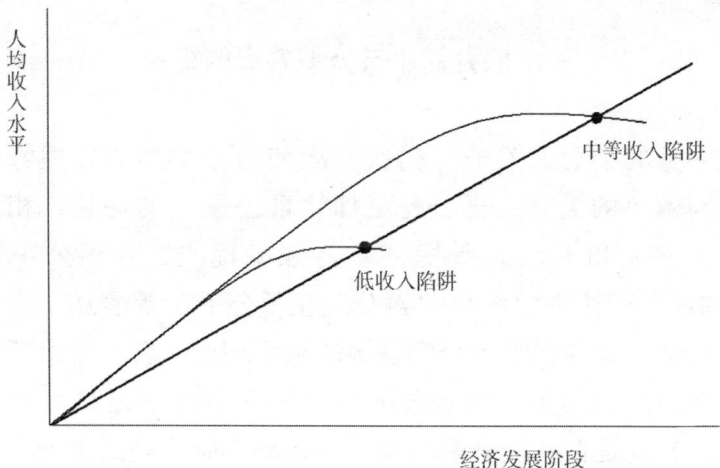

图三　　"低收入陷阱"与"中等收入陷阱"

中国收入分配的基尼系数在 1978 年只有 0.30，属于较低的水平。改革开放期间，在解决了平均主义收入分配倾向的同时，也造成了过大的收入差距。表现为基尼系数逐年提高，1997 年超过了国际上公认的 0.40 的警戒线水平，引起社会高度关注。但是，收入差距扩大的趋势迄今仍然没有得到根本性扭转，基尼系数目前达到 0.46 左右。尽管这个收入差距是在低收入群体的收入也增长的情况下扩大的，目前还没有到伤害经济增长可持续性的程度。但是，在全面建设小康社会的整个期间，实际上就是从低中等收入向高中等收入迈进的阶段，如何解决收入差距过大的问题，基本形成良好的收入分配格局，关系到能否实现这个跨越，是我们面临的一个重大挑战。

三、扩大就业与公平效率的统一

党的十七大关于"初次分配和再分配都要处理好公平与效率的关系，再分配更加注重公平"的论述，相比于十五大和十六大所提"坚持效率优先、兼顾公平"，"初次分配注重效率"，"再分配注重公平"等表述，标志着科学发展观在收入分配领域的重大理论创新。这个新表述实际上指出了，收入分配中的公平与效率是高度统一的，特别是在初次分配环节，两者决不应该被割裂开来加以认识和处理。

考察通过扩大就业，提高居民收入在国民收入分配中的比重和劳动报酬在初次分配中的比重，从而保持经济增长源泉的可持续性，可以加深我们对于初次分配中公平与效率如何实现统一的认识。收入的分配格局取决于经济增长与就业增长的关系模式。人们的收入来源于生产要素报酬，即资本的报酬、劳动的报酬和其他资源如土地的报酬。如果在一个劳动力丰富的国家采取资本高度密集的产业发展方式，则资本获得的报酬就高，相应地，收入和财富就向少数资本要素拥有者集中，收入差距就大。相反，如果采取劳动密集型的产业发展方式，通过在城乡创造更多的普通就业岗位，扩大劳动者报酬在初次收入分配中的份额，收入分配就比较均等，收入差距就比较小。

例如，作为各级政府实施积极就业政策和劳动力市场发育的效果，大批下岗和失业职工实现了再就业，整体城镇就业大幅度增长，2002 年以来城镇调查失业率逐年下降，从 6.1% 降低到 2005 年的 5.2%。同期，在收入分配的五等分中，最低 20% 收入组的人均收入增长率逐年加快，并与最高 20% 收入组的人均收入增长率趋同，到2006 年，前者增长率是 12%，后者降低到 10% 以下。从图四中我们可以看到，2002 年以来，不同收入组人均收入水平增长率之间显现出明显的收敛，并且具有平稳加快的趋势。虽然这还不足以表明收入分配状况有了根本性的改善，却说明就业扩大从而劳动者报酬份额提高，对收入差距继续扩大的确是具有抑制作用的。

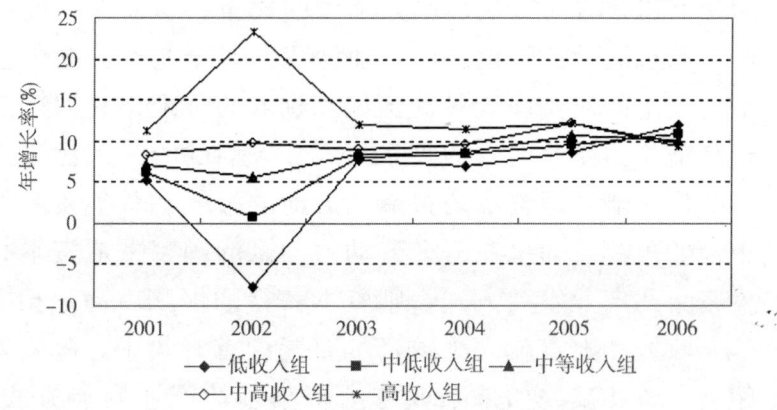

图四　人均收入增长速度的收敛趋势

资料来源：国家统计局，《中国统计年鉴（2007）》，中国统计出版社。

通过扩大就业提高了劳动者报酬在初次收入分配中的份额后，由于低收入者具有更高的边际消费倾向，普通劳动者的收入增长会相应导致消费需求的扩大。第一，对于投入支撑的高速经济增长，由于劳动力逐渐不再是无限供给，资本报酬递减的现象终究要发生，因此，增长方式必须转变到依靠生产率提高上来。消费需求驱动的增长有利于实现这个转变。第二，过快过大的贸易顺差，无论怎样解释终究会在贸易伙伴一方引起贸易保护主义，长期看这种过分依赖贸易的格局也是不可持续的。近年来，最终消费支出对 GDP 增长的贡献率趋于下降，从 2000 年的 63.8%降低到 2006 年的 38.9%，而 GDP 增长过于依赖投资和出口的增长，同期资本形成和净出口对 GDP 增长的贡献率，分别从 21.7% 和 14.5% 提高到 40.7% 和 20.4%。其结果是产业资本密集程度的提高和顺差的扩大，经济增长的可持续性减弱。一旦消费需求对 GDP 增长的拉动效果增强，则可以改善经济增长源泉的结构，有利于推动经济又好又快地发展。换句话说，通过扩大就业改善分配状况，可以同时改变支撑中国经济高速增长的因素。

目前，我国经济已经处在一个新的发展阶段，即随着农村剩余劳动力存量的减少、普通劳动者工资水平的提高，刘易斯转折点开始到来。这个转折点预示着一个符合发展阶段的新要求，即市场力量和政策倾向逐渐转向保护劳动者利益。首先，在劳动力出现结构性短缺的情况下，企业为获得充足和称职的劳动力所进行的竞争，可以推动劳动者得到接近合理的工资，工作条件逐步得到改善，工人的利益较多地得到保障。其次，适应劳动力市场供求趋近于平衡的新情况，地方政府为了保持经济增长的可持续性，也日益自觉地实施保护劳动者利益的政策。从而整体上形成一个越来越有利于下岗职工、失业者和农民工等普通劳动者的市场氛围和政策环境。因此，这个时期恰好是加强劳动立法和执法、改善劳动关系、建立工资正常增长机制和支付保障机制的大好时机。但是，政府和社会在促进劳动力市场规范化的同时，也应该防止伤害市场机制和价格信号，从而导致市场不能发挥其配置资源的功能，降低资源配置效率的情况发生。毕竟，劳动力这个特殊的要素市场，仍然要遵循市场经济原则，其价格信号要正确地反映资源的相对稀缺性。

四、推动公平再分配的切入点

市场机制并不能自动保证收入分配的合理有序。一旦收入差距扩大到超过社会所能容忍的程度，人们会对政策失去信心，对改革产生不好的预期，社会就会形成一种对经济发展的阻碍力量，经济增长的进程就有可能被打乱，不公平就转化为没有效率。因此，政府为了矫正市场自发力量而进行的再分配，不仅是必要的，也是将收入分配格局向合理有序的方向进行调节的有效手段。许多国家的经验和教训都表明，社会经济政策和政府参与其中的制度安排，对于社会各阶层之间的利益分配结果有直接的影响。实际上，当经济发展本身可以解决增长过程中大部分劳动群体的收入问题之后，社会再分配政策便可以把有限的资源更加集中使用，提高社会保障和社会保护的效果，解决收入分配中不公平的问题。在这个再分配的领域，一方面同样需要处理好公平与效率的关系，另一方面应该更加侧重公平原则的贯彻。

虽然在再分配领域，公平与效率之间也不必然是非此即彼或此消彼长的关系，然而，这里的确存在着一个要把握和选择好再分配政策实施力度和限度的问题。政府通过税收和转移支付政策，对收入进行二次分配，调节收入在不同人群、不同地区之间的分配关系，同时通过政府建立健全社会保险、社会福利和社会救助机制，通过构建社会安全网，保护弱势群体。这种方式靠发挥政府职能，目标明确且直截了当，特别适宜于解决社会特殊困难群体的物质贫困和人文贫困问题。但是，再分配政策由于过多地依靠政府行为，带有抽肥补瘦的性质，如果运用不当，也存在着伤害合法、勤劳致富积极性的危险，另一方面还会导致一部分人群形成对再分配政策的依赖，创业和就业积极性受到抑制。因此，该政策手段的运用需要恰当设计，把握好实施的力度和限度。任何社会都有一些特殊人群，需要政府出面进行保护。为此，要明确界定再分配政策的扶助对象。把握住中国处在三个转型阶段，有助于我们认识需要作为再分配政策重点的人群。在明确界定再分配政策扶助对象和范围之后，需要通过更加准确的瞄准，集中资源扶助真正的困难群体，提高政策效率。

　　第一，再分配政策的制定，需要考虑中国所处的人口转变过程。在任何社会，在劳动者生命周期的不同阶段进行平衡共济，都是再分配政策的重要考虑之一。然而，中国正在经历一个迅速的老龄化过程，使得这个问题尤其突出。到2017年，老年人口占总人口的比例将超过10%，老年抚养比（即老年人口与劳动年龄人口的比例）超过14%。由于人口生育率的下降，家庭规模趋于缩小，家庭人口结构逐渐变得类似于倒置的金字塔。除了养老保障问题之外，人口老龄化也导致疾病流行模式的变化。因此，再分配政策应该适应人口老龄化的特殊需要，对于包括残疾人、慢性病患者、老年人等因丧失或缺乏劳动能力而陷入困难的群体，进行专门救助。

　　第二，再分配政策的制定，需要考虑中国所处的经济转型过程。在这个转型过程中，一些人群会在不同程度上受到冲击，也导致城镇贫困人口的增加。目前，城镇享受最低社会保障的人群当中，40％以上是由于受到劳动力市场冲击而致贫的，迫切需要给予政策扶助。例如，对由于政策因素承受特殊冲击群体进行补贴或救助，对于资源枯竭型产业中与企业脱离劳动关系的工人进行补偿。在东北地区，2000年开始实行"天然林保护工程"，采伐配额逐年减少，一次性安置（买断工龄）富余职工中，有就业意愿的买断人员中，大约20％到私人个体企业找工作，30％自我雇佣，35％从事临时性、不稳定的就业（包括有一部分到农村打零工），其他则找不到工作。可见，对由于历史和自然原因造成的困难对象进行特殊支持和扶持，如实施西部开发战略、东北老工业基地振兴战略和工业反哺农业等地区或部门支持政策，是政府不可推卸的职责。

　　第三，再分配政策的制定，需要考虑中国所处的二元经济转变阶段。再分配资源虽然有限，也需要为这个转变创造制度支持。由于再分配机制更多的是在社会保障、社会保护和公共服务等领域实施，处理好再分配中公平与效率的关系，应该把重点放在创造条件，提高社会保障和公共服务的公平享有程度，最终过渡到各地区、各部门和各人群之间的阳光普照。以城乡关系为例，城乡之间在社会保障覆盖水平和公共服务享有水平方面的差距，要远远大于在收入方面表现出的差距。一方面，公共服务的不平等享有，进一步拉大了城乡生活质量差距，损害了公平原则。另一方面，城乡之间在教育、健康等方面的差距，使得农村的人力资本积累不足，不仅影响了新农村建设的进程，也不利于农村劳动力的转移和城市化速度，最终损害了经济发展的效率。因此，改善收入分配格局、构建民生为先的中等收入社会、全面建成小康社会，最大的挑战莫过于通过再分配政策，让社会保障和公共服务的普照之光在城乡均等地照耀。

人口与经济发展

RENKOU YU JINGJI FAZHAN

刘易斯拐点:中国走向
发达经济的关键转折*

就业，在某种程度上是民生之本。

如果说，2004 年出现的民工荒现象使人们担忧中国是否走入劳动力短缺时代的话，那么 2008 年中国中小企业的大面积经营困境乃至倒闭，则使人们对失业率是否会攀高产生疑虑。

如此快速逆转的背后，是经济周期这一短期现象与人口结构变动的长期因素相交错的表象。

中国当下面临的经济放缓是否会影响劳动力逐渐短缺的趋势？刘易斯拐点真的到来了吗？即将面对经济结构转型的劳动密集型企业是否会对就业造成挤压？

在中国社科院人口与劳动经济研究所所长蔡昉看来，刘易斯拐点（劳动力由无限供给转向短缺）的到来意味

---

* 本文是《21 世纪经济报道》记者马娟、蒋将对作者的访谈，发表于《21 世纪经济报道》2008 年 9 月 13 日。

着中国开始向现代经济迈进。中国劳动力无限供给的状况已然过去，并逐渐转向平衡。此时也正是提高劳动者工资、保障劳动者权益的好时机。而劳动力短缺的出现、劳动者工资的上涨将最终推动企业家选择产业结构调整。在这一过程中，市场和企业将是决定者，政府绝不应成为主导。

30 年来，中国凭借廉价而充足的劳动力这一"比较优势"顺利成为世界工厂，在经济总量靠前、人均财富落后的情况下，中国的人口红利也接近尾声。"未富先老"成为人们的担心。但蔡昉认为，中国劳动力优势在短期内不会消失，而两种人口红利的存在以及劳动生产率的提高，将使"未富先老"的忧虑化于无形。

无论是最初的农业、农村问题的研究，还是探讨中国经济增长之谜，然后转向贫富差距和劳动力转移及城市就业问题，蔡昉在每个领域都提出了自己的独到见解。2003 年 3 月 28 日在中共中央政治局集体学习中，他曾就"世界就业发展趋势和我国就业政策研究"进行了讲解。

经济周期无碍刘易斯拐点的出现

《21 世纪经济报道》（以下简称《21 世纪》）：从前两年的民工荒，到 2008 年大量中小型企业倒闭的转变，中国已处于经济周期的下行区间，这对中国的就业形势必然产生一定影响。您在 2007 年提出刘易斯拐点的到来，意味着中国将面临劳动力短缺。如果考虑进当前的经济周期因素，您是否坚持去年的判断？

蔡昉：中国已经发展到从劳动力无限供给转到了相对平衡的阶段，因为劳动力数量的增长越来越慢，增量已经在逐年下降，也就是说很快会面临劳动力数量绝对减少的局面。这是确定无疑的，是人口结构变化显示出来的。同时，中国经济发展很快，对劳动力的需求逐渐加大，我们从 2004 年看到的民工荒仍是存在的，即使今年，仍存在一些企业雇不到人的问题。

一方面存在企业停产倒闭、亏损导致的就业减少，另一方面民工荒还在继续，工资还在上涨。应该怎么看这个问题呢？这实际上是两个问题，要从两个角度来看。

一个是经济发展问题，是长期的。"刘易斯拐点"是任何国家经济发展过程中，只出现一次的事情。中国自近代以来经济增长一个多世纪了，到现在我们刚见到这一拐点的端倪；很多发展中国家迄今还没见到刘易斯转折点的影子。因此这个转折点在整个历史长河中，它并不是一个点，而是一个区间。

《21 世纪》：就是说相对于当前的经济周期，刘易斯拐点是更长时期的问题？

蔡昉：对。相比而言，经济周期是一个非常具体的现象，是短期问题。它与劳动力供给变化是不同的两个概念。因为经济下滑、宏观经济趋冷导致失业率提高，在任何国家，尤其在典型的新古典的资本主义国家里是经常出现的，而这些国家的特征就是劳动力短缺。但是它仍然有就业不充分、失业率提高的情况。所以这是经济周期现象，是宏观经济要解决的问题。而刘易斯转折点出现与否，是不是实现了劳动力无限供给到相对短缺的阶段性变化，这是经济发展长期因素，是经济史中的一个阶段，这两个现象同时存在但并不矛盾。

《21世纪》：从历史上看，从没有一个像中国这样庞大的经济体面临人口结构的转变，刘易斯拐点理论是否适用中国？

蔡昉：刘易斯的二元经济理论本身就是针对发展中国家的，在典型的资本主义早期发展中，二元经济结构反而并不特别明显。在他提出这一理论后，人们才发现真正最明显的二元经济结构普遍存在于发展中国家。

《21世纪》：与其他国家相比，中国人口基数大，二元经济又如此突出，中国是否会呈现一些自己独有的特点？

蔡昉：中国并不因为人口基数大就有所不同。因为发展中国家都是因为劳动力过剩才呈现出来二元经济结构。实际上在相当多的发展中国家，我们还没有看到刘易斯转折点，因为只有经历刘易斯转折点，才意味着该国已经开始向现代经济迈进了，它才可能走向发达经济；不经过这个转折点就永远属于落后经济。

现在来看，真正很明显地经历过刘易斯转折点的国家和地区，只有日本、韩国和中国台湾地区，其他国家没有非常明显的这一转折。所以，如果要问中国与这些国家和地区相比较有什么特殊的地方，那么，并不是因为中国人口更多，这一转折会更慢，而是说我们转折点到来的时间比它们还早，转折速度比它们还快。

《21世纪》：为什么会出现这种状况？

蔡昉：一是因为中国经济发展快，二是因为我们有计划生育政策的作用。

刘易斯转折点的一个条件是人口结构发生变化，标准的经济落后国家是年轻型的人口结构，多生而人均寿命短；标准发达国家是老年型，少生而寿命长。中国由多生到少生迅速转变有两个因素，计划生育政策的作用和经济社会发展的作用。在这两个因素影响下，中国出现了一定程度的老龄化，但更主要的是大量的劳动年龄人口开始增多，呈现出剩余劳动。但是这些剩余劳动正赶上改革开放，通过产业结构调整和人口流动，他们找到了就业岗位，而这也保证了改革开放期间，中国有充足而便宜的劳动力供给。同时因为整个人口结构偏于劳动人口占主导，生产性比较强，依赖性比较低，因此社会储蓄率高，有利于积累和投资。因此这些因素给我们带来一个人口红利。

但是这些有利变化比较快，来得比较早。中国实行计划生育政策已经30年，到后面劳动力供给就减少，劳动年龄人口增长速度渐缓，而老年人口在加快增加。这就出现人口结构的生产性开始变成依赖性。因此人口红利阶段就快过去了，劳动力开始出现短缺。

《21世纪》：出现这种短缺是否有明确的时间点？

蔡昉：它是一个区间，肯定不是某一年。从现在开始，今后可能还有很长的时间，我们都会处在这个转折区间。

《21世纪》：我们看到目前对于农村可转移的剩余劳动力的统计，各方有不同的判断，从几千万到一两亿都有，不知道您有何判断？

蔡昉：这个问题有点复杂。剩余劳动力这个概念在很多经济学家那里是得不到承认的。因为剩余劳动力实际上不是一个可见的事物，在农村，真正无所事事的人只是少数，你不能说谁是剩余劳动力，他们都有活干，但可能都是就业不足。

就业不足意味着继续务农报酬非常低。因此如果有非农产业就业机会，工资只要比原来务农高农民就愿意去，即使这个工资十年不涨。所以农民是否出去打工完全取决于有没有机会，而不取决于涨不涨工资。这就是典型的二元经济结构的特点，发展中国家普遍如此。有这样的发展已经很好，因为很多国家连这样的发展机会都没有。有了这样的发展，非农产业化和工业化程度提高，产业就会不断的扩大，就需要更多的劳动力。这个时候如果人口结构开始发生变化，劳动力增量减少，只有工资上涨才会吸引劳动力继续转移，这一点的到来就叫刘易斯转折点，并不是说没有劳动力了。

我为什么说以前有些报道是不准确的呢，因为不存在没有劳动力的时刻，只不过会出现没有足够的工资上涨，就吸引不来劳动力的情况。刘易斯拐点之前，不涨工资，就有源源不断的劳动力供给。刘易斯转折点一旦到来，必须涨工资才会吸引劳动力。

现在我国农业中还有1.8亿人在务农，但是如果工资继续上涨，他们觉得出去挣工资合适，再转移出来几千万没有问题。因为发达国家的务农比例仅为2%，所以我们还可以有足够的时间，也就是说10年、20年劳动力继续转移是可以的。

《21世纪》：10月份要召开十七届三中全会，农村发展改革是主要议题。届时农村集体土地的所有权或将破题，您觉得这些变革是否会释放出更多的农村劳动力？

蔡昉：刚才我说一个是需要提高工资吸引农村劳动力，另一个还需要清除很多制度性的障碍。从城市来看，有户籍制度以及与之捆在一起的各种福利体制、社会保障等。从农村来看就是农村土地问题。就是说农民离开了，土地怎么处置，现在比较普遍的情况是，土地不退，也不舍得转包给别人，只好变相撂荒、半撂荒，但是还留着这块地。这样就使本来就稀缺的土地变得利用率不高。因此建立产权更加清晰、又可流转、容易集中起来的土地制度，对劳动力流动是有帮助的。

产业结构升级不能由政府主导

《21世纪》：现在大家经常会提产业结构升级、转变经济增长方式，其中有一个观点被很多人认可，那就是这种升级和转变必然会涉及劳动密集型产业，从而会对就业带来威胁。因此我们也能看到，一些本应被淘汰的企业反而因为能够解决就业问题而被地方政府扶持。不知您怎么看待产业结构升级与就业之间的关系？

　　蔡昉：其实产业结构升级扶持什么，淘汰什么，不是由政府决定的。因为产业结构升级与否取决于一个社会的劳动和资本的存量，即取决于它们的相对丰裕程度。也就是说劳动力还十分充裕的时候，如果把劳动密集型企业都淘汰，那劳动力怎么办？反过来，如果说劳动力开始短缺了，劳动工资也很高了，我们为什么不升级？因此政府决定不了要不要升级，而应由企业决定，选择什么样的产业，用工人多少，用资本多少，用机器多少。

　　因此任何经济体，产业结构升级要想成功的话，没有一次是由政府推动成功的。很多国家都用过产业政策，日本即是很典型的例子，但是没有成功。日本产业结构是升级了，但是绝不是政府扶持成功的，而是经济发展的自然结果。政府在中间起的作用都增加一点小小的插曲，有时甚至是倒退、失败的插曲而已。

　　因此是不是要产业结构升级，怎么升级，升到什么地方去，应该让市场来决定，让企业来选择。而政府要做的，是把市场上的生产要素价格搞对，也就是说资本的价格、劳动的价格等。如果价格扭曲，比如人为地抬高劳动力价格，那就会出现提早升级，但是劳动力会失业。因此，产业结构升级千万不要让政府来主导。

　　《21世纪》：请您详细讲讲日本失败产业政策的经验。

　　蔡昉：日本有各种各样的产业政策。产业政策的产生都有其初衷，就是预见和追逐动态比较优势。日本早期也是劳动密集型产业占优势，也像中国一样成为世界制造业中心，随着刘易斯转折点的到来，同样面临如何升级的问题。但是大家都不知该如何升级。因此日本政府就做了一些预见和规划，说这个阶段可能该搞重化工业化了，投资搞重化工业，就会有财政上的各种好处扶植。产业政策的一个核心就是有所偏向的产业扶植。

日本在某一个阶段上，实际上搞了重化工业化，这个阶段大致已经出现了刘易斯转折点的端倪了。但是，日本的重化工业化并不是一路凯歌前进，而是有成功的也有不成功的，为什么会有不太成功的情况呢，我觉得可能就是政府太过积极了，因为从出现了刘易斯转折点的端倪到完成，真正从劳动力开始涨工资，到非得用重化工业化替代劳动力资源产业，那是一个很长的过程。在这个过程中，如果政府太过于积极，太过于推行重化工业化了，那么可能在一定时期，它所推出的重化工业产业是没有竞争力的。

就像现在我们的产品在欧美卖得很好，很便宜，有人出来批评说卖这么便宜，不是便宜了外国人，给自己工资太低了吗。问题是如果我们不卖这个，而去卖资本密集的、附加价值高的产品，我们没有竞争力，反而丧失了就业机会。

日本从 20 世纪 60 年代初开始花了大概近 10 年的时间，在逐渐实现刘易斯的转折。转折到一定的时候，它的重化工业发展起来了。实际上后来也并不是转向完全重化工业的，而是很快就被一些现代电子产业、高科技来替代。所以说选什么产业由市场自己选择，政府不要太热衷干预。当然，政府在这个过程中也有自己不可替代的作用，但不是替企业去选择产业和技术。

《21世纪》：既然中国已经出现了劳动力短缺的端倪，那么是否到了产业结构升级的好时机？

蔡昉：毕竟我们已经到了刘易斯转折的开始，因此很多政策出现了变化，比如我们现在推行《劳动合同法》，执行各种保护劳动者权益的政策，目的就是说虽然我们劳动密集型产业很有竞争力，可能还需要继续发展，但是，现在劳动力有短缺，刘易斯转折点出现了，我们保护劳动者从这开始，再想靠榨取工人的血汗工资存在，法律和社会也不允许了，总有一些企业要被淘汰掉。

《21世纪》：《劳动合同法》执行至今，您觉得它的这个作用显现了吗？

蔡昉：大部分小企业还没有真正执行。现在企业遇到的困难是经济周期现象，人民币升值接近20%，2008年上半年受次贷危机的影响，出口减少。加上能源、原材料价格上涨，上游产品价格上涨。下游市场需求不足，这个过程中肯定是小企业先倒。因此我们上半年劳动密集型的中小企业倒了一大批。他们自然也释放出一些劳动者。这批人大部分是农民工，所以从失业率的统计数字中还看不出这批人的就业状况。但如果因为岗位丧失他们的收入减少了，内需就会受影响。而现在恰恰是外需最不足的时候，如果内需再受影响，经济增长就会乏力。

所以尽管现在大的阶段性判断是我国已经进入刘易斯转折区间，但同时也要看到宏观经济周期影响了中小企业的生存，影响了就业。因此我们还要来关注就业的问题。

《劳动合同法》目前还没有显示出影响来。

《21世纪》：听您刚才讲的产业结构升级与就业的关系，是不是我们可以认为产业结构升级确实对就业有一定的挤压作用？

蔡昉：如果正确地进行产业结构升级，就不应该是这样。因为在整个事件中，产业升级不应该起拉动作用，它应该是最后一节车厢。即当劳动力不足了，工资不得不上涨，就业不成问题了，就会出现通过调整产业结构和技术结构，用技术和资本替代劳动的现象，其结果是带动了产业结构升级，是企业家被迫作出的调整。所以我要强调一下：产业结构升级不是火车头，而是被拉动的最后一节车厢。

当然有一个观点应该强调，就是从中央到地方一直在讲经济增长方式的转变，很多人把这个与产业结构升级相混同，这是不对的。经济增长方式转变的核心是从过去单纯依靠资本和劳动投入驱动经济增长，转变到今后依靠生产率提高，这和产业结构有关系，但并不是一回事。资本高度密集的不见得就是生产率高的部门；同样，劳动密集程度比较高的也可以是生产率比较高的部门。因此我否定产业结构升级作为一个火车头，但是我并不否定经济增长方式还是要转变，而且非常迫切地需要转变。

两种人口红利

《21世纪》：劳动密集型产业是否仍是中国的比较优

势？今后中国的比较优势会有一些怎么样的变化？

蔡昉：我觉得现在中国劳动密集型比较优势还没有丧失。因为劳动力的总量还在增加，而且今后相当长的一段时间内劳动力总量还是庞大的。所以说，中国的比较优势是劳动密集型的产业，这个选择过去是非常正确的，如果没有这个，中国不会成为世界制造业中心。尽管到现在为止，见到了一些转折的端倪，但是距离中国丧失劳动密集型产业的比较优势还很远，产业结构调整和转变比较优势是一个过程，是一个渐变的过程。

《21 世纪》：大概是多长的过程？

蔡昉：我没法做这个预测，但是可以说，起码是 20 年。今后 20 年中肯定会发生变化，但并不是在 20 年之内中国劳动力完全不够了，必须得过渡到资本技术密集的产业。我们不能指望有一个点，这个点之前就是一个劳动密集型，这一点之后中国就成了全都是资本密集型的。想一想，发达国家农业劳动力比重大都在 5% 以下，我们还超过 20%。就算还需要把这个比例降低 10 个百分点，就是1.3 亿人—1.4 亿人，不是一朝一夕可以做到的。

《21 世纪》：您曾指出，到 2013 年中国的人口红利期就要结束了，这是怎样测算出来的？

蔡昉：人口变化是一个非常长期的概念，它和经济发展关系更贴近，但和宏观经济周期则也没什么关系。我说人口红利 2013 年结束，劳动力供不应求是 2009 年，其实都是一些带有模拟数字的性质，因为如果想做定量研究的时候，你肯定得有一个数值。但它不可能那么准确，它是一个过程。此外，工资提高了，劳动力供给就会增加，供不应求的现象就不会发生了。

人口红利怎么算？我和我的同事是用人口抚养比做代理变量，人口抚养比高意味着社会负担重，需要抚养的人太多。扶养比从高向低降的过程中，人口结构越来越具有生产性，因此给我们提供了人口红利。但是总有一天转降为升。是因为出现人口年龄结构的变化，人口开始加快老龄化了。因此预测数字看是 2013 年，也有人预测 2012 年或 2015 年。对于人口变量来说，预测相差三两年已经算很接近的了。

《21 世纪》：这样来看，中国的人口红利期大概有 40 多年？如果与日本长达 60 年的人口红利期相比，算是正常水平吗？

蔡昉：改革开放以前，中国的人口结构已经变得比较具有生产性了。但是我们收获不到，因为没有改革开放所创造的体制环境。我们通过高速经济增长获得的人口红利应该说是从改革开放开始的，从 20 世纪 80 年代开始，到 21 世纪的第一个十年，准确地说 30 年红利期是没有问题的。30 年之后还完全有可能继续保持人口红利。即使人口结构开始发生变化，如果我们能够尽可能扩大就业、降低失业、充分利用人力资源，那我们仍可以继续收获红利。

《21 世纪》：有人担心中国经济在达到发达国家水平之前，一旦人口红利期结束，会陷入"未富先老"的境地。请问红利期结束对经济、社会的挑战具体体现在哪呢?

蔡昉:首先人口红利期结束并不一定是坏事。恰恰是不发达的经济才有人口红利,发达经济都没有这个意义上的人口红利。

说到"未富先老",其实已经出现了。大概两三年前,我查了一下数字,中国人均 GDP 是世界平均水平的 1/4 到 1/5,而老龄化程度是世界平均水平,老龄化程度比富裕程度高。

但中国的事情从来都要体现中国特色。所以老龄化也不是什么了不起的事。其实,存在两种人口红利。第一种人口红利就是纯粹从年轻的劳动力上面得到的,年轻的人口结构、充足的劳动力供给、高储蓄率。第二种人口红利就是当人们变老了,会为未来做储蓄。人们有了这种观念以后,无论是通过养老保险制度,还是通过自身的安排,会把这笔钱拿出来通过资本市场或其他投资,也可以带来收益。

而且,如果人口受教育程度很高,那么未来的职业和产业结构将更适应于老龄人,如果我到了 70 岁,并没有觉得我会比 30 岁的人生产率低的话,我同样不太在意。所以关键在于要有好的养老保障制度,能够让人们的储蓄愿望转变成真正的一笔资金,而且能够进入到好的资本市场中去保值增值。同时也需要有一个好的人力资本结构,对于老龄人口,社会没有觉得他们的价值会有降低,他们还可以是很好的劳动者。

有人担心,比方说现在三个人养一个,将来会变为两个人养一个，乃至一个人养一个，或者一个人养两个人，会变得负担越来越重。但是如果考虑到社会生产率在增长，将来一个人生产出现在三个人、五个人的产值，也是不成问题的。拿生产率高的发达国家和中国进行比较就会发现，发达国家的老龄化程度比我们高很多，但他们老年人生活水平也比我们高。至少他们的养老保障水平比我们还要高得多。这并不完全在于富裕程度，更重要的在于生产率水平。

《21世纪》：您在文章中指出，中国的失业率中主要是自然失业率，大概是4%，周期失业率是1%。请问两种失业率有怎样的差别？

蔡昉：失业现象是不同的因素造成的。周期失业率是由宏观经济周期决定的，经济上升时肯定需要劳动力多，经济增长下滑就需要劳动力少。而自然失业率是指两类，一个是结构性的，一个是摩擦性的。结构性是指就业岗位和劳动者之间不匹配，比如民工荒和大学生失业同时存在就是因为不匹配。对于这种情况就需要市场很好的匹配它，加强人力资本的培训等。另一类叫摩擦性的，主要是指两段工作之间空闲期。很显然，如果劳动力市场越完备，这段时间越短。

经过测算，中国整个失业率主要组成部分是自然失业率。所以光靠加快GDP解决不了失业问题。无论结构性还是摩擦性的失业，都与劳动力市场发育程度、政府的服务水平、政府培训、扶助等相关联。这是政府可以有所作为的。

"未富先老"意味着什么？[*]

"未富先老"的成因

记者：自20世纪70年代以来，由于实行了以提高人口质量、控制人口数量为目标的计划生育政策，中国得以在较短时间内完成了人口转变过程，实现了从"高出生率、高死亡率和高自然增长率"到"低出生率、低死亡率和低自然增长率"的再生产类型的转变。与这种变化相伴随的则是人口年龄结构的转变，老年人口比例迅速提高。

蔡昉：如果中国的老龄化过程不是由于特有的计划生育政策的执行而提前催生的，与其他国家相比则没有什么特殊之处。从政策措施上看，我们只需参照已经出现老龄

[*] 本文是《科学决策》记者王佐对作者的访谈录，发表于《科学决策》2006年第4期。

化的其他国家的经验，通过产业结构的调整和养老保障制度建设，即可应对老龄化带来的各种问题。

　　然而，中国的人口转变，是在社会经济发展和计划生育政策的双重作用下，特别是以后者影响为主的情况下实现的，相对来说，它不是一个自然发展的过程。这使得中国的老龄化与其他国家经历的老龄化有巨大的不同。也就是说，中国在经济发展水平尚较低的情况下，实现了人口转变过程，过早地迎来了人口老龄化，产生了其他国家未曾遇到的问题，构成特殊的政策挑战。

　　与其他人均收入水平相近的国家相比，中国的老年人口比例和劳动年龄人口比例都高于平均水平。不仅说明中国过早地迎来了人口老龄化，而且表明中国劳动年龄人口比例也提早上升。由于中国的生育水平在短时间内下降，少年儿童人口比例急剧降低，老年人口比例相应提高，这两个年龄段的人口呈现一种互相消长的态势。在一定时间内，少年儿童人口比例的下降幅度，高于老年人口比例的上升幅度，带来了劳动年龄人口比例的相对上升。我们的研究表明，中国的老年人口比例不仅将持续提高，而且提高的速度越来越快，而劳动年龄人口比例的提高速度将趋于减缓。这整个变化轨迹将形成中国"未富先老"的特征性画面。

　　根据中国人口与发展研究中心的预测，在今后若干年内，15—64岁年龄组的人口比重还将继续增加，到2013年左右达到最高值72.1%，随后将处于逐年下降的趋势中；从绝对数量看，劳动年龄人口在2016年左右达到最

高值，为 9.97 亿人左右，随后逐年下降。这与联合国的
预测是基本一致的。所有的预测结果都显示了一个重要的
信息：今后中国劳动年龄人口绝对数量和相对比例的变
化，将不同于长期以来我们观察到的趋势，从动态的角度
看，劳动供给状况不容乐观。

劳动力短缺的背后

记者：您认为随着中国老龄化社会的到来，它对经济
与社会的发展产生了怎样的重大影响？

蔡昉：在完成人口转变的条件下，人口老龄化的一个
不可避免的后果就是出现劳动力供给减少。这是一个古今
中外、概莫能外的规律性现象。然而，在不同发展阶段
上，人口老龄化所引起的劳动力供给减少，对经济增长可
持续性会产生不同的效应。在大多数已经完成了人口转变
的发达国家，人口的老龄化是经济发展的一个结果，发生
于人均收入达到较高水平的时期。较高的人均收入意味着
资本相对丰富，因此，当劳动力出现短缺的情况下，在这
些国家恰好出现资本替代劳动的技术进步和产业结构变
化。通过这种生产要素的替代，产业结构调整的结果则是
这些国家产业结构的全面升级，技术结构转向劳动节约型
和资本密集型。然而，中国的人口转变主要是在计划生育
政策的作用下提早完成的，相应的老龄化是在人均收入仍
然处于较低水平的发展阶段上发生的。这时，生产要素禀
赋结构形成的比较优势并没有发生相应的变化，即还没有

从劳动力丰富的禀赋结构，转向资本丰裕的禀赋结构，从而还没有在资本密集型产业中获得比较优势。在这种情况下过早出现劳动力供给减少现象，就会导致工资水平上涨，意味着中国失去劳动密集型产业的比较优势和国际竞争力。然而，由于从人均 GDP 看，中国尚未进入可以用资本替代劳动的发展阶段，新的比较优势将不能及时生成，因此，经济增长有可能丧失其可持续性。"先老"导致的劳动力供给下降和"未富"带来的大量劳动力需求，形成一个比较优势真空。目前劳动力市场上已经出现的劳动力短缺端倪，背后潜藏着动态比较优势危机。

由于劳动力市场的不断发育，中国不仅在总体上解决了所面临的就业问题，也充分发挥了劳动力资源的比较优势，并在国际竞争中处于有利地位。由于经济发展创造了越来越多的就业机会，中国将实现劳动力从无限供给向有限剩余的转变。这意味着将经常性地出现劳动力结构性短缺，主要表现为地区性、部门性以及技能性和部分年龄结构的劳动力的短缺，而且工资水平将在总体上趋于上涨。尽管目前我们有丰富的劳动力资源，为经济发展提供了充足的劳动力，但是，在进入了老龄化社会进而劳动年龄人口比例不断降低的情况下，劳动力短缺必然在不远的将来出现。这对就业和社会保障政策，以及经济发展战略提出严峻的挑战。为此，我们需要未雨绸缪，及时采取适当的应对措施。根据市场经济国家的经验，到了劳动力从过剩到出现短缺苗头的时候，劳资关系、政府立法和工会作用都开始向有利于劳动者的方向变化，因此，这个时期也是一个构造适合中国国情的劳动力市场制度的时机。

就业和劳动力素质

记者：一个国家劳动力资源能否得到最大化利用，取决于经济中是否实现了充分就业。您认为在"未富先老"问题突显的情况，如何实现这一目标？

蔡昉：中国成功的人口转变，较早地为经济增长提供了有利于劳动力供给和储蓄率提高的人口红利，是改革开放以来创造经济奇迹的重要因素。随着人口转变阶段的变化，人口结构的优势趋于减弱。在这个过程中，劳动力资源利用率越高，越有利于延缓这个人口红利消失的时间，保持劳动力成本低廉和储蓄率高的发展优势。而提高劳动力资源利用效率，就要求最大限度地扩大就业。因此，确定就业优先的政策目标，不仅不会淡化加快经济增长的目标，反而会使经济增长目标更加有保障，更有利于保持持续、高速、协调和健康的经济增长。能否实现庞大的劳动年龄人口的充分就业，不仅决定着人口红利能否得到最大化利用，而且其本身也是劳动者在"干中学"、积累人力资本的重要过程。并且，只有通过劳动者的就业，社会才能给予人力资本以正确的激励，从而创造持久性的增长源泉。

记者：在加大人力资本积累力度方面我们应采取哪些措施？

蔡昉：提高劳动力的素质对于中国具有极其重要的意

义。如果说人口红利更多地体现在劳动力数量上的优势，并且作为增长源泉终究要消失的话，人力资本存量的提高意味着形成一个更具有报酬递增、更加可持续的经济增长源泉。也就是说，通过对劳动者本身的投资，加大人力资本的积累，用质量替代数量，是预防劳动力短缺的未雨绸缪之举。实际上，比"民工荒"更准确的信息是"技工荒"，即随着国内外市场对产品质量的要求提高，企业采用更先进的技术和工艺，对劳动者的技能要求也相应提高。如果在现有和未来的劳动者中，不能满足这种日益增长的基本素质和劳动技能需要的比重很大的话，劳动力短缺问题就会显得格外突出。

体现在劳动者身上的人力资本的积累和改善，需要通过提高全民教育水平和健康素质达到。基础教育和职业教育是人力资本培养的最主要形式。有效率的教育体制，也是人力资本积累与劳动力市场有效连接的渠道。中国的教育发展水平和投入水平，已经有了很大的提高。进一步的发展在于重新配置教育资源，扩展教育领域和受教育机会，建立终身学习型社会，更有效率地使用有限的资源。从健康角度，寻找并抓住最有利于提高全民健康素质的关键领域，如青少年健康素质、妇女生殖健康和劳动者健康和工伤保险等，也可以提高人力资本效率。此外，加快发育劳动力市场，通过形成一个机制完善的劳动力市场，给予人力资本以合理的回报，鼓励和加快人力资本的形成和积累，并且形成准确的劳动力价格，提高资源配置效率，对于向市场经济体制转轨并且寻求人口红利替代增长源泉的中国经济来说，是经济增长保持可持续性的必要制度条件。

社会保障和农村劳动力转移

记者：应对老龄化挑战，一项重要的措施是需要建立一个可持续的养老保障体系作为必要的安全网。请您就此问题谈谈看法。

蔡昉：中国在计划经济条件下，没有建立起一个有效、可持续的养老保障体系。20世纪90年代以来的养老保障制度改革，旨在形成一个社会统筹与个人账户相结合的体系。但是，由于历史欠债甚重，个人账户难以做实，目前城镇养老保障采取的是典型的现收现付制。在当代发达国家，现收现付养老保障制度大都是在人口比较年轻的条件下建立起来的，当这些国家进入老龄化时期，特别是当"婴儿潮"一代进入退休年龄之后，都面临着养老保障的潜在支付危机，改革的选择方向通常是建立完全积累制。中国的"未富先老"，把选择一个具有可持续性的养老保障模式的任务急迫地提上了议事日程。

以人口结构变化方向为依据，完全的个人积累是一种具有可持续性的养老保障制度。而从时间的紧迫性上说，现在就应该立即从现收现付养老保障制度向完全个人积累制度过渡。为了支撑这个过渡，需要通过把农村转移劳动力纳入新的保障体系，提高当前保障基金的缴费水平和社会供养能力，从而实现养老保障制度改革的平稳过渡。政策模拟表明，每一种政策情形具有不同的社会养老负担。如果把农村转移劳动力吸纳到城镇养老保障体系，同时实行完全的个人积累新制度，到 2020 年，社会养老负担率只有 25.3%，比不进行这两项改革的情形低大约 19 个百分点。

记者：由于农村剩余劳动力的存在，中国劳动力的供给尚未出现绝对意义上的危机。但是，如果城市化的速度不能加快，或者甚至减缓的话，劳动力短缺制约经济增长的可能性就会加大。请您谈谈解决这一问题的政策思路。

蔡昉：近年来农村向城市转移的劳动力规模逐年扩大，就是对已经出现端倪的劳动力短缺的自然反应。然而，迄今为止，以户籍制度为核心的一系列政策仍然制约着劳动力的畅通流动，是限制城乡劳动力流动的制度性障碍。绝大多数农村劳动力和他们的家属得不到在城市永久居住的法律认可，造成他们只能到处流动而不能迁入城市，他们的消费行为、子女教育行为也因此而异常和失范。歧视外地人的就业政策、社会保障制度和社会服务的供给等，也都根源于户籍制度。这种排他性政策，严重地妨碍着劳动力市场的形成和配置劳动力资源功能的发挥。

更重要的是，这些制度性障碍限制城乡劳动力流动，妨碍了劳动力资源的优化配置，阻碍了经济的增长。因此，一旦通过消除这些障碍，使劳动力更充分、有效地流动起来，不仅有助于保证持续的劳动力供给，其产生的资源重新配置效应还会对中国经济增长作出直接贡献，经济增长速度会更高。世界银行的一项模拟表明，在今后能够把农业劳动力转移出 1%、5% 和 10% 的三种假设下，GDP 总量将分别提高 0.7、3.3 和 6.4 个百分点。

记者：最后，请您谈谈转变经济增长方式与克服老龄化社会负面影响的关系。

蔡昉：世界经济发展史上曾经有过的先例表明，单纯依赖生产要素投入实现经济扩张、生产率没有实质性增长的国家，尽管在一定时期由于这样或那样特有的原因表现出高速增长的绩效，但是，最终都被证明是不具有可持续性的。中国作为一个相对于人口规模自然资源缺乏的国家，能源、矿产等供给对支撑高速经济增长表现出越来越明显的乏力。因此，通过正确的发展战略选择，根本转变增长方式，依靠生产率的提高，才可能克服人口老龄化对经济增长的负面影响。

重新思考中国基本养老保障制度改革

——兼论国际经验的相关性*

一、引　言

　　如果以正式确立建立统一的社会统筹和个人账户相结合的城镇职工养老保障制度，即 1997 年国务院正式颁布《关于建立统一的企业职工基本养老保险制度的决定》为起点，中国有明确目标模式的基本养老保障制度改革已经历经 10 余年，并取得初步的成效。基本养老保险像其他社会保障制度的改革一样，不仅是整体中国经济改革的必然要求和逻辑中的一环，还应运于劳动力市场改革的配套要求，起到了独特的为改革保驾护航的作用。但是，城镇基本养老保障制度的改革还远远没有完成，主要表现在以

* 本文发表于《经济学动态》2008 年第 7 期。

下方面。

首先，该体系的覆盖率仍然十分低。根据《中国劳动统计年鉴》数据计算，2005 年年底，城镇基本养老保险参保人数达到 1.75 亿人，占城镇就业数量比例为 55.2%。但是，由于现行的统计体系遗失了相当一部分非正规的就业人群，因此，按照这个口径计算的基本养老保障覆盖率，被大大高估了。根据 2005 年全国 1% 人口抽样调查微观数据，我们可以估算出在不同就业口径假设下的城镇基本养老保障覆盖率（表1），从中可以看到，实际覆盖率比公布的统计数字要低得多。具体地讲，包括一部分再就业劳动者、因拆迁而失去土地的农民，以及绝大多数农民工在内的非正规就业者，迄今为止尚没有适当的养老保障制度予以覆盖。

表1　根据不同口径计算的城镇基本养老保险覆盖率 (%)

口径	覆盖率	所包含的就业单位类型			
1	39.1	国有及控股企业+集体企业+个体户+私营企业+其他类型单位			
2	44.3		+机关团体事业单位		
3	33.6			+土地承包者	
4	34.0				+其他劳动力+离退休人员

资料来源：王德文（2007），《中国城乡社会保障体制改革进展、覆盖、参与和一体化》，载于中国社会科学院人口与劳动经济研究所课题组《劳动力市场供求态势与社会保障问题研究——2005 年 1% 人口抽样调查数据分

析》，未发表。

其次，该体系的社会统筹层次还较低。早在 1998 年，国务院就提出基本养老保险制度向省级统筹过渡的改革任务，然而，整整 10 年之后，目前全国仍有 19 个省份尚未实现省级统筹，许多地方甚至没有实现市级统筹。这不仅反映了改革的不到位，也反映了改革没有与市场经济体制良好衔接，因为统筹层次低就降低了基本养老保险的可携带性，从而在劳动力流动性提高的情况下，使得转移就业地点的劳动者不能接续起保障关系。

最后，作为该体系重要支柱的个人账户既不充实也不广泛。为了解决个人账户的空账问题，2001 年开始在辽宁省，随后在吉林和黑龙江两省，先后进行了以做实个人账户为主要内容的基本养老保险制度改革试点。之后，仅仅又有另外 8 个省市自治区进行试点，全国大多数省份还没有起步。然而，在试点省份把空账变为实账的同时，个人账户规模却大大缩小了。在辽宁的试验中，把个人账户的规模从相当于个人工资的 11% 降为 8%，完全由个人缴费形成。原来规定的用人单位的缴费不再划入个人账户，全部形成社会统筹基金。试点扩大到吉林和黑龙江两省时，个人账户的规模降到了只有 5%。而在另外 8 个省份的试验中，则允许这个比例进一步降到只相当于个人工资的 3%。而在没有进行试点的地区，统筹账户和个人账户仍然实行混账管理，相互调剂使用，因而继续积累个人账户上的巨额空账规模。

养老保障制度表现出不完善和改革进程缓慢，固然与中国所采取的渐进性改革方式有关，但是，在某种程度上也是由于改革的目标模式有其不尽清晰之处。虽然养老保障制度改革的目标模式早在 20 世纪 90 年代后期就已经确立，但是，只有在充分认识和考虑到人口转变特征、经济体制类型、公共财政性质和劳动力市场发育程度等一系列因素，并在制度设计中包含了上述因素之后，改革目标才能逐步清晰，改革步骤才能按照人们的期望推进。

二、政策抉择中面临的两难处境

中国的基本养老保障制度改革，是在双重的转型背景下进行的，即一方面是经济体制转型的过程，核心是从没有积累的、全国统筹和企业支付型的现收现付体制，转向地方统筹加部分积累型的社会化体制（随着辽宁等 11 个省份的试点，逐步转变为统筹加完全积累型体制）；另一方面又伴随着不断加快的人口转变过程，即在经济社会发展和计划生育政策双重作用下，中国显现出迅速的未富先老趋势。这样一种复杂背景，为中国基本养老保障制度改革带来了一系列的矛盾或两难处境。

在经济社会发展和计划生育政策的双重作用下，中国的人口转变已经达到一个新的阶段，即生育率下降到较低的水平，通常的共识是总和生育率只有 1.7。作为人口转变的一个结果，劳动年龄人口的增长速度减缓，人口抚养比预期在 2013 年之后开始提高（图一）。这意味着，得益于劳动年龄人口增长快、比重高这样的人口结构，中国经济在很长时期所享受的充足劳动力供给和高储蓄率（即人口红利）即将消失。相应地，持续多年的高储蓄率也将逐渐降低。不仅如此，在人口老龄化加快的同时，中国正在经历着养老保障制度的重新建立，对养老金的需求数量格外巨大。由于无论采取怎样的养老保险制度，养老金的积累归根结底是一种储蓄，因此，人口红利的消失在创造出更高的养老金需求的同时，却同时导致养老金不足的问题更难解决，构成人口结构变化与养老金需求之间的矛盾或两难处境。

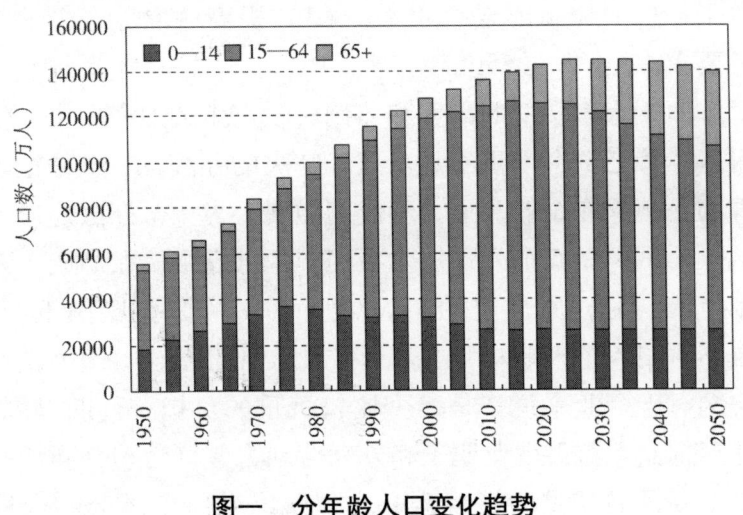

图一　分年龄人口变化趋势

资料来源：United Nations（2003），"*World Population Prospects*：*the* 2002 *Revision*"，United Nations Population Division，Department of Economic and Social Affairs／United Nations Population Division.

与此相类似的难题，则产生于中国现行的现收现付式养老保障制度。2006 年全国养老保障基金收入为 6309.7 亿元，支出是 4896.7 亿元，历年累计节余仅为 5488.9 亿元，积累微不足道。然而，现收现付制是建立在劳动年龄人口比重高、人口抚养比低以及生产率高的基础上的，在生产率水平尚低，同时人口抚养比即将提高的条件下，这个制度的可持续性就值得怀疑了。一般认为，由于预期寿命提高和生育率下降，不可避免地要求进行下列三种调整，或者从中寻找一个组合：（1）提高税收或强制缴费水平；（2）降低养老金水平；（3）提高领取养老金的年龄要求。

由于人口转变的因素和体制转轨产生的遗产成本，使得基本养老资金严重不足。至于解决的办法，一个是把统筹的负担加在企业身上，形成高缴费，另一个办法是通过试点，试图做实个人账户。在辽宁的试点中，在形成个人账户的同时，原规定的用人单位 20% 的缴费比例不变，但不再划入个人账户，全部形成社会统筹基金。这个缴费比例对于企业来说，是一个比较沉重的负担。长期以来，许多企业不与再就业职工和外来劳动力签订劳动合同，一个主要目的就是为了规避基本保险缴费。在《劳动合同法》生效的情况下，这个负担将更加突出。因此，养老资金不敷使用所要求的缴费水平与企业的实际负担能力之间，也构成一对矛盾。20 世纪 90 年代后期以来，非正规部门或正规部门的非正规就业形式，对于城镇职工实现再就业和农民工就业作出了主要贡献。而这个非正规就业也导致社会保障覆盖率的降低，使工人得不到应有的社会保护。在这个意义上，就业扩大与社会保障也构成一对矛盾。

在世界银行 1996 年发表《防止老龄危机：保护老年人及促进增长的政策》报告之后，中国基本接受了养老保险多支柱模式，即以社会统筹对应世界银行建议的强制性公共管理支柱，以个人账户对应强制性私营支柱，以企业补充性养老保险（企业年金）对应自愿性支柱。选择养老保险的多支柱模式，主要出发点是为了解决单一支柱所能筹集的资金不足以满足实际养老保障的需要。然而，这里遇到的矛盾之处在于，现实中多支柱养老保障的实际运作，并不是相互补充的，而是彼此相伴随的。例如，社会统筹与个人账户很长时间里根本就未能实行分账管理，而在做实个人账户试点中，虽然两者实现了分账管理，但是，实际中有前者才有后者，没有统筹缴费的话，个人账户也就无从谈起。[1] 此外，只有在那些能够同时有统筹缴费和个人账户积累的企业，企业年金才可能建立；只有那些被纳入了统账结合的基本养老保险体系中的职工，企业年金才是可望可即的。

在一个资源极端有限的条件下，基本养老保障制度的宗旨应该是用有限的资源，最大限度地保障人数相对有限的最迫切需要保护的群体。在同时面临人口转变、体制转

---

① 这种情况与前面提到的养老保障基金缺乏可携带性一道，一方面导致就业稳定性差的农民工"退保"，另一方面使农民工在"退保"时，只能取走个人积累部分，而丧失掉社会统筹的部分。

轨、经济赶超这三重重负的过程中，中国的养老保障体系尤其需要强化这种累进性质。然而，在中国目前养老资源严重不足的情况下，基本养老保险的覆盖情况显示，这种保障具有明显的累退性质，即一个劳动者越是处于低收入群体，越是属于工作不稳定或非正规就业的群体，越是身在经济不发达地区，其被基本养老保险体系所覆盖的概率也越低。这也形成资源有限性与资源使用效率不高，以及基本养老保险模式在制度设计上的雪中送炭性质，与现实实施中的锦上添花性质之间的矛盾。在现行的制度框架下，以就业单位而且是正规就业单位为依托，实现基本养老缴费和积累，似乎是唯一可行的选择，从而也就不可避免地产生上述这种制度设计的累退性质。这又是一个两难处境。

三、国际经验:共识与多样性

中国作为养老保障制度建设上的后来者，有机会免费享用丰富的国际经验，正如林毅夫所指出的，作为经济发展后来者同样具有制度上的后发优势。另一方面，我们的确也需要知道，在制度借鉴上面没有真的免费午餐。这就是说，在借鉴学习国际经验时，存在着两个危险，一个是消化不良的问题，即可能面对丰富多彩的不同模式，特别是其中许多模式在不同的背景下，都不同程度有成功的表现，以至选择中无所适从。另一个危险是被外表花哨的经验所迷惑，从而学习了错误的经验甚至选择了错误的模式，最终付出代价。不过，中国在这场学习的竞赛中，一旦借鉴成功并消化、创新为自己的经验，则反过来也可以为世界作出贡献。因此，我们在学习国际经验的过程中，应该把握住哪些是对中国具有针对性的，哪些是无关的、不符合中国国情的，以便去芜存菁。

我们在学习养老保障制度国际经验时，应该抓住以下几个关键，作为正面的指导原则。首先，养老保障制度的改革具有不停顿性，是一条重要且具有指导意义的国际经验。由于人口转变是全球性问题，其后果对任何现行的养老保障制度模式（现收现付或者完全积累）都是不可回避的，我们可以观察到，几乎任何既有的养老保障模式，无论其被普遍认为是成功的还是失败的，都处在不断改革的状态中。例如，即使被许多学者甚至政治家一致推崇的智利模式，在其尚未出现任何危机的情况下，也出人意料地进行了改革。其次，国际经验表明，不同国家根据自己的国情和历史路径，选择不同的模式是可行的，也不乏成功的经验。即使一些理念和操作法都大相径庭的模式，也几乎具有相同的机会在不同国家或不同时间取得成功。与此同时，不同的模式之间却表现出某种趋同的倾向。最后，具有成功经历国家的经验和具有失败经历国家的教训都表明，社会保障特别是养老保障制度的设计，需要与劳动力市场的安排结合在一起进行。这是因为，就业与养老保险都只是劳动者生命周期的不同阶段，而这两个阶段如何划分，既是十分重要的，也不是固定不变的，对于一种特定的养老保障体系的可持续性影响深远。

　　与此同时，国际经验特别是西方发达国家的经验，由于以下原因，也有许多不适用于中国国情的内容。第一个原因是中国与西方国家具有不同的治理结构，因而推进养老保障制度改革的动因是不同的。而在不同的政治文化下，社会对于税收或缴费水平的承受能力，通常具有较大的差异。第二个原因是中国与西方国家处在不同的发展阶段，养老保障体制起点、生育率水平和财政力量都不尽相同，因而面临的问题和约束也是千差万别的。第三个原因在于，我们在学习国际经验时具有一种偏向，即过多关注不同的保障支柱，却相对忽视了机制的设计以及不同机制的组合效果，而后者要求更多的创造性借鉴，相对少的套用。具体来说，我们在学习国际经验时，应该注意以下几个问题。

　　第一个问题与延长工作时间的政策讨论有关。在大多数面临老龄化对养老保障挑战的发达国家，由于工作人口与退休人口之间的比率关系不断发生着变化，大大改变了既有养老保障体系的供养能力。因此，在养老金筹集已经捉襟见肘或即将遭遇严重危机的情况下，发达国家要么已经提高了法定退休年龄，要么正在紧锣密鼓地对于这项改革进行准备。中国正在经历着前所未有的人口老龄化加速过程，面临着巨大的养老危机，似乎提高法定退休年龄也是一个可行的选择。其实，中国与发达国家虽然面临着相同的问题，但是，如果选择提高法定退休年龄这个相同的方案，却可能产生截然不同的后果。

　　简而言之，在发达国家，提高法定退休年龄意味着为劳动者提供更大的工作激励，以解决企业劳动力需求得不到满足的问题。而对中国来说，由于企业对劳动力需求尚没有类似的缺口，因此，同样的做法可能会缩小劳动者的选择空间，导致部分劳动者丧失工作却又拿不到退休金。根本原因在于，大多数发达国家所处的发展阶段具有劳动力短缺的性质，而中国虽然已经正在超越劳动力无限供给的阶段，却还没有形成普遍的劳动力短缺常态。特别是，中国目前临近退休的劳动力群体，是过渡和转轨的一代。由于历史的原因，他们的人力资本禀赋使得他们在劳动力市场上处于不利的竞争地位。近年来我们所看到的民工荒现象和结构性的缺工现象，主要表现在具有一定技能和教育水平的年轻劳动力的缺乏，而提高退休年龄涉及的对象却是年纪偏大的劳动年龄人口。可见，这个经验目前对中国养老制度改革尚不具有相关性。

第二个问题与养老保障制度设计与改革的动因有关。由于基本养老保障最广泛地涉及一个社会的老百姓生计问题，在西方国家，该制度的设计和改革在政治上十分敏感，也成为政治家对民意做出反应和争取选票的关键领域。因此，养老保障制度改革实际上是一个政治经济学的过程。也就是说，选择什么样的基本模式、是否对现行制度进行改革、选择什么时机进行改革，在很大的程度上与政治周期相关。在西方政治制度下，这种政治经济学逻辑在多数情况下，的确可以保证养老资源最有效率地得到使用，并且表现在覆盖面和保障范围上。这是因为从西方决策者的追求执政机会最大化动机出发，他们直接追求的是养老资源的边际收益最大化，相反的话，则无异于浪费自己的政治资源。

　　但是，这样的政治经济学动机在中国现行的治理方式下，却往往导致资源使用的无效率。这是因为，中国政府部门在养老保障制度设计上的政治经济学逻辑，直接体现在部门利益上。中国的部门是一个十分特殊的政府元素。它们可以利用的资源，从而可以取得的政绩，常常要靠它们为自己设置职能而争取。在这样的体制下，在面临养老挑战的情况下，任何部门争取资源的过程，由于其潜在的受益人只是与该部门职能相关的特定群体，通常造成资源并不是最有效率地使用。例如，如果我们把涉及保障老年人生活保障和救助，并且以缴费或税收为财务来源的项目，都看做是一种广义的养老保障项目的话，部门的政治经济学逻辑则倾向于把资源分散化，通过划分不同的受益对象，而把资源分散到不同的项目上。例如，在基本社会养老保障项目之外，我们还可以从最低生活保障项目、农村计划生育养老扶助项目等看到养老的性质。由于这些项目的设计出发点是部门资源占有的最大化，因而其使用上则不能保障边际收益最大化的要求，甚至不能保证符合社会效益最大化的原则。可见，养老保障制度设计和改革的政治经济学逻辑，在中国产生的效果与在西方国家不尽相同。

四、深化改革的新视角和路线图

　　中国社会养老保障制度的改革，迄今为止取得差强人意的成绩，形成了许多有价值的经验，这些都有助于我们形成比较清晰的改革目标模式。与此同时，在这个改革过程中，中国已经是一个物质和知识高度对外开放的国家，制度的设计者和研究者对于相关方面的国际经验已有足够多的了解，并借鉴或移植了其中许多有益的经验。然而，从目前的进展、预定的路径来观察，并结合以上对国际经验的评述，我们认为基本养老保障制度的改革思维中，仍然存在一些误区，需要予以打破并相应形成新的认识视角。例如，我们需要破除多支柱优于少支柱的认识误区，把社会养老保障的制度设计与劳动力市场安排相分离的认识倾向，以及养老只有家庭或者国家两种资源的认识误区等。下面，我们将探讨在更加开放的视野下，如何形成符合中国国情的养老保障体制的改革路线图。

　　首先，我们需要把养老保障体制的设计看做是生产性的，而非仅仅是消费性的制度安排。我们观察到的随着人口年龄结构变化即老龄化而式微的增长源泉，实际上只是"第一人口红利"，主要表现为劳动力丰富、人口负担轻从而储蓄率高。但在这个优势逐渐消失的同时，我们还有机会获得"第二人口红利"①，即在人口结构趋于老龄化的情况下，个人和家庭的未雨绸缪可以产生一个新的储蓄动机，形成一个新的储蓄来源，其在国内、国际金融市场上的投资还可以获得收益。取得这个人口红利的关键在于

---

① Ronald Lee and Andrew Mason (2006), "What Is the Demographic Dividend?" *Finance and Development*, Vol. 43, No. 3.

设计一种好的制度，使得人们不再依靠家庭养老，也不再依靠现收现付制度，而是实现完全积累式的养老保障体制。按照这种思路形成养老保障体制，就等于启动了积累第二种人口红利并逐渐替代第一种人口红利的机制。就第一种人口红利来说，当人口结构不再年轻、劳动年龄人口比重不再高的时候就会消失，但是第二种人口红利在接续了第一种人口红利之后可以永远持续，获得新的经济增长源泉。

其次，我们应该从多方位考虑和获取养老资金来源，而不是仅仅将其看做公共财政的责任。如果我们能够通过制度和机制设计，把人口老龄化本身也转变为获取第二种人口红利的机会窗口，养老保障体制本身就具有获利性，因而，公共资源和私人资源，国内资源和国际资源都可以成为筹资来源，公共的、私人的、国内的和国际的金融机制也同样可以利用。实际上，许多改革和机制设计中遇到的甚至常常贻误进程的难点，有时只是因为在融资渠道上眼界窄小所产生的，因此，按照现代公共财政理念，综合利用各种金融资源和融资机制，就可以突破许多障碍。例如，图二中的 A、B、C 分别代表仅仅考虑国内公共渠道的财政理念、考虑到国内公共和私人两种渠道的财政理念，以及全面考虑到国内国际公共和私人财政渠道的理念，从左边的狭窄理念向更为开放的理念的转变，可以为养老保险制度改革提供更多的成功机会。

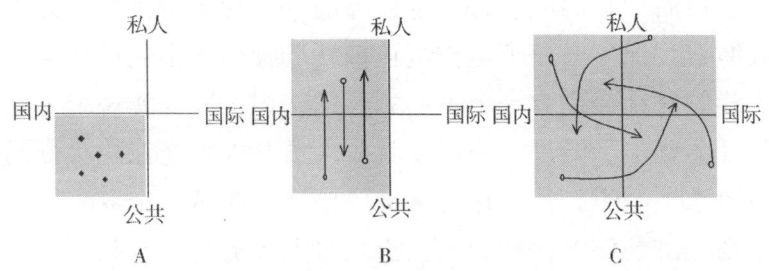

图二   财政资源和融资机制的开放观点

资料来源：Kaul，Inge and Pedro Conceicão（2006），*The New Public Finance*：*Responding to Global Challenges*，Oxford University Press.

第三，我们应从劳动力市场制度和就业政策相配合的角度，筹划养老保障制度。在人均收入水平相对低，而老龄化速度异常快的情况下，养老资源归根结底是短缺的，无论是选择现收现付制度还是完全积累制度，都不例外。给定人口预期寿命的不断提高和老年健康状况的改善，劳动年龄可以有巨大的扩大潜力。虽然我们在前面已经讨论过，目前在中国延长工作年龄有特殊的困难，但是，与此有关的一些条件正在形成。近年来，除了民工荒现象持续和蔓延之外，在下岗人员全部并轨之后，登记失业率继续下降，反映了劳动力市场机会的增加，应该给予充分的利用，使其成为养老保障的重要辅助机制。特别是，随着新一代劳动者替代了前一代劳动者，劳动力出现短缺现象而就业形势大幅度好转，都改变了制度选择的空间，使得延长工作时间终将成为缓解养老财政压力的重要途径。

　　最后，我们应该将养老保障的社会化进行到底，即把收缴费、保值增值等运作真正依托于社会而不是单位。过去我们对社会化有一个不尽完整的认识，以为实现统筹就叫社会化了。但是，非正规就业人员基本养老保险极低的覆盖水平表明，社会化的含义应该远远超越这个界限。在市场经济条件下，就业的灵活性将大大提高。按照对待就业的传统认识，这种灵活就业也可以称做非正规就业。非正规就业不仅在发展中国家普遍存在，在发达的市场经济国家，面对日益增长的全球化竞争，也出现类似的就业形式上，即减少全日制工作和就业岗位，越来越多地采取临时性、合同制、自由职业和非全日制等形式。可见，这是市场经济的表现。针对这种就业形式的变化趋势，要把各种劳动者全部覆盖在基本养老保障制度框架内，需要尽可能高的社会化程度，即真正突破地区、部门、单位和所有制的各种有形和无形界限。

未来的人口红利

——中国经济增长源泉的开拓[*]

一、引　言

　　20 世纪 90 年代以来，关于人口转变与经济增长关系的研究有了一个明显的突破。此前，这个领域的研究长期集中在观察人口规模或人口增长率与经济增长绩效之间的关系，得出的结论并不确定，即正面或负面关系的证据都存在。然而，当研究的重心转移到观察人口年龄结构与经济增长绩效关系上来之后，人们发现，劳动年龄人口持续增长，比重不断提高这样一种生产性人口结构，可以通过保证劳动力的充足供给和储蓄率的提高，而为经济增长提供一个额外的源泉，或人口红利。在解释 20 世纪 60 年代以后日本和亚洲"四小龙"等国家和地区创造的"东亚奇迹"，以及西方经济史上新大陆经济超过旧大陆经济增

---

　　* 本文发表于《中国人口科学》2009 年第 1 期。

长的部分时，一些经济学家发现，人口年龄结构的改善从而人口抚养比的下降，作出了很大的贡献，可以解释超出稳态增长率部分的 25% 至 100% 不等。

与此同时，关于人口红利在一些国家和地区的存在，也回应了主流经济学家对"东亚奇迹"的质疑。从新古典增长理论出发，把劳动力短缺从而资本报酬递减作为其前提假设。因此，如果没有观察到全要素生产率这个指标的改进，任何经济增长表现都被判断为是不可持续性的。例如，Alwyn Young 和 Paul Krugman 就曾在亚洲"四小龙"高速增长时期，依据这些经济体全要素生产率的表现，质疑所谓的"东亚奇迹"，并断定其增长的不可持续性。然而，在劳动力无限供给的经济发展中，在剩余劳动力被全部吸纳之前，由于存在人口红利，资本报酬递减现象可以不发生。也就是说，在其他体制环境得到保障的条件下，主要依靠资本和劳动投入的增长这种增长方式，在二元经济式的经济发展过程中具有可持续性。这种异于新古典增长理论圭臬的增长类型的有效性，在东亚的高速经济发展中得到印证。可见，人口红利的观察与解释，在经济增长理论中具有重要的意义。

中国改革开放时期实现的高速经济增长，同样有其人口因素的作用，即由于在改革期间，人口政策、经济增长和社会变迁共同推动了人口转变过程，人口结构呈现出劳动年龄人口数量多、增速快和比重大的特点，形成有利的人口结构从而潜在的人口红利。这种潜在的人口红利，在改革开放创造了日益符合市场经济制度环境的前提下，通过二元经济式的发展过程，参与经济全球化而得以实现。对中国改革开放以来经济增长的研究表明，中国总抚养比每降低 1 个百分点，导致经济增长速度提高 0.115 个百分点。1982—2000 年期间，总抚养比下降推动人均 GDP 增长速度上升 2.3 个百分点，大约对同期人均 GDP 增长贡献了 1/4 左右。

　　既然人口红利的源泉是人口转变特定阶段产生的年龄结构优势，随着人口转变阶段的变化，这个人口年龄结构自然会发生变化，即从劳动年龄人口占优势的人口结构，转变为老年型的人口结构。事实上，15—64 岁劳动年龄人口从 20 世纪 60 年代的高速增长，进入到 90 年代的相对缓慢增长，并预计在 2015 年前后停止增长。与此同时，65 岁及以上人口占全部人口比重在 2000 年已经接近 7%，并预计在 2015 年达到 9.6%。相应地，人口抚养比届时抵达由下降到上升的转折点。

　　如果遵循以往关于人口红利的定义（劳动年龄人口持续增长、比重不断提高从而保证劳动力充分供给和高储蓄率），以及相应的估算人口红利的代理变量（人口抚养比），则上述转折点的接近和抵达则意味着人口红利的减弱乃至消失。但是，也有文献指出，在人口结构趋于老龄化的情况下，个人和家庭的未雨绸缪可以产生一个新的储蓄动机，形成一个新的储蓄来源，其在国内、国际金融市场上的投资还可以获得收益。这被称为区别于前述意义上人口红利的"第二次人口红利"①。不过，如果仅仅从老龄化时期储蓄动机角度来观察，尚不能构成在推动经济增长的作用程度上，堪与第一次人口红利相提并论的第二次人口红利。

在理解人口老龄化原因时，人们通常着眼于观察人口转变从最初的少年儿童人口减少阶段，进入到相继而来的劳动年龄人口减少的阶段，从而老年人口占全部人口比重提高这样一个事实，但是，往往忽略由于寿命延长带来的人口预期寿命提高在其中所起的作用。我们设想，即使人口年龄结构不发生在少儿年龄组、劳动年龄组和老年组之间的消长，如果老年人活得更长，按照定义的老年人在全部人口中比重这个指标来观察的老龄化程度也会提高。由于经济社会发展，中国预期寿命已经从 1982 年的 67.8 岁提高到 2005 年的 73.0 岁。在健康寿命延长的条件下，老年人不啻宝贵的人力资源和人力资本，因此，第二次人口红利也只有从劳动力供给和人力资本积累的角度来观察，才具有显著的意义。本文探讨一个与获得第一次人口红利具有同等意义的第二次人口红利，也是从劳动力供给和储蓄率两个角度着眼的。

值得强调的是，人口红利的利用是有条件的，特别是需要一系列制度条件。已有的众多文献表明，对于发展中国家来说，实现赶超发达国家的关键在于以比之后者更快

① Ronald Lee and Andrew Mason (2006)，"What Is the Demographic Dividend?" *Finance and Development*，Vol. 43，No. 3.

的速度实现增长，从而形成一个趋同的结果。而这个趋同是条件趋同（Conditional Convergence），即只有满足一系列物质的和制度的条件，发展中国家诸种潜在的因素才能成为现实的经济增长源泉，从而实现更快的经济增长。[①] 中国人口抚养比下降开始于 20 世纪 60 年代中期，但只有改革开放才创造了利用第一次人口红利的条件。而按照定义来看，第二次人口红利的条件要求更高，涉及教育制度、就业制度、户籍制度和养老保障制度的改革。

　　对于不同的国家来说，第一次人口红利来的有早有晚，因而去的也有先有后，在许多早期发达的国家甚至看不到明显的人口红利效应。因此，虽然中国的确享受了人口红利对经济增长的贡献，实际上却并不存在相对于其他国家而言，随着中国人口老龄化的到来有特别的人口负债这个问题。只是在第一次人口红利与第二次人口红利的获得之间，需要避免出现一个人口红利的真空时期。如果通过在创造第二次人口红利条件的同时延长第一次人口红利，中国就可以避免人口老龄化对经济增长的负面影响，保持经济增长的可持续性。本文在探讨如何延长第一次人口红利的同时，将主要讨论第二次人口红利的条件，以及如何避免两次人口红利之间出现真空现象。

[①] X. X. Sala－i－Martin (1996), "The Classical Approach to Convergence Analysis", *The Economic Journal*, 106, pp. 1019—1036.

二、储蓄动机、储蓄源泉与社会保障制度

从一个人的生命周期来看，在进入劳动年龄之前属于少年儿童依赖性人口，进入劳动年龄之后，通过就业成为生产性人口，随着年龄提高退出劳动力市场之后，通常便成为老年依赖性人口。与此相应，人们通过就业挣取劳动收入的时间主要集中在 20 岁至 65 岁期间，即由于接受教育时间延长，真正就业的时间要比通常所说的劳动年龄延后 4—5 年。另一方面，无论一个人是否具有劳动收入，他的消费却是终身发生的。这样，就形成了个人劳动收入和消费的生命周期特点，即终身保持相对稳定不变的消费，而劳动收入从接近 20 岁才开始有，随后迅速提高并于 25—45 岁之间稳定在高水平上，以后则逐渐下降，到 65 岁左右时便消失（图一）。

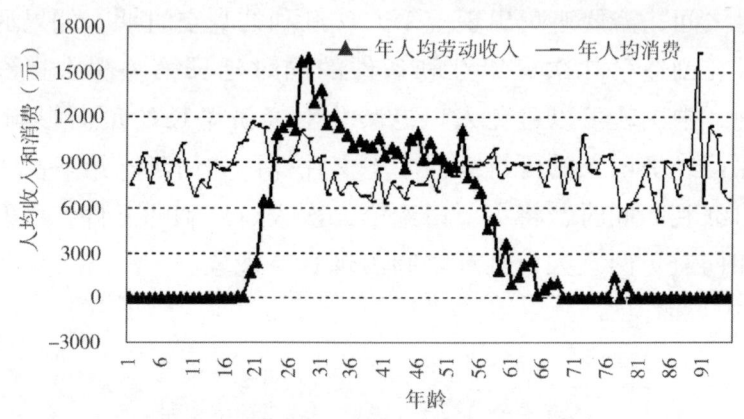

图一 个人劳动收入与消费的生命周期

资料来源：中国社会科学院人口与劳动经济研究所"中国城市劳动力调查"。

由于这种劳动收入与消费时期上的不完全对应性质，个人、家庭乃至社会都要进行储蓄，以时期上不均匀的收入去对终身相对不变的消费进行平滑。因此，按照第一次人口红利的定义，劳动年龄人口规模越大、占全部人口比重越高，则潜在的储蓄能力越强，其他条件不变的情况下，则会产生高储蓄率。然而，如果把这个逻辑推下去，当劳动年龄人口增长率减缓乃至绝对数量下降，老龄化程度提高的阶段到来的时候，则会出现储蓄率下降的情形。不过，正如有的分析指出的那样，在老龄化的条件下，储蓄动机以及为未来所进行储蓄的保值增值都仍然是可行的，而是否能够成为现实则取决于相应的制度条件，特别是养老保障制度的性质。[①] 也就是说，现收现付的养老保障制度，由于使未来被供养人口无须依赖自己的养老资金积累，因而为此而进行储蓄的动机不能激发出来。

自中国接受基本养老保险社会统筹与个人账户相结合的双支柱模式之后，两个账户长期实行混账管理，在存在大规模历史欠账的情况下，个人账户被作为统筹基金支出，形成空账运行。直到 2001 年，从辽宁省进行做实个人账户改革开始，才产生一定程度的基本养老保险基金的积累额，即累积起来的每年收支余额。进一步，这一改革

---

① Ronald Lee and Andrew Mason（2006），What Is the Demographic Dividend? *Finance and Development*，Vol. 43，No. 3.

扩大到黑龙江和吉林两省，进而又有另外8个省市自治区进行试点。虽然伴随着试点省份的增加，基本养老保险基金的收支余额或个人账户积累有所扩大，但是，由于缴费率的逐渐降低以及大量省份尚未启动这一改革，总的积累水平十分有限。直到2007年，大约11万亿元个人账户记账额中，做实的部分实际上只有7%，表现为累计的收支余额7000多亿元（图二）。而且，这个累计余额分布高度集中，广东、浙江、江苏、山东、黑龙江和辽宁六个省就占了2006年全国基本养老保险基金累计余额的51%。

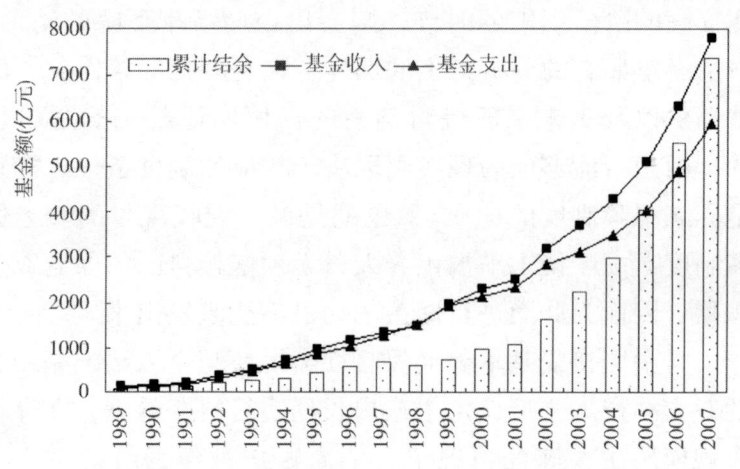

图二　基本养老保险基金收支和积累情况

资料来源：国家统计局，《中国统计年鉴（2008）》，中国统计出版社。

然而，现收现付制是建立在劳动年龄人口规模大、比重高，并且人口抚养比低的基础之上的，如果上述条件发生变化，则要求有更高的劳动生产率来支撑，否则这个制度就是不可持续的。一般认为，由于预期寿命提高和生育率下降，供养人口与依赖人口的比例发生变化，现收现付制度不可避免地面临下列三种调整，或者三者之间的某种组合，以求解决养老保险资金不足的问题：（1）提高税收或强制缴费水平；（2）降低养老金给付水平；（3）提高领取养老金的年龄要求。但是，如果及早进行个人账户积累则可以大大缓解问题。一项模拟研究表明，如果把现行的现收现付养老保障制度改变为完全积累的个人账户制度，就意味着到 2020年，有相当一批退休人员可以不依靠或不完全依靠现收现付制度来养老，从而可以大幅度降低社会养老负担率。[1]

三、预期寿命、退休年龄与劳动力供给

人口老龄化并非只是作为人口转变结果的不同年龄组之间比例关系变化的反映，还是人口预期寿命提高即人们活得更加长寿的结果。把身体健康的因素与人力资本积累（包括教育、培训和干中学）因素结合起来考虑，有效工作年龄理应伴随预期寿命的提高而延长。如果能够做到这一点，就意味着可以通过把实际退休年龄向后延，从而扩大劳动年龄人口规模，降低每个劳动年龄人口供养的退休人数。值得指出的是，法定退休年龄与实际退休年龄是不

---

① 蔡昉、孟昕：《人口转变、体制转轨与养老保障模式的可持续性》，《比较》2004 年第 10 辑。

一样的，即在法定退休年龄既定的情况下，实际退休年龄可能因劳动力市场状况而产生巨大的偏离。根据一些调查结果，2005 年中国城镇劳动者的实际退休年龄仅仅为 51 岁，而不是法定的大多数采取男 60 岁、女 55 岁的退休年龄。

　　从图三可以看出，真正能够改变人口工作时间从而对老年人供养能力的，是实际退休年龄，而与法定退休年龄无关。如果单纯改变法定退休年龄而劳动力市场却无法充分吸纳这些人口，则意味着剥夺了他们在就业与退休之间的选择，使他们陷入严重的脆弱地位。图三显示了把实际退休年龄从 50 岁延长到 60 岁可以达到的降低老年人口抚养比的效果，即把每百名劳动年龄人口需要供养的老年人口，从 2050 年的 109 人降低到 58 人。虽然在许多发达国家，提高法定退休年龄成为应对老龄化及其带来的养老基金不足而广泛采用的手段，但是，由于与发达国家在两个重要条件上相比，中国的情况截然不同，使得这个做法不应成为近期的选择。

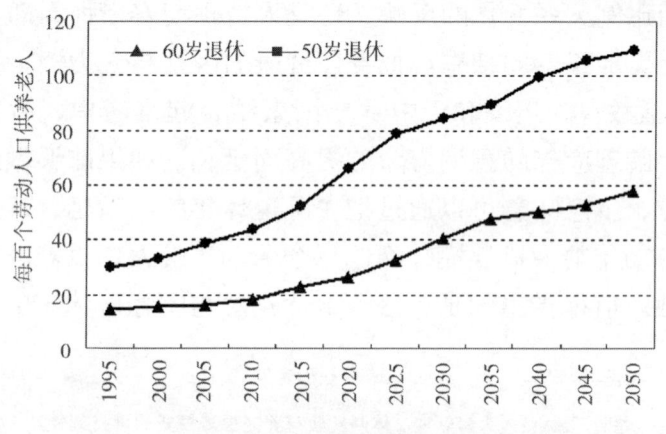

图三　不同实际退休年龄具有不同的抚养比

资料来源：United Nations（2003），*World Population Prospects*：*the* 2002 *Revision*，United Nations Population Division，Department of Economic and Social Affairs/United Nations Population Division.

首先，劳动力市场上常态的供求关系不同。劳动力短缺是大多数发达国家所处发展阶段所具有的性质，也是以西方国家为对象的经济学的基本假设，而中国虽然已经正在超越劳动力无限供给的阶段，却还没有形成普遍的劳动力短缺常态。意味着在西方国家，由于劳动力市场需要一个追加的劳动力供给，延长法定退休年龄可以为劳动者提供更强的工作激励，而对中国来说，类似的政策却意味着缩小劳动者的选择空间，甚至很可能导致部分年龄偏大的劳动者陷于脆弱境地：丧失了工作却又一时拿不到退休金。

其次，劳动者的不同群体在退休后的预期寿命不同。预期寿命是反映人口健康状况的综合性指标，在总体水平上受到经济和社会发展水平的影响，在个体上与不同人口群体的收入、医疗乃至教育水平密切相关，因此，同样的退休年龄，不同群体退休后的余寿是不同的，从而导致能够享受养老金的时间长短各异。例如，即使在美国这样一个整体收入水平和医疗水平都较高的国家，1997 年 67 岁年龄组人口在 65 岁上的余寿，在全部人口达到 17.7 岁的同时，女性高达 19.2 岁，而低收入组的男性仅为 11.3

岁。①中国预期寿命的差异应该更加显著，从地区差距来看，2000 年上海为 79.0 岁，而贵州仅为 65.5 岁。②虽然我们没有分人群各年龄组的预期寿命数字，由于我们有比美国更大的收入差距，并且社会保障覆盖率很低，退休人口的预期余寿差异会更大。一项公共政策，只有在设计的起点上就包含公平的理念，才具有操作上的可行性。

第三，以人力资本为主要基准来衡量的劳动力总体特征不同。中国目前临近退休的劳动力群体是过渡和转轨的一代。由于历史的原因，他们的人力资本禀赋使得他们在劳动力市场上处于不利竞争地位。其可行的前提是老年劳动者的教育程度与年轻劳动者没有显著差别，加上他们的工作经验，因而在劳动力市场是具有竞争力的。例如，在美国的劳动年龄人口中，20 岁的受教育年限是 12.6 年，而 60 岁反而更高，为 13.7 年。目前在中国劳动年龄人口中，年龄越大受教育水平越低。例如，受教育年限从 20 岁的 9 年下降到 60 岁的 6 年，而与美国的差距则从 20 岁比美国低 29%，扩大到 60 岁时比美国低 56%（图四）。

① Christian Weller (2000)，"Raising the Retirement Age：The Wrong Direction for Social Security"，*Economic Policy Institute Briefing Paper* (September)．

② 首都经济贸易大学课题组：《中国人口死亡水平与预期寿命研究》，载国家人口发展战略研究课题组《国家人口发展战略研究报告》，中国人口出版社 2007 年版。

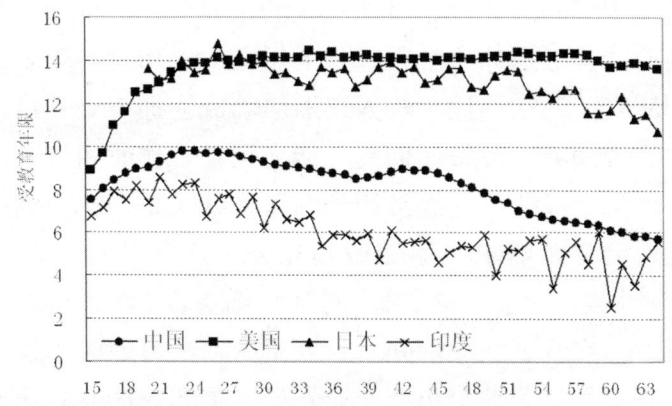

图四　分年龄受教育水平的国际比较

资料来源：王广州、牛建林（2009），《我国教育总量结构现状、问题及发展预测》，载蔡昉主编《中国人口与劳动问题绿皮书 No. 10》，社会科学文献出版社。

在这种情况下一旦延长退休年龄，高年龄组的劳动者会陷入不利的竞争地位。近年来虽然就业压力有所减缓，但是，目前劳动力市场上仍然显示出对高年龄组劳动者的不利状况。根据 2005 年 1% 人口抽样调查数据计算，城乡劳动年龄人口的劳动参与率从 45 岁就开始下降。例如，城镇的劳动参与率从 35—44 岁的 85.9% 降低到 45—54 岁的 69.3%，进而下降到 55 岁及以上的 23.1%；而农村的劳动参与率则从 35—44 岁的 94.8% 降低到 45—54 岁的 90.7%，进而下降到 55 岁及以上的 51.9%。对城市劳动者来说，过早下降的劳动参与率显然不是自愿选择的结果，而是"沮丧的工人效应"的表现。可见，扩大劳动力总体规模和降低社会对老年人的供养负担，可能不是要在当前的临近退休年龄人口身上做文章，而是需要创造条件，使当前的这一代年轻人逐渐培养成为拥有更充足人力资本的劳动者，使得他们具备能力延长工作时间。

可见，保持中国经济增长的可持续源泉，从而创造对劳动力的强劲需求，才能做到充分利用当前的劳动力资源，延长第一次人口红利，进而为迎接第二次人口红利创造条件。在改革开放期间，主要集中在沿海地区的适应中国比较优势的劳动密集型产业发展，是非农产业就业岗位的最大创造者。随着劳动年龄人口增长速度趋缓以及就业扩大对农村剩余劳动力的吸收，劳动力无限供给的特征正在消失，沿海地区则直接感受了劳动力成本上升的压力。由于中国地域广阔，地区之间在发展水平和资源禀赋上存在巨大差异，世界经济历史上发生过的国家之间产业转移模式，即所谓"雁阵模式"①，完全可以成为国内产业转移的路径。这样，通过劳动密集型产业从东部地区向中西部地区的转移，更加充分地利用现有劳动力，延长第一次人口红利。

四、人力资本、劳动生产率与比较优势

人们所讨论的人口红利概念虽然是指富有生产性的人

① Kiyoshi Kojima（2000），"The 'Flying Geese' Model of Asian Economic Development: Origin, Theoretical Extensions, and Regional Policy Implications," *Journal of Asian Economics*, Vol. 11, No. 4, pp. 375~401.

口结构，对储蓄率和劳动力供给这两个经济增长条件产生的正面影响，但是，劳动力供给中实际上是包含着人力资本因素的。如前所述，在人口老龄化过程中，仍然可以通过劳动力市场制度的安排，扩大劳动年龄人口规模，从而保持劳动力供给的充裕。此外，在深化教育的前提下，人口年龄结构的变化并非要对人力资本积累产生负面影响。相反，人口结构变化还创造了一些新的条件有利于扩大和深化教育，这可以被看做是从人力资本方面创造经济增长新源泉的第二次人口红利。

　　人口转变引起的年龄结构变化，表现为接受基础教育的人口（即年龄在5—14岁的少年儿童人口）的规模及其占总人口的比例呈下降趋势。与这个下降趋势相对应的则是劳动年龄人口相对滞后的变化轨迹，即后者呈现先上升随后稳定继而下降的预期变化。这两个年龄组人口的变化关系，会结合成为一个劳动年龄人口供养在学年龄人口数量的下降趋势（图五）。这个现象的经济含义则是，教育资源的制约会随着人口结构的变化有较明显的缓解，从而国家、家庭和社会可以把更多的资源用于教育的进一步扩大和深化。如图五所示，在5—14岁年龄组在学人口与15—59岁年龄组劳动人口之比（在学人口供养率）趋于降低的情形下（图中情景一），可以有条件把在学年龄提高到5—19岁年龄组，其与20—59岁年龄组劳动人口之比同时下降（图中情景二），从而不会遇到严重的资源制约。在目前义务教育普及率已经很高的情况下更是如此。如果在未来能够把实际退休年龄再加以提高，则资源约束则进一步减轻。

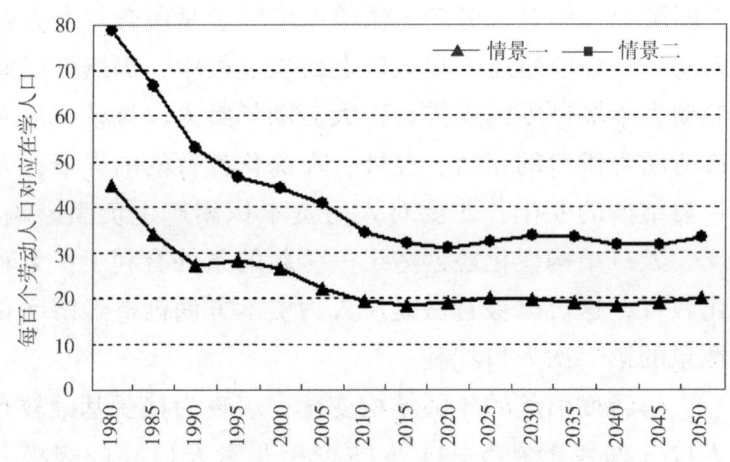

图五　劳动年龄人口对应学龄人口的两种情景

注：情景一以5—14岁为在学年龄，以15—59岁为劳动年龄；情景二以5—19岁为在学年龄，以20—59岁为劳动年龄。

资料来源：United Nations（2003），World Population Prospects：the 2002 Revision，*United Nations Population Division*，*Department of Economic and Social Affairs/United Nations Population Division*.

在改革开放的30年中，中国教育水平得到大幅度提高，在义务教育基本实现普及的同时，高等教育和职业教育也有长足的发展。但是，中国教育发展程度与发达国家相比仍然存在较大的差距，而国内在地区之间和城乡之间，教育发展差距也是巨大的。例如，发达国家的在学率一般在 18 岁以前都基本保持在 100%，与此相比，中国在学率水平从 12 岁就开始陡然下降。观察城乡之间的教育水平差异时，也可以看到几乎相同的变化轨迹。这一方面固然是劳动生产率提高的制约因素，另一方面也是今后通过深化教育达到提高劳动生产率目的的巨大潜力。理论和经验都表明，教育水平的整体改善是劳动生产率提高的主要源泉。一项计量分析表明，在制造业，职工受教育年限每提高 1 年，劳动生产率就会上升 17%。如果企业职工全部由初中以下学历的职工构成改善为全部是高中学历职工的话，企业的劳动生产率将提高 24%，如果进一步改善为全部是大专学历的话，企业的劳动生产率可以再提高 66%。[①]

许多关于中国劳动密集型产品比较优势和国际竞争力的判断，在观察问题的方法上失于偏颇。如果单纯从工资水平来观察，似乎劳动力成本的提高就意味着比较优势的减弱。按照这种认识，在国际金融危机对中国实体经济产生影响之前，伴随着劳动力短缺现象的出现，近年来工资水平普遍上涨较快，无疑削弱了中国制造业的竞争优势。然而，一个国家或地区产品的比较优势和竞争力，并非完全取决于工资水平，还取决于劳动生产率水平。具体来说，应该从工资和劳动生产率结合的指标上来认识，即相对工资水平与相对劳动生产率水平之比——"单位劳动

---

① 蔡昉、都阳、曲玥：《人口红利：延续还是替代》，载蔡昉主编《中国人口与劳动问题绿皮书 No.10》，社会科学文献出版社 2009 年版。

成本优势"。即使工资率已经开始提高，但只要劳动生产率的提高速度更快，该指标就仍然可以维持在较低的水平上，从而意味着产业比较优势和竞争力得以保持。而这种假设恰恰是 2000—2006 年中国制造业的实际情况，即工资上涨但劳动生产率提高更快，导致东部、中部和西部地区的"单位劳动成本优势"年平均下降速度分别为 7.6%、11.3% 和 8.3%。[①] 在劳动密集型制造业逐渐实现地区间转移的情况下，中西部地区通过深化教育实现劳动生产率提高的巨大潜力，可以使中国制造业继续保持竞争优势，从而使人口红利得以延续。

---

　　① 蔡昉、都阳、曲玥：《人口红利：延续还是替代》，载蔡昉主编《中国人口与劳动问题绿皮书 No. 10》，社会科学文献出版社 2009 年版。

保持经济持续增长
要求教育优先发展[*]

教育优先发展的依据在于其对于经济增长和社会发展的重要作用，而教育改革与发展规划，目的就是从国情和教育规律出发，通过以公共产品定义教育、以教育深化扩大规模、以资源整合调整结构、以竞争开放提高质量，以及以需求导向增进效益，实现教育发展的跨越式发展，最大化发挥教育先行对经济发展的促进作用。

一、教育作为经济增长源泉

在改革开放期间，我国依靠劳动力数量和教育水平优势，取得了劳动密集型产品的国际竞争力，占据了世界制造业中心的地位。随着东部沿海地区劳动力成本的提高，该地区的产业升级和产业转移已经开始。保持竞争力的关

---

* 本文发表于 2009 年 1 月 13 日《光明日报》。

键在于两个方面：一个是成反比关系的劳动力成本，另一个是成正比关系的劳动生产率。随着劳动力短缺现象的出现和人民群众对收入提高的期待，工资水平上涨是必需的和必然的，因此，我国产业结构得以成功并确保不会出现比较优势真空的关键，在于劳动生产率的提高，而后者恰恰是教育水平提高的结果。

我们的研究表明，在制造业，职工受教育年限每提高1年，劳动生产率就会上升17%。如果企业职工全部由初中以下学历的职工构成，改善为全部是高中学历的话，企业劳动生产率可以提高24%，如果再进一步改善为全部是大专学历的话，企业劳动生产率可以再提高66%。此外，教育深化对劳动者个人的收益也是巨大的，这意味着可以调动家庭投资于教育的积极性。研究表明，如果从目前的城乡劳动力受教育年限出发提高至12年，即完成高中教育，城镇劳动力教育收益可提高17.0%，农村劳动力提高21.1%。如果受教育年限进一步提高至14年，带来的教育收益提高对城镇劳动力为41.2%，对农村劳动力为43.3%。

根据预测，我国劳动年龄人口在2015年前后达到高峰，之后将下降，这意味着对经济增长做出贡献的传统意义上的人口红利将消失。与此同时，人口老龄化程度和社会养老负担显著提高。保障劳动力供给要求未来考虑提高实际退休年龄。而这种可能性几乎完全取决于教育的发展。也就是说，发展教育也是为迎接老龄化做必要的准备，或者说是创造条件赢得第二次人口红利。

大多数发达国家应对老龄化的一个主要举措就是提高法定退休年龄。但是，其可行的前提是老年劳动者的教育程度与年轻劳动者没有显著差别，加上他们的工作经验，因而在劳动力市场是具有竞争力的。例如，美国劳动年龄人口中，20岁的受教育年限是12.6年，而60岁反而更高，为13.7年。目前在我国劳动年龄人口中，年龄越大受教育水平越低。例如，受教育年限从20岁的9年下降到60岁的6年，而与美国的差距则从20岁比美国低29%，扩大到60岁比美国低56%。在这种情况下一旦延长退休年龄，高年龄组的劳动者会陷入不利的竞争地位。

二、教育先行要大幅度提高公共投入比重

目前我国财政教育投入占GDP的比重为3.3%，只相当于法国的59%，德国的79%，英国的66%和美国的69%。我们的公共教育投入提高的目标是根据这个差距设定的。但是，基于以下原因，我们认为有必要设定更高的目标。

第一，学龄人口比重高，要求更多的公共教育投入。上面的比较尚不足以显示我国公共教育投入的实际差距，因为教育投入规模与一个国家的人口年龄结构相关。当学龄人口占总人口的比重比较高的时候，也需要将更多的资源用于教育。根据这个原理进行模拟，即以美国学龄人口比重为基准，由于中国目前总人口中仍然有更大比例人口处在受教育阶段，模拟的结果显示，我国在教育上的公共

投入仅为 GDP 的 2.8%，与发达国家的水平差距进一步扩大，只是法国的 46%，德国的 52%，英国的 52% 和美国的 59%。

第二，公共投入不足挤压居民正常消费。公共财政支出占全社会教育支出的比例，在发达国家为 86%，发展中国家在 75% 左右，全世界平均为 80% 左右，而中国仅为 46%。也就是说，按照国际标准，中国私人支出占教育支出比例异常的高。教育投入过度依赖家庭，严重挤压了私人消费空间，导致社会消费其他方面的需求不足，抑制了中国经济增长的内在动力。特别是在金融危机削弱了出口和投资需求的情况下，扩大教育的公共投入，具有重要的宏观经济意义。教育公共投资不足的另一个后果，是教育不公平问题越来越突出，上学贵已经成为很多家庭的沉重负担，社会上对教育的抱怨大多源于此。

第三，公共教育投入的临界最小规模是经济增长的必要条件。从理论上讲，公共教育经费占 GDP 的比重，应该遵循一个先高后低的倒 U 字形变化轨迹。首先，我们观察到的发展中国家在这个比重上的不足，固然是人均收入水平低、资源不足的结果，更是导致不发达的原因。发展中国家受教育阶段人口比重大，人力资本存量水平低，只有实现教育的跨越性发展，才能更快地实现对发达国家的赶超，而这要求有一个公共教育投入的临界最小规模。其次，由于公共教育经费主要用于义务教育，发达国家已经超越了普及义务教育的阶段，而更高的教育阶段相应要求较多的私人投入。与此同时，发达国家人口老化，处于受教育阶段的人口比例也降低，从而在教育总支出保持较高的同时，公共支出比重趋于下降。我们之所以在实际中没有观察到这个规律的作用，恰恰是因为大多数发展中国家未能实现教育超前发展，从而不能大幅度提升人力资本，实现经济发展的赶超。

三、实现教育资源的更有效配置

一项流传较广的研究表明，分教育阶段来看，学前教育的社会收益最高，学校教育其次，而职业教育最低。其含义并不是教育收益下降，而是指社会收益与个人收益的消长。从总体上来讲，我们把教育定义为公共产品。但是，由于教育供给的类型是多样的，其外部效应不尽相同。在合理分配公共教育资源和调动家庭教育投入时，我们可以按照这个规律，第一，在不排除竞争的前提下，坚持义务教育的完全公共品属性。同时创造条件把高中教育纳入义务教育阶段，把学前教育纳入公共支持的对象。由于义务教育阶段学生的健康具有很明显的外部效应，特别是具有扶贫含义，因此，农村学生的营养餐和城市学生的体育设施属于公共品领域，政府应该进行干预。第二，由于职业教育和成人教育更加接近于准公共品领域，即这个教育阶段既具有公平补课的性质，也具有个人和企业收益率高的特点，在公共支持的同时，尽可能动员社会、企业和家庭的投入积极性。

由于教育资源的投入主体是多元的，在现阶段，通过整合教育资源，使其发挥更大的效率是可行的。近年来，家庭、社会和财政投入的资源数量都在不断增加。2006年家庭投入占教育资源总投入的比重为45.3%，社会投入的份额为5%，公共财政的投入则为49.7%。虽然由于公共财政对于教育投入的不断增加，使全社会教育投入中家庭比例有所缩小，但后者规模仍然很大。这也意味着，通过深化教育体制改革，引入开放和竞争的办学体制，整合目前的各种教育资源，有非常大的潜力。

实现教育的跨越式发展，需要大幅度增加公共投入，同时可以通过对增量资源的倾斜式分配实现教育均等化，促进社会公正。教育尤其是义务教育服务，作为基本的公共服务，其均等化问题已经非常突出。据研究，我国劳动力市场上收入差异仍然较大，其中教育的回报率提高是重要原因。虽然这是劳动力市场发育的结果，但是也反映出，教育机会公平和教育资源配置均等化是实现社会公平、缩小收入差距的重要手段。有鉴于此，在增加教育公共资源投入的同时，新增的教育资源应该主要用于教育服务均等化建设。

推进社会化养老当三管齐下[*]

老龄化浪潮正改变着我国的人口结构，影响着经济社会发展的走势，社会化养老日益成为关系国计民生的重要话题。

按照国际通行标准（60 岁以上人口超过总人口 10% 的社会即为老龄化社会），我国从新世纪初起就步入了老龄化社会。与发达国家相比，我国老龄化社会具有老化速度快、老龄人口规模大、未富先老等特点。党的十六大以来，党和政府越来越重视人口老龄化问题，十七大报告更是明确提出了"老有所养"的要求，并将之列入以改善民生为重点的社会建设中。近日，本报记者就如何推进社会化养老问题与中国社科院人口与劳动经济研究所所长蔡昉进行了对话。

记者：进入新世纪以来，我国社会老龄化进程加快，

＊ 本文是《人民日报》记者杜飞进和薛原对作者进行的访谈，发表于 2009 年 4 月 9 日《人民日报》。

"银发一族"的规模日渐庞大。同时，随着第一代独生子女进入婚育期，中国的家庭结构快速向"421"模式转变，即两个成年人要承担起照料四个老年人和一个孩子的责任。传统的家庭养老模式难以适应这个发展趋势，社会化养老成为摆在我们面前的一个重大现实课题。

蔡昉：是这样的。从社会发展规律看，养老模式的选择受制于经济社会发展水平和文化传统。社会发展的不同阶段，养老模式也有很大不同。在我国人口结构发生快速变迁、传统家庭养老功能萎缩的情况下，推进社会化养老已越来越成为全社会的共识。

作为社会的一个特殊群体，老年人的需求是全方位、多方面的。我认为，所谓社会化养老，至少包括三个方面，不仅要求建立完善养老保险制度以解决财政上的保障问题，还要建立专门的养老机构以解决生理上的照料问题，提供精神上的关心关怀以解决心理的抚慰问题。这三个方面的侧重点各有不同，但彼此紧密相连，只有三位一体地看待，三管齐下地推进，才能使社会化养老事业全面健康发展。

记者：上述三个方面中，建立完善养老保险制度可以说是解决整个社会化养老的经济基础问题，没有这个前提，社会化养老就很难落到实处。从我国养老保险制度的发展状况看，农村和城市，东部和西部，不同地区之间的制度设计和落实差异还比较大，对于完善中国特色的养老保险制度，无疑是个重大制约。

蔡昉：健全养老保险制度的关键，是"扩面提标"。

扩面，就是提高城乡覆盖率，该纳入的人都尽量纳入，其中的重点又在农村人口和流动人口上。提标，就是在扩大覆盖面的基础上，再根据实际情况提高养老保险的标准。这项工作正在由政府加快实施，今年的政府工作报告就对此做了新的部署。

这里我想强调的是，抓紧推进"扩面提标"的工作，不仅是完善中国特色养老保险制度的要求，而且是赢得"第二次人口红利"，实现经济持续快速健康发展的需要。在经济学上，我们把人口年龄结构进入老龄化之前，社会劳动力丰富、人口负担轻从而储蓄率高，经济增长由此受益的现象，看做"第一次人口红利"。随着老龄化社会的到来，"第一次人口红利"逐渐消失。但如果通过设计完善合理的社会保障制度，就可以为经济发展带来"第二次人口红利"，形成新的经济增长源泉，为构建多元化的社会养老模式奠定基础。

记者：确实，对于"老有所养"来说，财政上的支持仅仅是前提，它并不能解决全部问题。与此密切相关的，就是构建多元化的养老模式，包括机构养老、居家社区养老以及自我养老等。只有大力发展社会化养老机构，才能解决不同家庭面对的不同养老问题，为不同需求的老人提供尽可能周到的生理照料。

蔡昉：当社会变迁打破传统家庭养老模式赖以存在的基础时，养老观念和养老模式就必然随之发生变化。我国虽有"养儿防老"的传统观念，但当两个独生子女组成的家庭要承担四个老人的养老责任时，仅仅从经济上予以保障显然是无法解决问题的。事实上，在今天，社会化养老的服务对象已不局限于鳏寡孤独老人，过去以敬老院为主的养老机构已无法满足养老人群的需求。社会化养老机构、社会化养老服务体系正面临大发展的机遇。从产业发展的角度看，我国老龄产业方兴未艾，应当看做是前景广阔的"朝阳产业"。

记者："朝阳产业"更需要尽早规划、积极推动。从目前社会化养老存在的问题看，养老机构良莠不齐，对老年人的生理照料不够周到是一方面，对老年人的心理抚慰远未引起足够重视是另一方面。在社会养老机构里，老人过得舒不舒服，开不开心，这是许多家庭对社会养老机构心存顾虑的重要因素。只有提供周到贴心的服务，才能让老年人身体健康、心情愉快，安享晚年。

蔡昉：的确，一个完整合理的社会化养老体系，应当是经济上的支持、生理上的照料、心理上的抚慰三者有机结合的统一整体。老龄产业是带有社会公益性质的服务产业。在社会化养老发展进程中，既要大力完善"硬件"设施，又要重视"软件"提供。老年人是尤其需要关爱的群体，如果养老机构仅仅满足于照料老人饮食起居，而忽略了他们心理上的需求，不能带给他们家一样的感觉，是很难得到真正认同的。

在某种程度上，人性化的服务是否到位，也决定着社会化养老事业的发展进程。即使在发达国家，老年人在物质生活相对满足的情况下，也会出现这样那样精神上、心理上的缺失。这就提醒我们，衡量社会化养老成熟与否的标准，需要理性上的数字依据，也需要人们感性上的心理判断。

记者：面对社会化养老这个大课题，在动员社会各方参与的同时，政府更要发挥积极作用。既然社会化养老是带有公益性质的服务产业，那么政府不仅要给予政策扶持，而且要制定行业标准，进行有效监管。

蔡昉：三管齐下推进社会化养老，需要在制度建设、设施建设和队伍建设这三方面协调发展。在老龄化社会带来的问题日益迫切的今天，我们推进社会化养老体系建设，不仅是践行立党为公、执政为民理念的具体体现，也是扩内需、保增长、调结构、保民生、保稳定的有效措施。社会化养老的发展方向是服务形式多样化、服务对象公众化、投资主体多元化，而这既有利于保障民生，推进社会主义和谐社会建设，又能够扩大国内消费需求，创造大量就业机会，有效提高社会劳动生产率，为赢得"第二次人口红利"奠定坚实基础。这是我特别想提醒各级政府及其有关部门给予高度重视的一个观点。

劳动力市场发育

LAODONGLI SHICHANG FAYU

市场经济条件下政府促进
就业的途径与手段[*]

在社会主义市场经济条件下，劳动力市场应该在劳动力资源的配置中起基础性的作用。随着政府经济职能的转变，政府不再直接介入劳动力配置和工资决定，而是通过发展战略的制定和宏观经济政策的实施，以及建立有利于就业机会扩大的宏观政策环境促进就业。本文拟从五个方面讨论在市场经济条件下，政府促进就业的具体途径和手段。

一、制定符合比较优势的发展战略

一个国家或地区实施什么样的发展战略，不仅决定其经济增长的绩效，也决定其经济增长的就业容量。对于一个劳动力丰富的发展中国家来说，如果选择符合自身比较

---

* 本文以《政府促进就业的途径与手段》为题发表于 2003 年 4 月 22 日《人民日报》。

优势的发展战略，就意味着劳动密集型产业应该成为产业的主体，这样才能最大限度地创造就业机会，并且使尽可能多的劳动者群体享受到发展的成果。

国际上一般把亚洲"四小龙"作为实行符合比较优势发展战略的典型，而把一些中南美洲国家作为推行违背比较优势发展战略的代表。从长期来看，不仅前者经济发展绩效优于后者，而且失业率低，收入分配比较公平。例如，把巴西、阿根廷、智利和哥伦比亚四个国家，与韩国、新加坡、中国香港特别行政区和中国台湾四个国家和地区相比，到20世纪90年代后期，不仅前者的经济发展水平大大低于后者，其平均失业率水平也比后者高2倍，巴西的基尼系数比韩国高92%。

因此，政府在制定全国和地方经济发展战略时，应该按照我国的比较优势来选择产业结构。除了在一些必要的高科技领域赶超世界前沿水平外，大多数地区的主导产业都应该是劳动密集型的。通过制定符合我国比较优势的发展战略，政府可以促进就业机会的创造，由此加快人均收入水平的提高。实践证明，非国有经济、中小企业和服务业通常选择适用性劳动使用型技术，具有以较少投资吸纳较多就业的特点，应该得到更多的政策鼓励，加快其发展。

二、把就业纳入宏观反周期政策中

在西方市场经济国家，就业被列为货币政策和财政政策的首要目标。实施的宏观经济反周期政策，都无一例外地根据就业信号做出反应，采取财政手段或货币手段降低失业率。在市场经济国家，中央银行的货币政策包括六个基本目标：第一是高度就业；第二是经济增长；第三是物价稳定；第四是利率稳定；第五是金融市场稳定；第六是外汇市场稳定。从中可以看到，就业目标是单独提出的，而且被置于政策目标之首。

　　我国的宏观经济学家和政策研究者习惯于认为，只要保证一定的经济增长速度，就业的增长也就自然而然会得到保障。经济增长固然是就业增长的前提和必要条件，但却不是充分条件。实际上，我国在计划经济条件下推行重工业优先发展战略的教训就表明，由于倾斜性地对重工业投资，造成的就业量损失达40%以上。因此，把就业作为宏观经济调控的独立而优先目标，就可以使得这一目标的保障是充分、全面的，不仅依靠经济总量的增长，同时通过产业结构的调整，以及适宜的技术选择战略得以实现。新一届中央政府把新增就业800万人和经济增长率7%，同时作为2003年宏观经济调控目标，是一个良好的开端，一定有助于解决好就业及再就业问题。

三、针对特殊困难群众的就业扶助政策

　　除了有劳动障碍的群体外，我国特殊的经济转轨还涉及一部分历史遗留下来的特困群体，特别是国有企业下岗职工中女性40岁以上，男性50岁以上的人群。困难的特殊性通常就在于市场不能自动解决，因此，需要政府和社

区有相应的政策扶持。实现这"一代人"平稳过渡，一方面依靠社会保障，更重要的则是通过积极的就业促进政策，向他们提供专门的培训，给予创业融资、开业注册等方面的优惠等，靠就业岗位的开发实现过渡。

第一，为特殊困难群众创造公共就业岗位和公益性就业岗位。在政府的公共服务中，也能够提供一些就业岗位。在我国劳动力供给经常大于需求的条件下，这些公共部门的就业岗位应该遵循最大化就业的原则，不宜过度资本密集化。此外，还有必要根据失业状况的严重程度，额外为失业者创造一些公益性岗位，相当于以工代赈。

第二，加强对于下岗失业人员，特别是"4050"人员的转岗培训。由于历史的原因，这一代人的人力资本形成受到严重影响，直接表现为平均受教育年限的减少。今天最容易遭遇下岗或失业而最难实现再就业的，恰恰是这一群体。因此，通过培训改变他们的就业观念，增强他们的就业和创业能力，是政府的责任。

第三，创建社区就业和保障平台，识别真正的困难群众。就业问题涉及千家万户，有效的政府管理和服务需要有一个基层平台。如何识别出真正的困难群众，并且把扶助措施落实在他们身上，也需要一个有效的中介环节。在我国，社区是执行这方面职能最好的层次。此外，城市居民生活对服务的需要蕴藏着大量的就业机会。通过社区平台组织这种服务，可以达到信息充分、供求对路的效果。

四、建立社会保障体系

社会保障是政府和社会为保护公民基本生活需要而提供的一种公共服务，是市场经济运行的一个重要补充。社会保障是保证一个国家社会稳定、经济繁荣的重要社会制度。世界上大多数国家都建立了不同形式的社会保障制度。我国正处于经济结构变化和体制转轨的特殊过程中，对于社会保障体系的建立提出了紧迫的要求。在市场经济的基本框架内建立新型的社会保障体系，既要符合一般的社会保障理念，又要着眼于解决转轨过程中的特殊问题，这使我国社会保障体系的建立和制度完善成为改革过程中最为艰难的任务。

劳动力市场的发育和形成，有赖于社会保障功能与市场竞争标准相分离，使企业按照其需求使用劳动力，而失业保险的职能则交给社会执行。随着市场经济体制的逐渐确立，劳动力资源也越来越多地通过市场配置、产业结构的调整在创造新的就业岗位的同时，将一些部门的劳动力排挤出来；我国加入世界贸易组织后，在一些不具有比较优势的产业会出现就业岗位的丧失；农村劳动力继续向非农产业和城镇转移。在上述调整中，一部分劳动者将在一定时间内处于失业状态，急切需要失业保险制度对这些失业者进行保障。国有企业无论是为了承担社会职能，不把富余职工推向社会而继续保持冗员状态，还是以再就业服务中心的形式为下岗职工支付部分生活补贴，都意味着沉重的政策性负担。在这种情况下，劳动力市场也不能正常发挥作用，妨碍劳动力资源的有效配置。

由于失业、下岗现象日益严峻化，以及一部分退休职工不能按时、足额领取养老金，导致城市一部分人口陷入贫困状况。按照社会保障制度的功能，这种现实迫切要求有一个完善、有效的最低生活保障制度来维持这部分人口的基本生存。

五、维护劳动力市场的弹性

在市场经济条件下，虽然宏观经济政策的实施涉及政府干预，但解决就业问题主要应该依靠劳动力市场的作用，基本出发点仍然是让市场作为劳动力资源配置的基本手段。劳动力市场发育的标志首先是工资由市场上劳动力的供求状况决定。劳动者报酬水平反映劳动力资源的供求状况，发挥工资的杠杆作用，有利于劳动力资源在部门间、地区间合理配置，并且形成符合我国比较优势的产业结构和技术结构。

劳动力市场发育的另一个标志是劳动力更充分的流动。一种生产要素只有流动起来，才能最有效率，最充分地得到配置和利用。长期以来，由于劳动力不能在城乡之间进行流动，造成资源配置的扭曲和低效率。一旦劳动力流动起来，其在资源重新配置中产生的效应，对总体经济增长具有重要的意义，并有助于我国在国际竞争中，长期保持比较优势。

我们要实现全面建设小康社会的目标。人均收入的提高可以有两种途径，一是就业人口的工资水平不断提高，但另一部分人口没有就业或就业不充分，收入没有什么提高。另一种途径是依靠更加广泛人口的就业，平均工资可能增长不快，但总体人均收入水平仍然可以快速提高，而且收入分配比较均等。在劳动力资源丰富的国情下，人民生活水平的提高和收入差距的缩小，主要依靠后一种途径来实现。一方面，在就业形势紧张的时期，工资水平和人工成本上涨过快，不利于扩大就业。另一方面，加快城市化进程，转移农村劳动力，是增加人民收入、解决"三农问题"的关键。

劳动力市场作用的发挥，应该建立在法制的基础上，政府对劳动力市场的规制和引导，也应该在法律的基础上进行。政府法治和规制的原则，一是保证劳动力市场的充分竞争性，防止工资水平的扭曲，使其真正反映劳动力供求；二是规范劳动力市场上各主体的行为，维护各方的合法权益。在我国劳动力市场供大于求的情况下，应特别注重保护劳动者的合法权益。

发展战略·增长方式·最大化就业[*]

经济发展战略的选择决定了经济增长方式的类型，从而决定了经济发展的绩效和社会发展的结果。在中国，这种逻辑联系可以一直影响到挑战经济和社会发展的一系列问题能否得到良好解决。

一、正确选择发展战略

经济发展战略是指政府所设定的经济发展目标和遵循的一种经济发展理念，以及将其付诸实施的一整套政策。有时，经济发展战略是政府事先确定的。例如，20 世纪50 年代印度和中国选择重工业优先发展战略，拉丁美洲一些国家选择进口替代发展战略，都是有意识的选择，并通过一系列政策手段促进实施。有时，经济发展战略仅仅是人们事后的总结。例如，亚洲"四小龙"倚重国际贸

---

* 本文发表于 2006 年 3 月 2 日《中国社会科学院院报》。

易、利用市场机制的做法，当时并没有通过某种发展战略加以确立，但是，经济学家事后为其总结为一种发展战略类型，分别冠之以不同的名称。

通常，经济发展战略的理念首先是关于市场机制和政府职能孰轻孰重的认识。在此认识下，形成一系列关于如何加快经济发展的政策倾向和手段：（1）生产要素价格是靠政府干预确立，以推行特定（通常是与市场倾向相背离）的发展战略，还是依靠市场机制形成，以反映要素的相对稀缺性和供求关系；（2）产业结构是依据在国际市场上显示出来的比较优势形成，还是依据某种战略意图通过政策干预而达到；（3）投资决策是按照市场原则由企业家做出，还是根据战略要求由政府统一部署；（4）产品和生产要素的流动是通过市场机制实现，还是利用政府配置手段达到；等等。

二、加快转变增长方式

增长方式是指在经济增长和产业结构变化过程中，在宏观和微观的层面上，生产要素和其他投入品的配置方式，最终表现为增长结果对不同效益源泉的依赖程度。在一个描述经济增长的生产函数中，在常规生产要素即资本、土地、简单劳动和人力资本带来的产出增长之外，如果还有一个看不见的因素可以提高产出，或者说产出的增长在可以被常规要素解释之后，还有一个残差值没有被解释，这个额外的产出增加就是技术进步或者效率的改进所带来的，通常被称为全要素生产率（或 TFP）。该因素在经济增长中贡献份额的大小，通常成为经济学家判别经济增长方式的标准。

具体来说，要素和投入品的配置通过两个过程进行，第一是从产业结构层面对生产要素投入结构的选择，第二是从生产过程层面对技术结构的选择。通常，进行这种配置有不同的机制，从而形成相异的增长方式。在不同增长方式下，增长绩效又是迥异的。

在经济增长的资源配置主要通过市场来进行，并且在要素相对价格反映资源相对稀缺程度的情况下，投资者和生产者按照节约相对稀缺的生产要素、使用相对丰富的生产要素的原则，第一步进行产业结构的选择，第二步进行技术结构的选择。在产业结构和技术结构符合比较优势的前提下形成的增长方式，经济增长中技术进步和效率改进的贡献份额比较大，同样的物质和人力投入可以获得更大的产出。这就是通常所说的集约型经济增长方式。

三、核心是实现最大化就业

如果人为地推行超越发展阶段的发展战略，或者生产要素市场不健全，要素价格被人为扭曲，产业结构和技术结构都可能会违背比较优势。如果投资结构和产业结构不符合比较优势，即经济发展跨越当前的比较优势所能支撑的水平，发展战略就是赶超型的。具体说，如果在劳动力尚丰富、资本尚稀缺的发展阶段上，选择了资本密集和劳动节约型的投资和产业结构，就不可避免地陷入传统的增长方式窠臼之中。这种增长方式单纯依靠物质和人力的投入，而效率改进在增长中贡献份额较小。这就是通常所说的粗放型经济增长方式。

从关于发展战略的几个内涵出发来概括，国际范围内经济发展经验提供了两种具有典型意义的发展战略模式。第一种是以苏联、印度、改革前的中国以及一些拉丁美洲国家为代表的赶超战略。这种发展战略必然与生产要素价格的扭曲相联系，除了造成效率低下从而增长绩效不佳，以及其他发展问题之外，如果从增长方式的角度，这种发展战略模式典型地诱导出粗放型的增长方式，表现为经济增长单纯依靠有形要素的投入，全要素生产率十分低下。这种没有单位投入产出提高的增长，不可避免会遇到极限。第二种发展战略模式以大多数发达国家及亚洲"四小龙"为代表，即利用市场机制、具有较高的对外开放度，从而得以发挥比较优势，形成了依靠技术进步和效率改进的经济增长方式，取得良好的增长绩效和经济社会发展成果。

从发展战略与增长方式之间的关系来认识，形成和落实科学发展观的出发点，是发展战略符合特定发展阶段所反映的比较优势，核心是转变经济增长方式。中国正处于经济高速发展的战略机遇期。能否抓住机遇取得良好的发展效果，关键在于经济增长方式能否实现根本的转变，继而有赖于选择符合现阶段比较优势的发展战略。而按照正确的市场信号，做出关于中国经济发展阶段的准确判断，又是能够选择符合比较优势发展战略的前提。在生产要素市场尚未充分发育，甚至宏观经济政策或者其他政策还扭曲了生产要素相对价格的情况下，经济增长中出现的重化工业化倾向，可能误导我们对发展阶段的判断，从而发展战略目标的确立，更深刻的后果则是干扰经济增长方式的转变。

落实科学发展观的以人为本的要求，也高度依赖选择正确的发展战略和形成良好的增长方式。首先，发展战略和增长方式影响整个经济的就业效果。从国内和国际经验看，实行不同经济发展战略，通过形成不同的经济增长方式，导致不同的就业结果和社会经济后果。那些急于赶超发达经济，在经济发展的较早阶段就人为扶持重工业或所谓"高新产业"的国家和地区，形成了违背比较优势的发展战略及其相应的增长方式，在劳动力尚丰富的资源禀赋下形成了资金密集型的产业结构，降低了经济增长过程对就业的吸纳。这样的经济增长，虽然在一定时间里也能够达到较快的速度，但不能实现最大化就业。就业机会的缺乏从根本上阻碍劳动力从农业向非农产业、从农村到城镇的转移，维持了落后的劳动力分布二元结构，三农问题就不能从根本上得到解决。相反，如果发展战略是遵循比较优势原则形成的，按照中国当前的资源禀赋特点，劳动密集型产业仍将得到大的发展，可以源源不断地为农村剩余劳动力提供转移机会。

为什么"奥肯定律"在中国失灵？

——再论经济增长与就业的关系[*]

　　关于经济增长与就业或失业的关系，在经济学界和政策制定者中有着不同的看法。美国经济学家阿瑟·奥肯观察到，在经济增长率与失业率两者的变化之间存在着一种稳定的关系，并被许多经验研究所证实在美国曾经长期存在，因此，这种关系被称做"奥肯定律"。这种经验关系经常在中国经济学文献中被涉及或引用，一方面，人们经常会运用该结论来论证经济增长与就业之间的相互促进关系，另一方面，当使用中国的数据进行检验时，却得出该定律在中国不适用的结论。① 然而，许多文献在引用和检验"奥肯定律"时，或者忽略了该定律适用的条件，或者数据的使用是不恰当的，因而迄今为止人们对该定律的理解仍然是不透彻的。本文将通过讨论"奥肯定律"作

---

　　* 本文发表于《宏观经济研究》2007 年第 1 期。
　　① 姜巍、刘石成：《奥肯定律与中国实证》，《统计与决策》2005 年第 24 期。

用的机理和条件，恰当地使用中国数据进行经验检验，回答该定律在中国的适用性问题，同时结合中国实际探讨经济增长与就业之间的关系。

一、"奥肯定律"的作用机理和适用条件

"奥肯定律"实际上是一个拇指规则，即仅仅反映在经济增长率变化与失业率变化之间的一种相关关系，而在经验检验时，通常并不考虑影响经济增长率变化或失业率变化的其他因素。因此，对于这一经验关系的表述通常有两种方式，从而人们也是在两种意义上使用该定律。一是表达失业率变动对产出增长率的影响，即 $\Delta Y = c - \alpha \times \Delta U$；一是表达产出增长率对失业率变化的影响，即 $\Delta U = c - \beta \times \Delta Y$。其中，$\Delta Y$ 为产出增长率的变动，ΔU 为失业率的变动，c 是常数项，α 和 β 为经验系数。在奥肯的最初研究中，这个定律揭示了失业率下降与经济增长率提高之间的关系，而更准确地说，是指实际失业率偏离自然失业率的百分点所引起的实际增长率对潜在增长率的偏离百分点。奥肯根据美国的经验发现，1 个百分点的失业率下降与 3 个百分点的额外产出增长率相联系。而目前美国的这种关系则被改写为 1 个百分点的失业率下降与 2 个百分点的额外产出增长率相联系。

正如一个典型的生产函数所表达的，产出的变化可以归结于生产投入和生产率的变化，而生产投入主要包括劳动投入和资本投入。在一个相对短的时期内，生产率和资

本存量的变动相对小，而劳动投入量的变动却可以较大，因此，劳动投入的变动就会影响产出的变动。既然失业率高低直接决定了在生产过程中劳动投入量的大小，在失业率与产出增长率两者的变化就形成了奥肯所观察并表述的关系。

在现实的经济增长中，影响产出增长率的因素是众多的。如果控制了其他各种变量的影响，失业率变化通过劳动投入的变化对经济增长率的影响实际上是微不足道的，何以在美国经济产生 1:3 或 1:2 这样显著且大幅度的影响效果呢？一种解释是，失业率的变动通常与其他影响产出增长率变动的因素是一致的，即当失业率上升或下降时，诸如每个工人的工作时间、劳动参与率等改变劳动力供给的因素都发生相同效果的变动。而所有这些因素对劳动力供给共同产生的效果，直观地表现为一个微小的失业率变动导致大幅度的产出增长率变动。也就是说，在美国宏观经济层面上发生以失业率变化为表征的劳动力需求变化时，一系列影响劳动力供给的因素都以自身的变化做出响应，从而放大单纯失业率变化可能产生的效果。

例如，大量研究表明，劳动参与率是劳动力市场周期变化的一个重要表现。根据 Summers 的研究，[①] 劳动参与、失业和就业之间的关系可以用下列恒等式表示：$(E/N)_i = (E/L)_i (L/N)_i$，其中 E 表示就业人数，N 表示人

---

① Lawrence H. Summers (1990)，"Demographic Differences in Cyclical Employment Variation"，in Lawrence H. Summers（eds），*Understanding Unemployment*，Cambridge，London，England：The MIT Press.

口数，L表示劳动力数，i代表不同的人口组。这个恒等式表达的关系是：就业比（就业人口占全部人口或劳动年龄人口的比例）是劳动参与率（经济活动人口占劳动年龄人口的比例）与就业率（1－失业率）的乘积。因此，就业比的波动可以被分解为失业率的变动和劳动参与率的变动两个组成部分。由于"沮丧的工人效应"，即劳动力市场偏紧在使得一部分人群希望工作却找不到工作的同时，也使得另一部分人群对劳动力市场失去信心而退出劳动力队伍，导致劳动参与率通常与失业率之间呈现方向相反却效果一致的同步变化。

关于对"奥肯定律"的理解，我们可以得出的结论是：失业率变化对经济增长率变化的影响，是从失业率反映劳动实际投入，并且在失业率之外的其他影响劳动投入的因素与失业率发生同等效果变化的条件下而存在的。也就是说，在这里发挥作用的失业率，主要是指反映宏观经济周期性的组成部分，而不是与摩擦性和结构性因素相关的自然失业率。例如，正如奥肯本人清楚地指出的，在他所发现的经验关系中，失业率变动是指实际失业率对自然失业率的偏离，而按照定义，失业率是由相对稳定的自然失业率和随宏观经济变化的周期性失业率组成的。

"奥肯定律"经验关系中的另一个变量即经济增长率，也因其特殊规定性成为该定律有效的条件。在市场经济条件下，即使存在着宏观经济政策的抑制或刺激，经济增长仍然是企业因投资成本变化而改变投资意愿所促成的，即企业按照相对稳定的生产要素稀缺性，从而相对价格信号进行投资，汇合成宏观经济意义上的经济增长。因此，在这种经济增长中，通常不会发生系统地违背比较优势的扭曲现象，因而不会产生经济增长与就业之间关系的大幅度偏离。

可见，"奥肯定律"的存在是有条件的，这些条件通常是以相对完善的市场环境和市场机制为前提。因此，从理论上讨论和经验上验证"奥肯定律"在中国的适用性，应该从中国市场发育水平，特别是生产要素市场完善的程度出发，着眼于考察上述条件是否存在，以及在多大程度上存在。

二、中国经济增长与失业关系的经验观察

中国大规模的失业现象开始发生于20世纪90年代后期，并且从那以后，失业率出现了实质性的升高并且表现出随时间的波动性，从而成为反映宏观经济状况的一个变量。与此同时，经济学家着手进行了一些关于"奥肯定律"是否在中国存在的研究。然而，这些研究存在着某些理论解释的不足，或者数据使用上的缺陷，从而没有得出令人信服的结论，以致在很多场合，无论是明确地引证"奥肯定律"还是将其作为潜台词，人们往往没有考虑到该定律的适用性，因而可能造成某种程度的误导。

首先，中国失业率升高的最初起因，虽然有宏观经济周期和产业结构调整的因素作用，但是，在这些因素之外还有一个与美国这样的市场经济国家截然不同的因素，即

由于旨在"减员增效"的企业劳动制度改革。在 20 世纪90 年代后期以来职工大规模下岗和失业之前，国有企业普遍存在着严重的冗员问题，据当时的调查，冗员率一般在 1/3 到 2/5 之间。而这种情况在市场经济国家，在企业完全独立自主地做出雇用和解雇决定的条件下，是不可能长期存在的。如果说，在没有普遍的冗员现象的情况下，一旦发生以劳动力需求减少为结果的失业率提高，通常会伴随着减少劳动使用的其他变化的话，从严重的冗员现象出发的失业率提高，反而会提高留在工作岗位上的劳动者的工作时间。不仅如此，如果减员增效的改革的确奏效的话，劳动生产率也会提高。而这些因素都产生与失业率减少劳动投入相反的效果。这样，单一且间接的失业率提高这个因素，就不能明显地被转化为产出增长率的提高。

诚然，在改革期间造成中国失业率上升的因素中，也存在着宏观经济周期的作用。特别是在中国经济刚刚从短缺经济进入到结构性过剩阶段，加上东南亚金融危机的影响，国内需求的制约导致企业开工不足从而对劳动力需求减少，也是失业率提高的诱因。但是，作为一段时期持续发生的现象，中国的高失业率主要是由结构变化和劳动力市场功能不健全造成的长期自然失业现象，同时在这一时期失业率上升的因素中，自然失业率的贡献也很突出。因此，我们预期在中国，"奥肯定律"的作用受到限制，即在经济增长率与失业率变化之间不存在显著的负相关关系。

其次，在面临宏观经济低迷以及严重的失业困境的情况下，20 世纪 90 年代后期国家采取了扩张性的财政政策，并将其作为政府积极的就业促进政策的一项措施。但是，在这个时期有三个因素不利于经济增长率带动就业的扩大。第一，决策者和许多学者都主张不能以比较优势战略作为基本的战略模式，认为实行静态比较优势战略而把劳动密集型产业作为主导产业，将阻碍动态比较优势的转换。① 第二，由于储蓄增加与贷款意愿不足的矛盾，利率长期处于低水平，周期性宏观经济现象演化成持续地影响长期经济增长和结构变化的信号，从而资本作为稀缺的生产要素，价格被人为压低。第三，作为政府推行重工业化战略的载体的国有大中型企业容易获得贷款，融资成本降低，而更反映比较优势的中小企业正好相反。由此导致的结果是投资方向不利于那些吸收较多就业的产业，造成就业促进效果不明显的经济增长。研究发现，20 世纪 90 年代中期以来就出现了工业增长中技术选择偏向于资本密集型的趋势。②

最后，由于国家统计局公布的失业率数字只是登记失业率，而这个指标与市场经济国家使用的失业率反映了不尽相同的内容，因而许多经验研究的结论并不可靠。在中国，登记失业率这个指标常常不能确切地反映就业形势的好坏。例如，国有企业下岗和失业最严重的 1998—2000

① 郭克莎：《中国工业发展战略及政策的选择》，《中国社会科学》2004 年第 1 期。

② 刘学军、蔡昉：《制度转轨技术选择与就业增长》，《中国劳动经济学》2004 年第 1 卷第 2 期。

年期间，这个登记失业率一直保持在 3.1%。而当就业形势开始好转时，这个指标却大幅度提高了，从 2001 年的 3.6%，2002 年的 4%，到 2003 年的 4.3% 和 2004 年的 4.2%。原因是，凡是具有下岗身份即领取下岗基本生活费的，不管是否有工作，都不再进行失业登记。这样，第一是这个指标没有包括那些下岗后没有工作的人，因而低估了失业率；第二是随着从下岗向公开失业的并轨，下岗人数减少而登记失业增加，而这个增加可能并不意味着劳动力市场状况变得更糟。

根据国际劳工组织（ILO）推荐的方法和定义进行调查并估计的城镇调查失业率，被认为比较好地反映真实的失业状况，并且具有国际可比性。因此，只有使用这个失业率指标，才可以进行具有可比性的经验研究。根据已经公开发表的统计数据，我们估算出 1978 年以来中国城镇调查失业率，并用之进行"奥肯定律"的经验检验，即观察在 1979—2004 年期间，中国是否存在实际 GDP 增长率与失业率变动之间的显著负相关关系。

我们以失业率变动为因变量，以实际 GDP 年增长率为自变量做回归，得出的经验关系式为：$\Delta U = 0.28 - 0.027\Delta Y$，该式回归系数的 t 值为 -0.65，非常不显著；而决定系数 R^2 为 0.0102，几乎没有解释力。如果我们以实际 GDP 年增长率为因变量，以失业率变动为自变量做回归，得出的经验关系式为：$\Delta Y = 9.66 - 0.377\Delta U$。同样地，该式回归系数的 t 值为 -0.61，决定系数 R^2 也是 0.0102。上述经验检验表明，虽然回归结果的符号是与预期相同的，但是，显著性检验表明，在中国的实际GDP增长率和失业率变动之间，不存在显著的相关关系。为了更清楚地观察两个变量之间的关系，我们给出了两个变量的散点图（图一）。散点图更加直观地告诉我们，两者之间的关系是松散的。可见，研究结论表明在中国并不存在"奥肯定律"所揭示的经验现象。

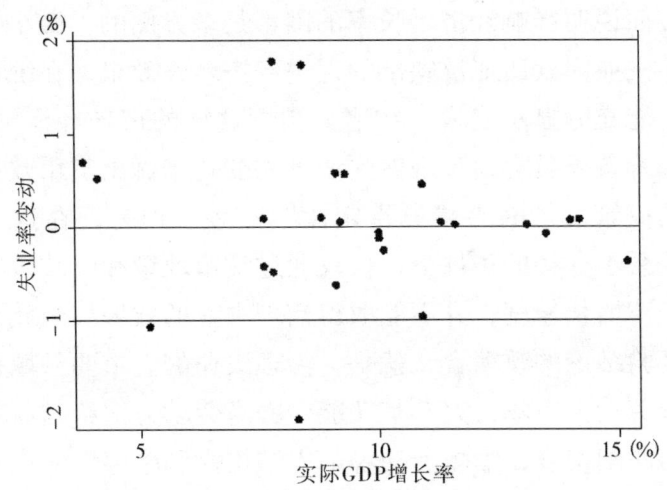

图一　GDP增长率与失业率变动之间的关系

资料来源：根据国家统计局《中国统计年鉴》、《中国人口统计年鉴》相关年份数据计算得到。

三、为什么经济增长并不自动带来就业扩大

在中国，公开引用"奥肯定律"或将其作为潜台词，通常用于两种目的。在第一种情形下，引用降低失业率可

以提高经济增长率这种关系，着眼点是强调治理失业的重要性。其实，这种用意是良好的。毕竟，劳动力更加充分地使用无异于提高资源的利用率，自然应该具有提高经济增长率的效果。但是，失业率与经济增长率两者之间关系的不显著，一方面说明中国目前的失业率构成中，最主要的成分是由于摩擦性和结构性因素造成的自然失业率，另一方面说明影响经济增长率的因素是多方面的，微小的周期性失业因素所能反映出的促进经济增长效果，在统计上并不能充分显示出来。在诸如美国这样的市场经济国家，联邦筹备委员会通过观察失业率的变化来做出货币政策方向的决策，是因为"奥肯定律"有效。但是，在这一经验关系不存在的条件下，仅仅通过货币政策和财政政策调节经济增长速度，并不能取得治理失业的效果。因此，我们经验结论的政策含义就是，治理失业的更重要领域在于发育劳动力市场，完善其功能，提高劳动力供给与需求之间的匹配程度，缩短劳动者陷入结构性和摩擦性失业状态的时间。

在第二种情形下，引用加快经济增长可以降低失业率这种关系，作为经济增长可以自动降低失业率、扩大就业的学理依据。的确，经济增长是就业的必要条件，就是说，没有经济增长，就业的扩大就成为无源之水、无米之炊。然而，经济增长却不是就业扩大的充分条件，即失业的治理和就业的扩大，并不能仅仅依靠经济增长得到解决，也并非什么样的经济增长都具有同等的效果。即使利用反周期的宏观经济政策（扩张性的财政和/或货币政策)治理周期性失业,如果推动经济增长的是资本密集型产业,也不能达到扩大就业的效果。在现行投融资体制下,扩张性的财政政策和货币政策的作用过于依赖大企业和大项目,而这并不能带来等比例的就业增长。同样的道理,当实施宏观经济软着陆时,如果采取一刀切措施,往往又会使中小企业和能够带动就业的项目首当其冲。

本文所得出的经济增长率与失业率变化之间没有显著关系的经验结果表明,第一,在经济增长率之外,还有至少同等重要的因素影响失业率的变化或就业效果。例如,在自然失业率构成了整个失业率2/3以上的情况下,与造成结构性和摩擦性失业有关的劳动力市场功能,以及政府和社会提供就业信息、就业培训等服务的能力,对于治理失业具有更加直接的作用。第二,由于"奥肯定律"所反映的经验关系只存在于经济增长率与周期性失业率之间,因此,在自然失业率构成失业率主要部分的情况下,我们并不能预见到刺激经济增长的政策能够直接表现出治理失业的效果。第三,经济增长本身既可以是就业友好型的,也可能是排斥就业型的,因而对于失业的治理,经济增长速度并不是万应灵药。20世纪90年代末以来,高速经济增长的重要组成部分是资本密集型重工业的增长,而这种类型的增长并不能同步地带动就业的扩大。

可见,治理失业和扩大就业,首先必须成为政府经济政策的一个独立目标,而不能被淹没在经济增长目标之中。进而,它又应该成为政府制定经济政策的一个优先目标,排在政策优先序的首位。相应地,对各级政府业绩的考核和政策效果的评价，都应该把就业问题的解决放在优先位置。这也有利于克服过度追求 GDP 目标的政府动机。这方面的政策手段包括，实行有利于扩大就业的经济发展战略，即国家制定的经济增长和产业调整的战略性决策，应以创造就业岗位和扩大就业机会为中心；实施积极的就业促进政策。通过劳动和社会保障部门的跨部门协调，为就业提供良好的服务，以实现最大化就业的目标。我们高度强调就业的重要性，并倡导树立就业优先原则，并不意味着把就业置放于经济增长目标之上。实际上，树立就业优先原则，本身就包含着把经济增长置于政策优先的重要位置，以及作为扩大就业的前提和必要条件的意思。无论就中国目前所处的历史时期，还是从其所要达到的发展目标来说，经济增长目标绝不可以放弃。但是，理论和发展经验都表明，把就业放在第一位，反而可以保证增长目标，相反则不然。

学习与认识"就业是
民生之本"的思想[*]

党中央高度重视就业的思想是一贯的。随着改革开放和发展形势的需要，劳动力市场发育和扩大就业的理论及政策逐渐成熟，并逐渐形成了"就业是民生之本"的重要思想，对于做好就业工作和劳动经济研究具有重要的指导意义。

一、随改革发展而不断完善的认识

就业是民生之本的思想有一个形成的过程。在改革之初的党的十二大报告中，党中央就提出扩大劳动积累，强调农村劳动力的安置要因地制宜、就地利用。以后又顺应变化的形势，先后提出了农村劳动力乡镇企业、小城镇和城市转移的要求。十五大提出了发育劳动力市场的改革任

* 本文发表于《学习与研究》2008 年第 3 期。

务。十六大指出：农村富余劳动力向非农产业和城镇转移，是工业化和现代化的必然趋势。针对城镇就业，从提出改革就业制度、发育劳动力市场，到要求千方百计扩大就业，同样是根据每个时期的主要矛盾和主要任务，逐渐形成了清晰的就业与民生之间关系的思想。

2002 年 9 月 12 日，江泽民同志在全国再就业工作会议上以《就业是民生之本》为题的讲话，论述了充分认识就业再就业工作的极端重要性，并且把就业问题解决得如何，提高到是衡量一个执政党、一个政府的执政水平和治国水平的重要标志，当前党和国家工作中一项重大而紧迫的当务之急的高度，标志着"就业是民生之本"重要思想的形成。此后，在党的十六大和十七大的报告中，都对这个重要思想进行了进一步的阐述和强调。与此同时，落实这一思想的政策体系也逐步完善，形成有中国特色的积极就业政策。

二、发育劳动力市场与扩大就业相结合

十五大部署了劳动就业制度的全面改革，与此同时也对如何关心和安排好下岗职工生活做出了保障，即减员增效的改革与实施再就业工程同步进行。从那以后，政府开始实施积极的就业政策，包括以促进就业为目标的积极的财政政策，通过社会保障体系的建立和完善，为下岗职工提供了三条保障线，政府和社会提供就业服务和培训，帮助实现再就业等。在十六大报告中，党中央庄严承诺，

"国家实行促进就业的长期战略和政策",并对这一战略的相关政策领域进行了具体的阐述和部署。与此同时,通过拆除城乡之间、地域之间、部门之间和所有制之间的制度分割,矫正生产要素价格信号,劳动力市场发育产生的促进就业效果十分显著。可以说,劳动力市场机制作用的发挥,也包含在积极就业政策之中。

通过实施积极就业政策和发育劳动力市场,十六大以来城乡就业得到迅速扩大,在2003—2006年期间GDP增长率达到10.3%的同时,城镇就业的年均增长率达到3.4%。虽然由于下岗到登记失业的并轨,登记失业率有小幅度提高,真实失业率持续下降,从2002年的6.1%降低到2005年的5.2%。从农村劳动力的重新配置或向非农产业的转移看,1998—2005年期间,乡镇企业就业年平均增长1.9%,农村私营企业就业增长18.1%。外出打工的农民工人数,从2000年的7849万人增加到了2006年的1.32亿人,每年平均增长9.1%,目前与城镇本地居民就业人数的比率达到46.7%。

三、政策思路日益清晰,措施逐步完善

十六大以来,党中央将就业作为正确处理改革发展稳定关系的重要内容,要求大力促进就业和再就业,认真做好社会保障工作;把健全就业、收入分配和社会保障制度作为完善社会主义市场经济体制的一项主要任务,要求把扩大就业放在经济社会发展更加突出的位置。同时,在

"十一五"规划中对就业和保障事业的发展做出了部署。在党的十六届六中全会上，把"社会就业比较充分，覆盖城乡居民的社会保障体系基本建立"明确为到2020年构建社会主义和谐社会的目标和主要任务之一。在十七大报告中，更是明确地提出了扩大就业的指导性思路和政策措施。

第一，扩大就业工作的长期性和艰巨性。虽然本世纪以来城乡就业创造了前所未有的绩效，劳动力供求之间的矛盾逐渐有所缓解，但是，庞大劳动年龄人口规模带来的就业总量矛盾、产业结构变化导致的就业结构性矛盾、劳动力市场不健全形成的摩擦性就业矛盾，以及经济波动可能产生的周期性就业矛盾，都将长期存在，不容有丝毫的放松。

第二，就业扩大与改善民生、经济增长和结构调整相结合。具体来说，国务院领导概括了做好就业再就业工作要注意把握好"三个转变"，即"努力把经济持续健康发展的过程变成促进就业持续扩大的过程，努力把经济结构调整的过程变成对就业拉动能力不断提高的过程，努力把城乡二元结构转换的过程变成统筹城乡就业的过程"。这"三个转变"实际上是一个在经济社会发展中树立就业优先原则的概括表述。

第三，强调各级党委和政府要把就业工作作为自身的重要职责。十六大以来，逐步完善了政府在支持创业带动就业、职业培训和农村劳动力转移培训、就业援助制度、引导就业观念转变、规范和协调劳动关系等领域的职能，建立了对于各级党委和政府抓就业工作的考核机制，加强和加快了劳动立法的进程，逐步完善了积极的就业政策，使就业这个民生之本在制度上得到越来越可靠的保障。

第四，关注特殊群体的特殊就业需求。从关注民生出发，党中央、国务院特别重视识别不同的就业群体，针对他们各自的就业困难和就业特点，制定出有效的支持性政策。例如，如何帮助零就业家庭解决就业困难，如何完善面对所有困难群众的就业援助制度，如何做好高校毕业生的就业工作，以及如何进一步改善农民工在城市居住和就业的条件等。这种特殊的瞄准机制无疑可以大大提高政府支持创业、就业政策的实施效果。

通过扩大就业保持
经济增长可持续性[*]

一、经济社会发展中的就业优先

十六大以来，党中央对就业高度重视，一方面，将其作为正确处理改革发展稳定关系的重要内容，要求大力促进就业和再就业，认真做好社会保障工作；另一方面，把健全就业、收入分配和社会保障制度作为完善社会主义市场经济体制的一项主要任务，要求把扩大就业放在经济社会发展更加突出的位置。同时，在"十一五"规划中对就业和保障事业的发展做出了部署。在党的十六届六中全会上，把"社会就业比较充分，覆盖城乡居民的社会保障体系基本建立"明确为到 2020 年构建社会主义和谐社会的目标和主要任务之一。

＊ 本文发表于 2007 年 8 月 12 日《文汇报》。

　　关注就业问题的学者和政策研究者，一直倡导在政策制定和执行中树立就业优先原则。即政府在制定各项社会和经济政策时，要以就业为标准排定政策取向的优先序。这包括：在确定一项发展或改革政策实施的先后次序时，以有利于扩大就业的政策为优先考虑；在规划地区发展和产业结构布局时，以劳动密集型产业的发展优先；在制定有关产业组织政策时，以吸纳就业能力强的中小企业发展优先；在利用各种政策手段调控宏观经济时，将恢复和扩大就业增长作为优先的考虑因素；在规划政府投资和引导社会投资时，参照各行业的就业吸收能力确定重点投资领域的优先顺序。这样，就会形成劳动力市场机制充分发挥、劳动力素质得到迅速提升、周期性失业得到充分调控的良好局面，社会发展、经济增长与就业增长的同步才具有了现实基础。

　　学者和政策研究者的这种努力，已经得到了政策制定者的认同和支持。最近，国务委员华建敏同志在国务院召开的部分省市就业再就业工作座谈会的讲话中，特别强调了做好就业再就业工作要注意把握好"三个转变"，即"努力把经济持续健康发展的过程变成促进就业持续扩大的过程，努力把经济结构调整的过程变成对就业拉动能力不断提高的过程，努力把城乡二元结构转换的过程变成统筹城乡就业的过程"。这"三个转变"实际上是一个在经济社会发展中树立就业优先原则的一个概括表述。我将结合我国就业扩大的经验和劳动力市场形势，谈谈对"三个转变"的认识。

二、"三个转变"的实践效果

如果不了解中国二元经济转换和体制转轨的特征,就很难认识中国特色的政府积极就业政策和劳动力市场发育的效果,从而形成关于城乡就业形势的不正确或者过时的认识,妨碍对中国经济发展阶段性变化做出正确的判断。在一些国外学者的论述中常见的错误认识和思维定式包括:(1)认为中国自20世纪90年代后期以来经历了就业的零增长;(2)经济改革造成劳动力市场冲击,表现为下岗、失业和就业没有增长;(3)描述了大量的就业困难和劳动力流动障碍,却较少揭示改革取得的进展;(4)一成不变地认为中国仍然存在取之不尽、用之不竭的农村剩余劳动力。下面,我将通过对现有统计数据的梳理和解读,结合其他调查信息,尝试勾勒出关于劳动力市场现状和变化趋势的基本画面,做出劳动力供求状况和经济发展阶段的判断,并揭示政策含义。

政府积极就业政策的实施和劳动力市场的发育,推动了城乡就业的迅速增长。在整个改革开放期间,我国经济的高速增长一直伴随着城乡就业的扩大。GDP年平均增长率,在1979—2006年期间为9.7%,在1998—2006年期间为9.2%,2003—2006年期间为10.3%;城镇就业在这三个时期的平均增长率分别为3.9%、3.4%和3.4%。上述数字实际上没包括农村劳动力转移。从农村劳动力的重新配置或向非农产业的转移看,1998—2005年期间,乡镇企业就业年平均增长1.9%，农村私营企业就业增长18.1%。外出打工的农民工人数，从2000年的7849万人增加到了2006年的1.32亿人，每年平均增长9.1%，目前与城镇本地居民就业人数的比率达到46.7%。

另一方面，城乡就业的增长也对经济增长做出了巨大的贡献。我们较早进行的一项研究结果显示，劳动力数量增长对经济增长率的贡献率为24%，劳动力素质提高的贡献率为24%，劳动力转移的贡献率为21%，合计占到全部因素的近70%。观察人口结构因素对经济增长的总体效果，还可以从抚养比对人均GDP增长率的贡献率观察到，即抚养比每下降1个百分点，人均GDP增长率提高0.115个百分点，表明在整个改革期间，由于劳动年龄人口比重不断上升所导致的抚养比下降，对人均GDP增长率的总贡献率为27%。

三、劳动力市场的一些新特点

近年来，劳动力市场上持续出现劳动力短缺的现象，不仅是技工的短缺，而且是普通劳动力的短缺。从2004年开始出现这种情况，迄今为止没有得到缓解，而且波及的范围不断扩大。部分传统的劳动力输出大省也开始出现招工不足的情况。这一方面是由于我国经济持续保持高速增长，并由此产生了旺盛的劳动力需求。2002年以来，虽然由于下岗补贴向失业保险的并轨，登记失业率有所上升，但反映劳动力市场状况的调查失业率实际上是逐年下降的，即从 2002 年的 6.1% 下降到 2005 年的 5.2%。另一方面，成功的计划生育实践所导致的生育率持续下降，也产生了人口年龄结构的后果，即新增劳动力供给开始下降的效应也开始在劳动力市场上逐步显现。根据人口预测数据，"十一五"期间，在劳动年龄人口总量大、比例高，不同类型的劳动年龄人口分别面临特殊的就业困难的同时，我国的新增劳动年龄人口将持续下降，到"十一五"末，会下降到 800 万人左右。而且，此后这一趋势还将延续。这种人口结构的变化，加上非农产业就业机会的扩大，导致农村剩余劳动力人数和比例的大幅度下降。根据测算，以就地和外出转移 2 亿劳动力、农业中尚需要 1.8 亿劳动力计算，农村目前剩余劳动力人数只有 1 亿略强，剩余比例只有 22%，其中一半年龄超过了 40 岁。

对于劳动力供求关系的这种变化，我们应该将其视为积极的效果和乐观的信号。首先，这是政府积极就业政策和劳动力市场发育的成效。一些学者在讨论就业效果的时候，常常把城乡就业总量的增长与经济增长及人口增长进行比较。就业的增长率与经济增长率的比较，就是所谓的就业弹性。具体来说，就业弹性就是一个百分点的 GDP 增长带来多少个百分点的就业增长。在 1979—2006 年、1998—2006 年和 2003—2006 年三个期间，城镇就业的 GDP 增长弹性分别为 0.402、0.370 和 0.330，虽然反映了近年来重化工业化倾向对就业效果的负面影响，但仍然是一个不错的成绩。我们为什么只看城镇就业的 GDP 弹性呢？这是因为，对于中国这样一个处于二元经济结构转换和体制转轨双重过程中的国家，农业产值比重和就业比重都应该逐步下降，因此，就业增长的效果主要表现在非农产业就业或城镇就业的增长。例如，在 2000—2006 年期间，城乡总就业的年平均增长率为 0.97%，而城镇就业年均增长率为 3.41%。看上去城乡就业增长率还低于 2000—2005 年期间 1.41% 的劳动年龄人口增长率，但是，由于总人口的年平均自然增长率只有 0.65%，意味着劳动年龄人口的增长率即将下降。实际上，如果城乡就业增长能够保持目前的水平，解决城乡就业特别是农村劳动力就业的非农化，形势将是乐观的。例如，根据预测，2005—2010 年劳动年龄人口的年增长率将下降到 0.93%，2010—2015 年为 0.46%，再以后则变为负数。

其次，这种劳动力供求关系的变化带来了改善劳动关系的机遇。劳动力短缺的一个必然结果就是普通劳动者工资水平的提高，从而劳动力成本的上升。一方面，20 世纪 90 年代后期以来，正规就业劳动者的工资在各个行业都一直呈上升趋势；另一方面，自从出现劳动力短缺以来，普通劳动力的工资迅速提高。根据农户调查资料分析，农民工的人均月工资水平，2004 年增长 2.8%，2005 年增长 6.5%，2006 年增长 11.5%。可见，工资呈现逐年加快的趋势，2006 年的增速已经超过了经济增长速度。由市场供求因素推动的工资上涨，无疑对于改善普通劳动者的生活状况、缩小收入差距有着积极的意义。同时，这种劳动力供求关系的变化，也意味着我们面临一个调整劳动关系、改善工作条件、制定相应的善待农民工措施的重要关头。

四、对积极就业政策的挑战

关于劳动力市场形势的上述判断，并不意味着我国劳动力丰富的国情有所改变，劳动密集型产业的比较优势，在相当长的时期内也不会消失，更不意味着促进就业工作可以有丝毫的松懈。相反，新的形势对政府积极就业政策提出新的挑战，对劳动力市场发育提出紧迫的任务。

必须指出的是，劳动力供给的人口结构潜力仍然很大。从总量的角度观察，实际上，我国劳动年龄人口在很长时间内，都将处于很高的水平，2030 年的总数为 9.66亿，仍然高于 2005 年 9.34 亿的水平，并且在 2005—2015年期间，仍然将保持年平均 0.7% 的增长率，2005—2020年期间保持 0.4% 的增长率。占总人口的高比重也将保持，2030 年仍然高于全部人口的 2/3。也就是说，劳动年龄人口规模大、比重高的特点，将在相当长的时间内保持。

此外，我们目前所观察到的仅仅是劳动力供给减少只是增量意义上的，存量意义上的资源禀赋结构尚没有发生根本性的变化。这就是说，资本密集型产业并未获得比较优势。国外学者按照要素密集程度，计算和观察目前具有显示性比较优势的 1700 多种中国制造业产品，发现其中主要是非熟练劳动密集型产品，居第二位的是技术密集型，随后是人力资本密集型，最后是自然资源密集型，资本密集型产品尚没有占据任何地位。而且，2003 年与 2000 年相比，这种情况没有发生很大的变化。中国的劳动力成本与发达国家和许多发展中国家相比，在相当长的时间里仍将是低廉的，因此，中国经济很快丧失劳动密集型产品的比较优势和竞争力的判断和担心仍然过早，劳动力市场供求关系的变化，并不意味着产业结构应该从劳动密集型向资本密集型转变。即使在将来劳动力出现绝对短缺，资源禀赋结构发生了实质性变化的情况下，只要能够实现经济增长方式的转变，仍然可以获得动态比较优势的收益，寻找到新的经济增长源泉，而完全可以规避重化工业化的发展阶段。

发掘劳动力供给的潜力，一方面，可以让更多的劳动者参与到市场经济活动中来，从而更充分地享受经济快速发展的成果，另一方面，也可以在经济结构实现根本转变、劳动生产率显著提高之前延长中国经济竞争优势的时间。而一些政策调整可以既惠及劳动者，又增加劳动力供给的潜力。因此，政府积极就业政策面临的新挑战是如何进一步创造就业机会，同时发掘劳动力供给潜力。把过去主要针对城镇就业和再就业的积极就业政策，扩展为城乡一体化的就业和保障政策，是面对新形势政府政策演变的必然方向。具体而言，通过发挥劳动力市场机制配置劳动力资源的基础作用，政府和全社会的努力应该在以下几个方面取得更大的突破。

首先，通过树立就业优先原则，进一步推动"三个转变"。最大化创造就业机会，归根到底不是一个部门的努力可以达到的，而需要依靠所有的经济社会政策综合作用。经济增长本身既可以是就业友好型的，也可以是就业排斥型的，因而对于就业岗位的创造和失业的治理，经济增长速度并不是万应灵药。因此，扩大就业首先必须成为政府经济政策的一个独立目标，而不能被淹没在经济增长目标之中。进而，它又应该成为政府制定经济政策的一个优先目标，排在政策优先序的首位。相应地，对各级政府业绩的考核和政策效果的评价，都应该把就业问题的解决放在优先位置。这也有利于克服过度追求 GDP 目标的政府动机。这方面的政策手段包括，实行有利于扩大就业的经济发展战略，即国家制定的经济增长和产业调整的战略性决策，应以创造就业岗位和扩大就业机会为中心；实施积极的就业促进政策。通过劳动和社会保障部门的跨部门协调，为就业提供良好的服务，以实现最大化就业的目标。

我们高度强调就业的重要性，并倡导树立就业优先原则，并不意味着重视就业目标而忽视经济增长目标。实际上，树立就业优先原则，本身就包含着把经济增长置于政策优先序的重要位置，以及作为扩大就业的前提和必要条件的意思。无论就中国目前所处的历史时期，还是从其所要达到的发展目标来说，经济增长目标绝不可以放弃。但是，理论和发展经验都表明，把就业放在第一位，反而可以保证增长目标，相反则不然。

其次，通过制度改革和制度构建，为农村劳动力转移创造更好的政策环境。目前，农业中仍然需要 1.8 亿甚至更多的劳动力投入。但是，按照发达国家的标准，这个劳动力与资本和土地的比率仍然太高，导致农业劳动生产率低下，也是农民收入不能提高的根本原因。目前发达国家的农业劳动力比重，英国为 1.2%，美国为 2.5%，澳大利亚 4.0%，即使最高的日本，也只有 5.6%。而按照官方的统计，2006 年中国的农业劳动力比重仍然高达 42.6%。即使按照一些调查显示的，目前中国农村劳动力中有大约 48%，即 2.3 亿已经实现了转移，目前务农劳动力也占全国 7.64 亿劳动力总数的 32.7%。此外，无论是就地转移还是外出的非农就业，都处于不稳定的就业环境之中。因此，在农业技术进步和效率改进的同时，应该加快户籍制度改革的步伐，消除目前劳动力市场上存在的对农民工的歧视，可以加大农村劳动力转移的激励，为农村劳动力在城市劳动力市场上创造公平的就业环境，将有助于增加劳动力供给。由于目前农村剩余劳动力的年龄已经偏大，创造更通畅的转移环境尤其重要。

进一步改革城市公共服务体系，使其适应城乡劳动力市场一体化的要求，也将有助于扩大劳动力供给。目前，城市的住房体系对农民工的需求未予以充分考虑，城市改造在很大程度上增加了农民工在城市的生活成本，降低了他们在城市工作的可能性。此外，教育和医疗服务体系的城乡一体化也将有助于促进农村劳动力的进一步转移，并增加他们在城市的有效劳动供给时间。

第三，进一步理顺城市劳动力市场上的一些制度，治理摩擦性失业和结构性失业，遏制劳动参与率下降的趋势，从而更加充分利用现有劳动力资源，增加城市劳动力供给，也将有助于缓解劳动力短缺。在我国目前的失业率构成中，2/3 以上的因素是摩擦性和结构性的自然失业率。治理这种自然失业现象，并不能靠追求 GDP 的增长率而做到，而更主要地是要完善劳动力市场功能，提高政府和社会提供就业信息、就业培训等服务的能力。目前，我国城市劳动力市场上的实际退休年龄为 51 岁左右，而美国、日本和欧盟等主要发达国家都在 60 岁以上。在我国，50—64 岁年龄段的劳动年龄人口，占全部 15—64 岁劳动年龄人口的 20%。也就是说，如果实际退休年龄只有 51 岁的话，劳动力资源便被大大浪费了。在人口老龄化日益严重、社会养老的压力逐渐增加的情况下，规范退休制度、增加老年劳动力供给也非常迫切。

最后，恰当运用劳动力市场规制和劳动力保护手段，积极改善劳动者待遇，让更多的人分享经济增长好处。在近年来城镇就业不断扩大、农村劳动力转移加快、调查失业率持续下降的同时，也出现了灵活就业带来的劳动力市场非正规化倾向，导致就业不足、收入没保证、社会保障和社会保护覆盖水平低等问题。例如，在充分利用最低工资制度这个法律手段，防止少数企业侵犯劳动者权益的同时，改善劳动者待遇的政府手段，主要应该是随着财力的增强，逐步提高社会保障的水平和覆盖率。这些都是保护劳动者、提高劳动力供给的有效激励，但是，政府应该做的主要工作在于完善社会保障方面。与此同时，应该避免政府对劳动力价格形成机制的干预。加强最低工资制度的执行力度，比不断调整其标准更为重要。如果将其作为干预工资形成的杠杆，就可能偏离劳动力市场均衡工资水平，人为提高了劳动力成本，反而不利于就业的扩大。

中国的劳动力市场
发育与就业变化[*]

一、引　言

中国的就业增长和结构变化是 30 年改革、开放和发展的结果。因此，理解就业的增长和结构变化机制，是我们认识中国改革、开放和发展的一个重要侧面。反过来也是一样，这个时期特殊的就业问题，也需要在改革、开放和发展的大背景下进行研究，才能更深入地认识其本质。中国在改革开放时期的经济增长，是一个二元经济转换的过程，中国特殊的改革、开放和发展变化，又赋予这个过程一系列中国特色。首先，在如何通过经济增长和产业结构变化创造就业机会，消除劳动力无限供给特征这一点上，中国的现实与刘易斯理论模型是一致的。其次，中国

＊ 本文发表于《经济研究》2007 年第 7 期。

的二元经济转换，同时又是从计划经济向市场经济体制转轨的过程，包括劳动力资源从计划配置转向市场机制配置的机制转变。在经历就业迅速扩大和遭遇劳动力市场冲击的同时，就业形式和就业增长方式发生了巨大的变化。第三，这个同一过程又是在经济全球化背景之下，通过扩大对外开放而实现的。

世界银行专家认为，中国统计制度的改革和完善，滞后于经济发展和改革的速度。[①] 实际上，目前的统计恰恰反映了中国特殊的体制转轨的特点。如果不以这种转轨的眼光来认识和分析统计数据，不从中国改革发展逻辑出发来驾驭统计数据，常常看到的关于劳动就业统计的现象是：数据不甚充分，且分别发表在不同的统计出版物上面，常常还缺乏一致性，对数字的直接阅读通常难以帮助我们形成关于城乡劳动力市场发展的准确概念，有时还会导致许多人形成关于城乡就业形势的不正确或者过时的认识，妨碍对中国劳动力市场发育，从而中国经济发展阶段性变化做出正确的判断。例如，常见的错误认识和思维定式包括：（1）认为中国自20世纪90年代后期以来经历了就业的零增长；（2）经济改革造成劳动力市场冲击，表现为下岗、失业和就业没有增长；（3）描述了大量的就业困难和劳动力流动障碍，却较少揭示改革取得的进展；（4）一成不变地认为中国仍然存在取之不尽、用之不竭

---

① Martin Ravallion and Shaohua Chen (1999), "When Economic Reform Is Faster Than Statistical Reform: Measuring and Explaining Income Inequality in Rural China", *Oxford Bulletin of Economics and Statistics*, Vol. 61, No. 1, pp. 33–56.

的农村剩余劳动力和城市冗员。本文通过对现有统计数据的梳理和解读，结合其他调查信息，尝试勾勒出关于劳动力市场现状和变化趋势的基本画面，做出劳动力供求状况和经济发展阶段的判断，并揭示政策含义。

中国的渐进式经济改革，是在没有一个总体蓝图的情况下起步，以解决当时存在的紧迫问题和追求直接效果为出发点的方式，分步骤进行的。尽管1992年中国共产党十四大确立了建立社会主义市场经济体制的目标模式，"摸着石头过河"的改革特点始终存在，主要表现在对多数改革任务来说，没有明确的时间表，改革次序也不是有意识确定的。然而，由于经济体制是一个整体，体制的每个环节需要统一配套运作并互相适应，又由于中国改革推进方式所具有的自发性，因此，改革进程并不是随机的和任意的，仍然呈现出一定的逻辑性。

中国的改革通常被表征为一个渐进的和增量式的过程。人们常常观察到某些领域的改革滞后于另一些领域的改革。例如，包括劳动力市场转型和发育在内的生产要素市场的改革，就被认为是一个改革相对滞后的领域。但是，一个由此而来的问题就是，如果真的存在着改革推进过程中如此重要组成部分的滞后，从而导致体制内部的不协调，为什么改革的整体效果仍然如此显而易见，并且表现为近30年的高速经济增长、生产率提高和居民生活的大幅度改善呢？实际上，深入考察中国经济改革历程和逻辑，我们可以发现，在整体上表现为只涉及增量变化的循序渐进特点的同时，在不同时期、不同阶段和不同领域，也交织着涉及存量变化的相对激进的改革。改革采取什么样的形式和步骤，取决于体制作为一个整体的相互适应性的需要和社会承受力。就业制度的改革或劳动力市场的发育，就是这样一个整体上保持着稳健、渐进的推进节奏，在一些特定时期也发生了相对激进改革的事件。从一个改革整体和相对长的时间，结合就业增长和结构变化的真实情况看，劳动力市场的发育在改革中并不处于滞后地位。

　　计划经济体制下的就业制度由三个基本成分构成。第一是城市排他性的全面就业制度。为了在推动重工业优先发展战略的同时保持社会稳定，城市居民的就业在传统体制下得到充分的保障，由劳动部门或人事部门按照整体经济计划和资源配置优先序安排就业和岗位。在吸收就业的机会中，国有部门是主要的渠道，辅之以城市集体经济部门。而一旦这种就业被安置妥当，一个职工几乎就不再有机会改变就业单位，也没有被解雇和失业之虞。第二是分割城乡劳动力配置，从而导致劳动力市场缺失的户籍制度。这种制度把城乡劳动力人为地分割开，城乡之间的人口迁移和劳动力流动几乎从不发生。在这期间，中国的工业化特别是重工业化的速度虽然较快，但没有像发展经济学家预言的那样，以相应的速度吸收农村剩余劳动力。第三是城市劳动就业制度、基本消费品供应的票证制度、排他性的城市福利体制等，在户籍制度之外，进一步有效地阻碍了劳动力这种生产要素在部门间、地域上和所有制之间的流动。这种制度安排的结果是损害了资源配置效率，抑制了激励机制，形成城乡之间的巨大收入差距。

　　中国的经济改革是 20 世纪 70 年代末从农村开始的，主要从实行农业家庭承包制起步。一旦这种改革对于农业生产产生巨大激励效果后农业劳动时间大大节约，形成公开的劳动力剩余，便开始了重新配置的过程。从转移的途径和过程看，农村劳动力转移依次有以下几个步骤。第一步是在农业内部从种植业部门向林牧渔业部门转移，使农业内部的生产结构和就业结构得到了调整。第二步是在农村内部向以乡镇企业为主要载体的非农产业转移。第三步便是农村劳动力跨地区和向城镇的流动。各种制度障碍的逐渐拆除是劳动力实现转移的关键。20 世纪 80 年代以来，政府逐步解除限制农村劳动力流动的政策。这个解除制度约束的进程主要通过两个方面的制度调整。第一，进入 21 世纪，以小城镇为突破口，城市政府自主决策进行了各种户籍制度改革的尝试。小城镇户籍制度改革的特点是"最低条件，全面放开"。在全国两万多小城镇，入户的基本条件降低到只需"在城镇有稳定的生活来源和合法住所"。中等城市以及一些大城市改革的特点是"取消限额，条件准入"。其做法是放宽申请条件，大幅度降低在城市落户的门槛。北京、上海等特大城市的改革更为谨慎，特点是"筑高门槛，开大城门"。第二，城市就业、社会保障和福利制度的改革为农村劳动力向城市流动创造了制度环境。如非国有经济的发展，粮食定量供给制度的改革，以及住房分配制度、医疗制度以及就业制度的改革，都降低了农民向城市流动并且居住下来和寻找工作的成本。

　　城市经济的改革特点不仅表现在政府对国有企业的放权让利，还表现在非公有经济的发展及其产生的竞争上面。这些新兴部门对劳动力的需求，分别通过农村转移劳动力和国有经济和集体经济的"跳槽"职工得到满足。非国有经济在管理人员、技术人员和熟练劳动力乃至在整体效率上的竞争，是国有经济改革的一个重要动力即制度需求。一方面，国有企业用工自主权被包括在一系列扩大自主权的内容之中，另一方面，在20世纪80年代后期启动了国有企业固定工制度的改革，第一次动摇了存在了几十年的终身雇用制度，即"铁饭碗"受到威胁。然而，这个时期非公有经济发展和劳动力市场发育水平，还不足以吸纳和重新配置公有制企业释放出的冗员，所以，当时国有企业的经理人员并不积极使用自己拥有的用工自主权，把富余职工推向市场。真正打破"铁饭碗"、劳动力资源更多地由市场配置，是在20世纪90年代后期劳动力市场遭遇到冲击之后。当时，受到宏观经济衰退和东南亚金融危机的不利影响，国有企业经营处于大范围亏损的状态，被迫进行了旨在减员增效的就业制度改革，形成大规模的职工下岗和失业。自那以来下岗职工和失业者实现再就业，以及整体就业规模的扩大，除了政府实施积极就业政策产生一定的扶助效果外，更重要的是得益于非公有经济的扩大和劳动力配置的市场化。

　　在预测中国改革和发展的成功可能性时，很多观察者都把庞大的人口规模从而产生的就业压力，作为头一位的挑战。然而，中国的实践却表明，首先，恰恰是由于改革时期与计划生育政策及社会经济发展促进的人口转变过程相重合，形成了充足的劳动力供给，通过改革在城乡创造了大量的就业机会，给中国经济增长提供了额外的源泉；第二，对外开放为中国利用国际市场创造就业岗位提供了更多机会；第三，在中国式的二元经济发展过程中，由于改革减少了劳动力市场的分割，不利于就业扩大和劳动力流动的制度障碍以渐进的方式得以清除，最终推进了二元经济结构的转换。

二、农村剩余劳动力转移

改革之前的 1978 年，农村劳动力占全部劳动力的比重高达 76.3%，伴随着改革推动的非农产业化和城市化的进展，2005 年这个比重下降到 64.0%。然而，这 12.3 个百分点的变化，表面看来似乎与 1/4 世纪的高速经济增长、产业结构变化和城市化发展不相匹配。实际上，这个统计主要还是以劳动者的户籍所在地进行的，没有反映真实的劳动力城乡分布。在这个部分，我们将利用各种数据来源，作为对统计年鉴数据的补充，以便对农村劳动力的转移状况做出可信的描述。

农村就业的扩大和充分化，是通过劳动力从农业向农村和城镇非农产业的转移实现的。农村改革改善了经济激励，使得潜在的农业剩余劳动力显形化，同时，产业结构的调整为农业剩余劳动力向非农产业转移创造了积极条件。如果仅仅从劳动者的户籍所在地观察，即不考虑外出流动的情况，我们可以发现，在 20 世纪 90 年代中期之前，乡镇企业是农村非农产业就业的主要贡献者（图一）。但是，如果对于农村劳动力转移的观察仅仅局限在乡镇企业，人们会发现，这个部门在吸收了大量劳动力之后，90 年代中期以后的很长时间里处于停滞状态。但是，如果我们注意到，与此同时，农村个体户和私营企业成为越来越重要的就业吸纳部分，就不难理解在乡镇企业就业增长速度减缓的情况下，何以农村非农就业的增长一直没有停顿。1995—2005 年期间，乡镇企业就业增长了 11%，而私营企业增长了 4 倍，最终实现的农村非农就业，在10 年间增加 2373 万人。

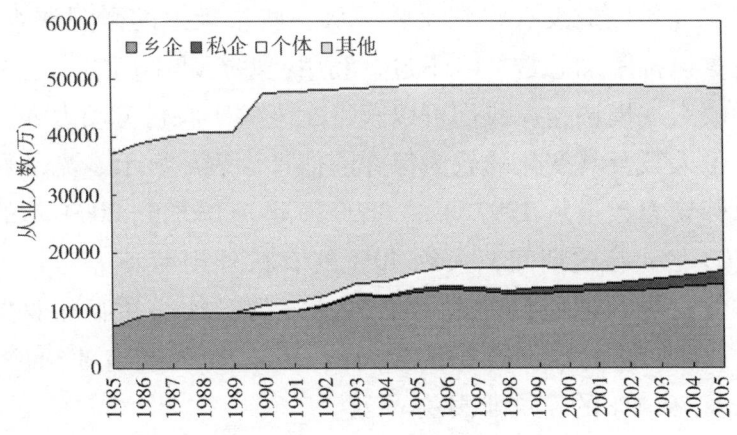

图一　农村就业结构变化

资料来源：国家统计局，《中国统计年鉴》历年，中国统计出版社。

现在，我们超出农村范围来观察农村劳动力的配置情况。作为城乡改革的重要结果，也是最富有中国特色的二元经济发展过程，农村劳动力跨地区转移成为越来越重要的现象，是就业非农化的主渠道。特别是进入本世纪以来，中央和地方政府在户籍制度、流动人口子女受教育机会、劳动者权益等诸方面，为劳动力流动就业创造着更好的条件，进一步推动了这个过程。然而，从常规的统计口径上，大规模外出的农村劳动力，仍然被统计在农村劳动力范畴内，即图一的"其他"项中。下面，我们结合其他调查数据进一步理清农村劳动力的转移情况，以填补常规统计资料的欠缺。

　　没有户籍身份变化的农村向城市的劳动力流动，在常规统计年鉴上没有得到反映，从一些小规模的微观调查，也难以推断加总数字。不过，利用一些行政部门组织进行的较大规模调查，我们可以获得一个关于农村劳动力外出打工人数及其变化的较为保守的估计。表1显示，流动农村劳动力数量从1997年的3890万迅速增加到2004年的1.03亿；在这期间，大约40%的农村外出劳动力跨越了省的边界。他们目前占据了52.6%的餐饮业和服务业岗位，57.6%的第二产业就业岗位，68.2%的制造业岗位，以及79.8%的建筑业岗位。①

---

　　① 中国信息网：《三分之一以上农村劳动力成为非农产业工人》，http：//www. china. org. cn/chinese/2004/Jan/484152. htm（2004年6月21日下载）。

表1　农村劳动力外出增长情况

	全部外出劳动力		其中：出省劳动力	
	总数（万人）	比上年增长（%）	总数（万人）	比上年增长（%）
1997	3890	–	1488	–
1998	4936	26.89	1872	25.81
1999	5204	5.43	2115	12.98
2000	6134	17.89	2824	33.52
2001	7849	27.96	3681	30.35
2002	8399	7.01	3897	5.87
2003	9831	17.05	4031	3.44
2004	10260	4.5	4299	6.65

　　注：在2000年之前，农村外出劳动力的定义为离开本乡，且在外地居住超过3个月以上者，从2000年起的定义为离开本乡，且在外地居住超过1个月以上者。

　　资料来源：详细说明见蔡昉、都阳、王美艳（2006），《中国劳动力市场总体状况》，载于《中国劳动力市场发展与政策研究》，中国计划出版社。

　　早在20世纪80年代中期，随着家庭承包制节约农业劳动时间的效果显示出来，广为流行的说法是农村有大约1/3的劳动力是剩余的，绝对数量大约为1亿到1.5亿。到了20世纪90年代，这个农村剩余劳动力的比例和绝对数量得到一些推算的证实，并继续为人们广泛引证。近年来，人们仍然认为，农村存在着大约1/3甚至更多的劳动力，绝对数量为1.5亿到2亿。从时间跨度上看，这个关于农村剩余劳动力数字的使用几乎与改革的时间同样长。而这同一时期，从体制的角度看，农村已经废除了人民公社，土地的家庭承包制成为农村经济的基本经营制度；从生产率提高的角度看，许多学者研究的结果表明，在改革期间甚至直到20世纪90年代后期以来，农业的生产率提高甚至比其他产业还要快；从人口转变角度看，农村经历了生育率的大幅度下降。与此相伴随，农村产业结构得到根本性的调整，从单一的农业生产转变为三次产业全面发展，目前，农村非农产业乡镇企业的增加值大约是农业增加值的2倍。所有上述变化，都创造了农村劳动力从农业向非农产业，以及向城镇转移的必要条件，形成新的城乡劳动力分布格局。农村劳动力首先转移到乡镇企业，随后大规模向城市产业转移，1997—2004年期间，外出劳动力每年平均增长率高达14.9%。

为了破解一个在逻辑上自相矛盾的谜团——何以在发生了如此巨大变化之后，农村剩余劳动力比例却没有降低，绝对数量也没有减少，我们需要重新审视农村劳动力的配置和剩余状况。与以往做出各种假设来估计农业中究竟需要多少完整的劳动时间不同，本文采取直接观察的方法，通过细分和观察农村劳动力就业结构及年龄结构现状，对农村究竟还剩余多少劳动力，以及这些剩余劳动力的人口结构状况如何做出判断。

我们先来看农村劳动力的配置和剩余情况。据国家统计局统计，2005年农村就业人员为4.85亿人。该统计是按照劳动力的家庭所在地口径，而不管是否实际在什么地方和什么产业就业，务农、乡镇企业就业、非农产业经营和外出务工经商的劳动力，都包括在这个数字之内。由于一般来说，农村每个人的名下都有一块承包土地，按照国际劳工组织的定义，农村可以被看做没有失业率。所以，这个农村就业人员，也可以被看做是乡村劳动力以及乡村经济活动人口。根据农业部 2006 年提供的数据，2005 年农村外出劳动力总数为 1.08 亿。又据劳动部官员，[①] 目前中国乡村劳动力中有大约 2 亿人分别实现了就地或外出转移，即 1.4 亿乡镇企业人员，加上 1.08 亿跨地区流动劳动力，再减去两者交叉的部分。因此，2005 年实现转移和未转移的农村劳动力分别为 2 亿和 2.85 亿。按照目前的农业劳动生产率水平，这个留在农村尚未转移的劳动力中，农业生产尚需要近 1.8 亿劳动力，[②] 劳动力剩余数量为 1.05 亿。也就是说，2005 年农村剩余劳动力的比例是 22%，略超过全部农村劳动力的 1/5。

　　我们再来看处于不同配置状况的农村劳动力的年龄结构。首先，借用 2005 年农业人口中劳动年龄人口的年龄分布，我们把 4.85 亿乡村从业人员按照年龄划分为 5 个组别。其次，根据抽样调查的数据，我们还可以知道农村外出打工人员的年龄分布，并把 1.08 亿农村外出劳动力划分为相同数量的组别。我们可以看到，与乡村全部从业人员相比，外出劳动力更多地集中在年轻的年龄组内。第三，我们再看在农村就地转移劳动力的年龄分布。根据以往的研究，[③] 农村劳动力从农业中向外转移的意愿是，首

---

　　① 胡晓义（2007），《当前我国约有 2 亿农民工，农民工问题较复杂》，中央政府门户网站：http://www.gov.cn/zwhd/ft3/20070126/content-509539.htm.

　　② 章铮（2006），《中年和已生育女性就业：乡村劳动力转移新课题》，下载于 http://news1.jrj.com.cn/news/2006 - 12 - 01/000001817819.html.

　　③ Yaohui Zhao（1999），"Migration and Earnings Difference：The Case of Rural China"，*Economic Development and Cultural Change*，Vol. 47, No. 4, pp. 767 - 782.

先选择农村非农产业就业，其次选择外出打工，最后的选择是务农。因此，选择就业部门的人力资本条件也可以按照这样的顺序进行排列。年龄作为影响劳动者挣取收入的能力的一个重要人口特征，也是按照类似的顺序排列的。因此，我们至少可以假设，在农村非农产业就业劳动力的年龄结构，与外出打工者相同。第四，我们假设务农劳动力的年龄结构与留在农村劳动力的平均年龄结构相同。最后，我们分年龄组把农村就业人员分别减去外出劳动力、就地转移劳动力和务农劳动力，就可以得到剩余劳动力的年龄结构（图二）。我们可以发现，真正剩余的农村劳动力中50%年龄在40岁及以上，也就是说，40岁以下的农村剩余劳动力，绝对数量只有5212万，剩余比例仅为10.7%。

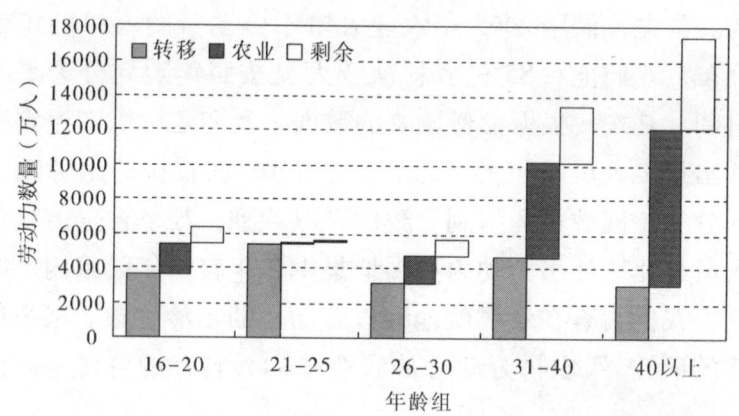

图二 转移、未转移和农村剩余劳动力数量与年龄结构

资料来源：（1）乡村从业人员数来自国家统计局《中国统计年鉴（2006）》；（2）乡村从业人员的年龄结构系根据2000年人口普查所做的预测获得；（3）外出打工

人员结构来自盛来运、彭丽荃（2006），《当前农民外出务工的数量、结构及特点》，载蔡昉主编《中国人口与劳动问题报告 No. 7——人口转变的社会经济后果》，社会科学文献出版社。

三、城市劳动力市场:就业是怎样创造的

改革以来，中国强劲的经济增长一直伴随着城市就业的快速增长。这个趋势在 20 世纪 80 年代后期开始的国有企业固定工就业制度改革，以及 90 年代后期国有企业进行减员增效改革以来并没有改变。但是，就业结构以及推动就业增长的构成因素却发生了巨大的变化（图三）。从城镇就业数字来看，在国有企业进行减员增效改革之前即 70 年代末到 90 年代前半期，城镇就业每年增长规模在 300 万—500 万人左右徘徊，而 1996 年一跃超过 800 万人。随后，即使在经历了城市大规模下岗失业，就业增长有所下降的时期，也始终大大高于此前的增长水平。在 1996—2005 年期间，城镇就业以平均每年 829 万人的速度扩大，而且在 2000 年以后呈加快的势头。与此同时，国有部门和城镇集体部门的就业的确是在减少，平均每年减少 696 万人；股份合作、联营、有限责任、股份有限、港澳台商、外商投资等新兴所有制形式的部门，以每年平均 298 万人的速度为城镇提供就业机会；个体私营企业的就业则以每年 391 万人的速度增加。

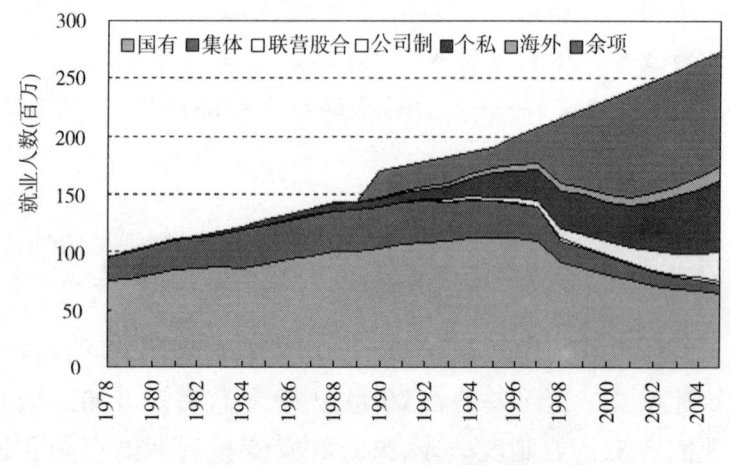

图三　城镇就业增长和结构变化

　　资料来源：国家统计局，《中国统计年鉴》历年，中国统计出版社。

　　如果单单比较上述就业变化，我们会发现，新兴所有制部门和个体私营企业等就业增长部门，在 1996—2005 年期间平均每年创造的就业机会合计为 688 万，仍然不足以在抵消国有和集体部门的就业减少后，推动城镇就业的继续增长。那么，每年城镇新增加的就业究竟在哪里呢？

　　如图三所示，在加总了城镇全部注册单位就业人数之后，还有很大一部分就业没有包括在其中。即根据住户调查得到的真实就业人数，与根据统计报表制度汇总的单位就业人数之间，形成了一个差额，我们称之为就业余项。这部分就业者占全部城镇就业人数的比重，在 1997 年以前只有 10% 左右，此后大幅度增加，提高到 2005 年的 36%，接近 1 亿人。由于就业制度改革以来城镇就业继续增长的主要贡献力量就在这部分，其就业的实现方式值得关注。有两个原因导致这些人没有在就业报表系统中得到反映。首先是部分单位的缺失。相当多的就业人员或者作为自我雇佣劳动者，或者在个体、私营企业就业，而这些自我雇佣和个体、私营企业没有在工商管理部门注册，因此这些就业被报表制度的统计遗失了。其次是部分劳动者的缺失。包括许多国有大企业在内的工作单位，不再把再就业人员以及一些新吸纳的就业人员统计为本企业职工，而是列入外包劳务项目，这也导致漏报和低估。这种没有纳入统计的工人占到全部就业者的一个很大比例。

通过上述考察，我们可以得出这样的结论：如果把在统计中遗漏的城镇就业包括在内的话，经济增长的就业效果仍然是乐观的。而这种就业增长主要是通过改革以来非公有制经济和非正规部门的扩大推动的。在 20 世纪 90 年代后期，国有企业进行旨在减员增效的就业制度改革之前，由于当时国有企业大锅饭还没有打破，虽然非公有制经济已经得到了一定的发展，但是，其吸纳就业的作用主要还是边际上的。而一旦城镇就业制度进行了根本性的改革，尽管在一段时间里发生了较为严峻的下岗和失业现象，一方面通过包括下岗再就业政策、失业保险制度、基本养老保险制度和最低生活保障制度的重建，而保证了基本平稳的过渡；另一方面通过劳动力市场的发育和持续的经济增长，保证了就业的扩大，最终实现了劳动力资源由市场配置的改革目标。

的确，始于 20 世纪 90 年代末，由于宏观经济衰退导致的国内总需求不足、东南亚金融危机的影响和国有企业旨在减员增效的就业制度改革，导致数千万城镇职工下岗，其中一些人或处于失业状态，或退出了劳动力市场。其严峻程度，是计划经济时期和改革的前期所未曾见过的。又由于当时社会保障体系尚不健全，失业后的城镇职工及其家庭遭遇到收入和生活水平下降的严重冲击。然而，正如前面已经揭示的那样，在这个期间，城镇就业的增长仍然是迅速的，而社会保障体系也加快了建立和健全的进程。这个时期城镇劳动力市场状况究竟如何变化，问题曾经多么严重，现在情况如何，有必要通过深入的观察给予回答。

国家统计局公布的失业率数字只是登记失业率，而这个指标与市场经济国家使用的失业率反映了不尽相同的内容。在中国，登记失业率这个指标常常不能确切地反映就业形势的好坏。例如，国有企业下岗和失业最严重的1998—2000 年期间，这个登记失业率一直保持在 3.1%。而当就业形势开始好转时，这个指标却大幅度提高了，从2001 年 3.6%，2002 年的 4%，到 2003 年的 4.3%，2004年和 2005 年的 4.2%。由于凡是具有下岗身份即领取下岗基本生活费的，不管是否有工作，都不再进行失业登记。这样，第一，登记失业率这个指标没有包括那些下岗后没有工作的人，因而低估了真实的失业水平；第二，随着从下岗向公开失业的并轨，下岗人数减少而登记失业增加，而这个增加可能并不意味着劳动力市场状况的恶化。

根据国际劳工组织（ILO）推荐的方法和定义进行调查并估计的城镇调查失业率，被认为比较好地反映真实的失业状况，并且具有国际可比性。因此，只有使用这个失业率指标，才可以进行具有可比性的经验研究。根据已经公开发表的统计数据，我们估算出过去 10 年来中国城镇调查失业率（表 2）。此外，我们也计算并列出了劳动参与率这个指标。由于它反映了一种因就业形势不好，部分长期失业、寻找工作有困难的经济活动人口不得已退出劳动力行列的情形（即所谓的"沮丧的工人效应"），因此也有助于我们观察劳动力市场状况。

表 2　城镇劳动力市场现状（％）

	调查失业率	登记失业率	劳动参与率
1995	4.0	2.9	75.9
1996	3.9	3.0	72.9
1997	4.5	3.1	72.1
1998	6.3	3.1	71.2
1999	5.9	3.1	72.9
2000	7.6	3.1	66.1
2001	5.6	3.6	67.3
2002	6.1	4.0	66.5
2003	6.0	4.3	63.4
2004	5.8	4.2	64.0
2005	5.2	4.2	64.6

资料来源：国家统计局，《中国人口统计年鉴》历年，中国统计出版社；国家统计局、劳动和社会保障部，《中国劳动统计年鉴》历年，中国统计出版社；国家统计局，《中国统计年鉴》历年，中国统计出版社；2005 年

1%人口抽样调查数据。

从过去10年间城镇劳动力市场状况及其变化,我们可以总结若干以往被人们误解的事实。首先,20世纪90年代中期以来,城镇调查失业率并非呈现不断上升的趋势,而是在2000年达到最高峰7.6%之后,在波动的情况下有所下降。其次,目前的失业因素构成中,摩擦性因素和结构性因素是主要的组成部分。根据估算,[①] 1995年以来中国的自然失业率大约为4.4%,因而在总体失业率中,周期性因素仅仅占1—3个百分点。第三,由于在出现严峻化下岗和失业现象的就业制度改革初期,社会保障体系尚不完善,所以政府采取了建立下岗再就业中心的方式,为下岗人员提供保障和再就业服务。2001年以来,随着社会保障水平的提高,下岗与失业两种保障方式实行并轨,因此,随着具有下岗身份职工人数的不断减少,登记失业率有所提高。但是,这种变化并不是就业形势恶化的反映。最后,由于劳动参与率的下降产生于"沮丧的工人效应",即由于下岗失业人员年龄偏大,人力资本禀赋不高,长期找不到工作对劳动力市场丧失了信心,从而不得已退出劳动力行列。[②] 因此,劳动参与率的变化与劳动力市场的状况有很强的相关性。

---

① 蔡昉、都阳、高文书:《就业弹性、自然失业和宏观经济政策——为什么经济增长没有带来显性就业?》,《经济研究》2004年第9期。

② 例如,在城市劳动力市场形势严峻的1999年,全部708万下岗职工中,年龄在34岁及以下的占34.9%,35—45岁之间的占43.1%,46岁及以上的占22.0%。随着年龄的积累,他们退出劳动力市场的倾向都是很强的。

四、劳动力市场变化趋势

大多数发展中国家都要经历一个二元经济发展的过程。突出的特征是农村劳动力的剩余为工业化提供低廉的劳动力供给，工资增长较慢，雇佣关系不利于劳动者，城乡收入差距持续地得以保持。按照发展的规律，这个过程将一直持续到劳动力从无限供给变为短缺，增长方式将实现一个质的飞跃，进入现代经济增长阶段。由于二元经济发展的理论框架，是由经济学家刘易斯提出的，因此，这个劳动力从无限供给到短缺的转变，即是二元经济结构转换，也被称为"刘易斯转折点"。以往的国际发展经验表明，在二元经济发展阶段，一个国家或地区可以通过人口转变形成具有生产性的人口结构，为经济增长提供人口红利，即充足的劳动力供给和高储蓄率，而二元结构转换的关键是传统人口红利的消失，以及增长方式的转变。

在整个改革开放期间，中国经济的高速增长是在二元经济条件下进行的。作为二元经济结构主要特点的劳动力无限供给，通常与人口转变有关。在人口再生产类型从"高出生率、高死亡率、低增长率"阶段，经由"高出生率、低死亡率、高增长率"阶段向"低出生率、低死亡率、低增长率"阶段转变的过程中，由于出生率和死亡率下降在时间上具有继起性和时间差，相应形成人口年龄结构变化的三个阶段。这三个阶段分别具有少年儿童抚养比高、劳动年龄人口比重高和老年抚养比高的特征。具体来说，在死亡率下降与出生率下降的时滞期间，人口的自然增长率处于上升期，需要抚养的少儿人口比例相应提高。随着生育率下降，经过一个时间差即大约 20 年的时间，劳动年龄人口所占比例开始上升。生育率的进一步下降导致人口增长率趋于降低，随后逐渐开始人口老龄化。由此分别形成人口自然增长率和劳动年龄人口增长率先上升后下降两条继起的变化曲线。

　　由于改革期间与人口转变的特定阶段相重合，劳动年龄人口（16—64 岁人口）规模大且不断增长。劳动年龄人口占全部人口的比例高，一方面保证了经济增长所需要的充足劳动力供给，另一方面意味着人口负担轻，经济剩余多从而有利于达到和维持较高的储蓄率（图四）。因此，更加具有生产性的人口结构为经济增长提供了额外的源泉，即所谓的人口红利。由此形成的这种人口红利，通过资源配置机制的改革得以释放，并且通过中国参与经济全球化的过程而作为比较优势得以实现，从而延缓了资本报酬递减的过程，为经济增长提供了额外的源泉。如果用人口抚养比，即 16 岁以下和 65 岁以上人口与劳动年龄人口的比率来表示这种人口结构因素的话，在改革期间，人口抚养比每下降 1 个百分点，可以提高人均 GDP 增长率 0.115 个百分点，即人口抚养比的下降，对改革期间人均 GDP 增长的贡献率达 27%。[1]

―――――――――

① Fang Cai and Dewen Wang (2005), "China's Demographic Transition: Implications for Growth", in Ross Garnaut and Ligang Song (eds) *The China Boom and Its Discontents*, Canberra: Asia Pacific Press.

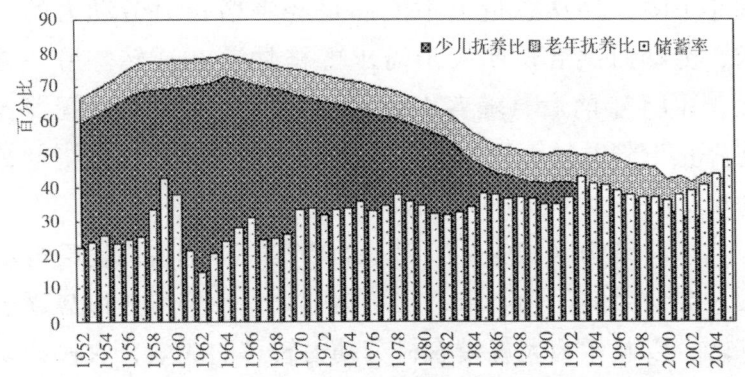

图四　人口抚养比和储蓄率变化

资料来源：抚养比数字来自于国家统计局《中国人口统计年鉴》相应年份，没有数字提供的年份系估计数；储蓄率（社会总投资与 GDP 的比率）数字来自于国家统计局《中国统计年鉴》相应年份。

在计划生育政策和经济社会发展的双重作用下，在 30 年左右的时间里，中国完成了发达国家经历上百年才完成的人口转变过程，目前已经进入到低出生、低死亡和低自然增长的人口再生产类型阶段。[①] 在劳动年龄人口比例提高为中国持续提供了 30 余年人口红利之后，预计劳动年龄人口在 2015 年前后进入零增长。特别地，人口总量和年龄结构是劳动力供给的基础。这种人口结构的长期变化，将直接影响劳动力供给，即劳动年龄人口增长速度

---

①　尽管关于中国目前的总和生育率（TFR）究竟多高，存在着争论。但是，大多数估计仍然是在 1.6—1.8 之间，都大大低于 2.1 的更替水平。

逐年下降，将从总量上不能满足经济增长对劳动力的需求，劳动力供给长期大于需求的格局正在逆转。另一方面，2015 年前后，随着人口老龄化的加速，人口抚养比将停止下降并转而提高。人口红利的丧失将影响经济增长速度。

人口结构因素变化所揭示的事实，伴随着高速经济增长对劳动力的强劲需求，与城镇劳动力市场就业形势逐渐好转，以及作为大规模农村劳动力转移的成效，农村劳动力剩余数量已经大大减少的事实是一致的，可以相互印证。按照发展经济学的观点，剩余劳动力被吸收殆尽的时刻，就意味着二元经济结构特征开始消失，从而"刘易斯转折点"到来。"刘易斯转折点"是一个经济发展概念，但是，对这个转折点本身进行判断，却与劳动力供求的长期格局变化有关。同时，转折点的到来也提出一系列与劳动力市场政策有关的深层含义。也就是说，当一个国家经历"刘易斯转折点"的时候，经济发展即进入一个崭新的阶段。如果说"刘易斯转折点"并没有一个清晰的时点的话，我们也可以说中国经济已经进入"刘易斯转折区间"。

在这个转折点上或者区间里，已经或者预期会发生的一个现象，就是劳动力在城乡的普遍短缺，进而导致普通劳动者工资的上涨从而劳动力成本的提高。2004 年开始出现的以"民工荒"为表现形式的劳动力短缺现象，已经从沿海地区蔓延到中部地区甚至劳动力输出省份。作为劳动力短缺的一个必然后果，20 世纪 90 年代末以来，城市正规劳动力市场每年都经历着两位数的工资上涨，不仅发生在垄断行业，也发生在那些主要吸收普通劳动者就业的制造业等行业（表3）。作为相对滞后的反应，农民工的工资水平也相应提高。例如，在1997—2005年期间，城镇职工实际工资增长了161.7%，而在城市就业的农村流动劳动力的工资提高速度甚至更快。根据对五个大城市的调查，2001—2005年期间，外来劳动力小时工资的提高速度，比城市本地劳动者小时工资的提高速度高64%。把农民工工资在最近几年的迅速上涨趋势，与以往十几年的停滞进行比较，更反映出目前的变化是一个根本性的。

表3　若干行业平均工资的实际年增长率

	采掘业	制造业	建筑业	交储邮	批零餐饮	社会服务
1995	5.34	3.33	1.20	4.54	2.82	1.90
1996	3.49	0.32	-0.72	4.11	0.85	4.14
1997	2.24	1.99	3.29	5.99	0.82	8.08
1998	6.63	19.78	12.71	14.74	21.79	10.99
1999	5.21	11.78	8.46	13.53	10.85	12.62
2000	10.01	11.37	8.56	11.19	11.15	10.73
2001	14.15	10.93	7.83	14.21	13.15	14.01
2002	16.09	13.69	9.48	14.39	15.88	14.88
2003	23.08	12.57	10.66	-1.34	n.a.	n.a.
2004	19.39	8.72	7.71	11.40	n.a.	n.a.
2005	20.32	10.52	10.52	14.34	n.a.	n.a.

资料来源：国家统计局，《中国统计年鉴》（历年），中国统计出版社；国家统计局、劳动和社会保障部，《中

国劳动统计年鉴》（历年），中国统计出版社。

　　由于中国劳动年龄人口在很长时间内，都将处于很高的水平，占总人口的比重也较高，并且在 2005—2015 年期间，仍然将保持正的增长率，因此，劳动力供给趋势的变化仍然只是增量意义上的。劳动力成本与发达国家和许多发展中国家相比，在相当长的时间里仍将是低廉的，因此，中国经济很快丧失劳动密集型产品的比较优势和竞争力的判断和担心仍然过早。即使在将来劳动力出现绝对短缺，资源禀赋结构发生了实质性变化的情况下，只要能够实现经济增长方式的转变，仍然可以获得动态比较优势的收益，寻找到新的经济增长源泉。但是，变化了的经济发展环境，毕竟迫切地提出了经济增长方式从主要依靠资本和劳动的投入，向主要依靠全要素生产率提高转变的要求。可以说，中国经济目前正处在一个十字路口，正确地判断发展阶段变化，并以此作为政策依据进行恰如其分的制度调整，是当前应该做出的合理反应。

论对劳动雇佣关系的合法保护

——破除关于《劳动合同法》的认识误区[*]

  《劳动合同法》的颁布引起了激烈的争论，观点各异，其中两种主要的并且看似对立的观点，却都陷入某种认识误区，对于我们准确理解该法的重要性和必要性，起着同样的误导作用。一种观点认为该法的出台时机尚早，可能助推中国劳动力成本提高的趋势，导致劳动密集型产业比较优势过早丧失。另一种观点坚决拥护该法的出台，以便尽早结束劳动力价格低廉的时代。两种观点虽然对立，但是在认为《劳动合同法》初衷就是提高劳动力成本，以致把所有的争论引到该不该提高劳动力报酬上面，忘记了该法保护劳动者合法权益的根本出发点这一点上，却不啻异曲同工。本文目的就在于破除这两个有代表性观点可能产生的误导。

---

* 本文发表于 2008 年 4 月 29 日《光明日报》。

一、天平向哪一边倾斜

需要指出的是，围绕《劳动合同法》的颁布执行而产生不同意见，是十分正常的现象，完全不值得大惊小怪。有以下几点理由。

首先，从劳动经济学传统来看。关于要不要规范劳动力市场，以及如何规范劳动力市场，是劳动经济学旷日持久的争论焦点。甚至对于一些各国普遍采用的成熟的劳动力市场规制，学术界的观点也远远没有取得共识。例如，最低工资制度、男女同工同酬以及强制休假制度，究竟是保护了劳动者的收入，还是伤害了他们的就业机会，迄今没有一致的认识。因此，作为一部旗帜鲜明地保护劳动者权益的新法，具有自由主义倾向的经济学家，表达自己对于过度保护劳动者可能产生养懒汉的现象，以及提高企业用工成本可能伤害雇主的雇佣意愿，结果导致就业机会减少的担忧，也属正常，未必是十分具有针对性的意见。

其次，从劳动力市场中的利益纷争来看。劳动雇佣关系从来就有明显的利益倾向，因而市场经济国家在处理此类关系时，形成了由劳动者及其代表即工会组织、雇主及其代表如同业公会、政府三方构成的协商机制。前两方在雇佣关系上常常是针锋相对的，因为工资高了就意味着劳动力成本提高，从而利润降低。因此，雇主几乎永远是对保护劳动者权益的规制，以及提高劳动力成本的潜在可能性做出抱怨。而政府的作用就在于协调两者之间的利益平衡。长期以来劳动力市场对劳动者的保护不足，目前随着城乡就业的扩大，我们已经到达一个政策调整的转折点，加大对劳动者权益的保护具有紧迫性，而《劳动合同法》恰是这样一个重要的宣示，具有里程碑的性质。

最后，从各国劳动力市场政策的改革方向来看。劳动力市场的稳定性（security）和灵活性（flexibility）两个要求，导致现实劳动力市场政策中存在难以把握的平衡关系，被认为是一个两难的政策选择。不同的国家在这两个要求之间，总是有一定偏倚的。例如，以往人们形容美国的劳动力市场具有"就业机会多但不稳定，收入相对低"的特点，而欧洲国家的劳动力市场则具有"就业稳定但机会少，收入相对高"的特点。但是，劳动力市场政策是不断调整的，灵活性强的劳动力市场逐渐向提高稳定性的方向调整，稳定性强的劳动力市场则逐渐提高其灵活性，以致在西方国家，人们创造了一个新词"稳定灵活性"（flexicurity），把灵活性与稳定性结合起来作为政策追求目标，试图寻求两者之间的平衡。具体来说，就是鼓励一种就业的灵活形式，同时又与对他们的社会保护相融。围绕《劳动合同法》的不同意见，归根结底也反映了针对稳定性和灵活性的不同强调。

二、提高劳动成本不是初衷

具体到针对中国颁布《劳动合同法》是否恰逢其时，广为流行却产生误导的观点，都认为其立法初衷在于通过提高劳动者报酬，把劳资关系的天平向劳动者一方倾斜，因而不可避免的结果就是提高劳动力成本。这种认识并不准确，即《劳动合同法》的实施的确产生了提高劳动力成本的效果，但其核心不在于此。为了认识这一点，我们首先必须厘清并区分与《劳动合同法》相关的两类劳动力成本提高因素，即一类是由于惩罚非法用工行为所造成的，另一类是纯粹由于该法追加的规制约束所造成的。

在前一种情况下，主要的针对性是企业在劳动关系中的滥用现象。针对这种情形在《劳动合同法》中做出的新规定，属于在无论何种条件下，在任何经济发展阶段上，都必须保护的一些劳动者基本权益。这一类的情形如关于试用期及违约金的规定、最低工资标准的运用、基本劳动条件的保障等。由此导致的企业增加成本，应该属于必需和必要的。

在另一类情况下，主要针对以往就业中的非正规性，新法对部分不合理用工和不规范劳动关系进行了规制。也就是说，把以往的不规范、不统一，常常是在一对一的讨价还价中决定的雇佣和解雇行为，从有利于保护雇佣双方合法权益出发加以规范化。由于在劳动关系中存在的不对称现象，长期以来在现实中不利于劳动者的处理方式居多，因此，对此进行规制以后，企业可能面临着增加开支的影响。这一类情形如对劳动合同解除条件的规定、对社会保障的规定、补偿金要求和对劳务派遣公司的约束等。

由于企业的劳动密集程度不同，劳动关系的规范程度也不同，因此，对于不同类别的企业来说，上述因素可能导致企业劳动力成本增加的幅度不尽相同。根据一些观察，并且抛开那些单纯依靠血汗工资制度挣钱的极端情形，我们可以合理地假设，由于《劳动合同法》的执行，在合法雇佣关系范围之内，可能使企业增加工资成本支出5%—15%。如何看待这个劳动力成本增加水平呢？

我们可以将这个增长趋势与常规的工资增长做一比较。目前中国非农产业的劳动力市场还不完全是一体化的，即存在一定程度的分割，因此，我们考察工资水平应该分两类工人进行。一类是城镇正规部门的工资水平。这类工资自 1999 年以来，每年保持两位数的平均增长率，2006 年达到 12.7%。另一类是以农民工为代表的非农产业非正规就业者的工资水平。有关调查显示，农民工的工资在 2003 年以前大约十年的时间里，几乎没有什么增长，而从那以后则逐年加快增长——2003 年提高 0.7%，2004 年提高 2.8%，2005 年提高 6.5%，2006 年提高 11.5%，2007 年则提高了 20%。

由此可见，即使由于立法因素导致劳动力成本提高，其幅度并没有超过平均工资增长的一般趋势。实际上，这个因素导致的工资增长，与一般趋势还具有替代关系。归根结底，近年来工资增长加速，是企业用工需求与劳动力供给数量之间关系变化的反映。工资提高是吸引劳动力的动因，而无论工资提高的因素来自哪里。或者不如说，《劳动合同法》对企业必然要增加的劳动力支出，做出了范围、项目和规模的规范。所以，立法因素可能导致的劳动力成本提高，并不会完全叠加到目前的工资增长上面。

这种劳动力成本提高趋势，会不会削弱中国劳动密集型产业的比较优势，从而在国际分工中的竞争优势呢？根据美国劳动部发布的、截止到 2002 年若干国家和地区的制造业小时工资数据，根据前面提到的增长速度，同时考虑到人民币汇率变化的因素，我们估算了包括中国的正规部门和非正规部门在内的制造业小时工资水平。比较显示，2007 年中国正规部门制造业小时工资，为美国制造业小时工资的 4.4%，为韩国的 10.9%，新加坡的 16.7%，香港特别行政区的 17.1%，我国台湾省的 21.6%，墨西哥的 32.6%。如果以中国在城市就业的农民工作为非正规制造业部门劳动者的代表，其小时工资为美国制造业小时工资的 2.3%，为韩国的 5.7%，新加坡的 8.8%，香港特别行政区的 9.0%，台湾省的 11.4%，墨西哥的 17.2%。从中可以看出，在很长的时期内，中国的制造业工资水平仍然保持相对低廉的特点。

更重要的是，近年来表现出加快的工资增长，其背后是有劳动生产率的迅速提高作为支撑的。根据国际劳工组织的估计，在 1980—2005 年期间，中国劳动生产率的年增长率达到 5.7%，制造业则高达 7.9%。尽管该组织承认这种速度在全世界范围内属于最快的，由于这个研究跨度太大，实际上没能反映近年来中国制造业劳动生产率远为迅速的提高速度。根据我们的计算，在 2000—2004 年期间，中国制造业的劳动生产率年平均增长率为 24.1%，而同期制造业工资的增长率仅仅为 7.8%。根据经济学理论，平均工资上涨的长期趋势，应该与劳动生产率的增长趋势一致。如果劳动生产率提高速度快于工资提高速度，竞争优势就不会丧失。由此可见，在不丧失劳动力丰富比较优势的前提下，中国制造业工资提高的空间是巨大的。

三、颁布和执行是大势所趋

由于政府实施积极的就业政策以及劳动力市场的发育，下岗、失业职工的再就业取得了良好的效果，城市失业率下降；劳动力大范围跨地域流动，使得农村剩余劳动力大幅度减少。这些都显著地改变了劳动力市场的供求关系。如果考虑到人口年龄结构的变化趋势，我们可以做出判断，中国劳动力无限供给的特征正在逐渐消失，二元经济结构转换的长期任务正在进入其收获时期。显然，近年来人们观察到的工资上涨趋势，正是这个经济发展转折点的结果。与此同时，人们预期的工资进一步上涨，主要仍将是这个变化的结果。即便有劳动力市场规制的因素，也是为了保持和谐的劳动关系所要求的必需变化，而《劳动合同法》并没有干预工资由市场供求关系决定的基本配置机制。

毋庸讳言的是，《劳动合同法》的确具有其明显的保护劳动者权益的取向。如果一定要回答劳资关系中的天平应该如何倾斜的话，我们可以设定一个发展阶段的基准点——在劳动力从具有无限供给特征，逐步转变为出现劳动力短缺现象的这个转折点上，劳资关系开始从资方主导的不平衡，逐渐变得劳资双方的市场地位更加平衡。

　　从时机上看，发达国家的经验表明，政府通过立法保护劳动者权益，工会在工资决定等集体谈判中发挥更大的作用等变化，都发生在劳动力出现系统短缺的这样一个转折时期。从针对性来看，近年来在中国形成的就业非正规化趋势，在扩大了城乡就业的同时，也弱化了对劳动者的保护，降低了社会保障的覆盖率。另一方面，尽管近年来工资有所上涨，其幅度仍然大大低于劳动生产率的上涨，劳动者仅仅分享了劳动生产率提高成果中的一个小部分。由此可以做出的判断是，《劳动合同法》在这个时候的出台和实施，是非常合时宜的，其中的规定有效地规范了劳动力市场的运行，有利于保障劳动力得到长期以来享受不到的正当权益。而只有让劳动者切实分享到经济增长带来的成果，才能真正保证经济长期又好又快地健康发展，才符合建设社会主义和谐社会的目标。

　　我们也不否认，在《劳动合同法》的贯彻执行中需要解决许多实际问题。第一类是可能存在的规制过度问题。例如，劳务派遣制度是在政府实施积极的就业政策过程中形成的，它发挥了民间促进劳动力市场供求匹配的作用，推动了灵活就业，对于解决 20 世纪 90 年代后期出现的严重下岗、失业现象，帮助渡过就业冲击难关功不可没。如今，在中国仍然存在的失业现象中，由于匹配问题产生的摩擦性和结构性失业是主导，而且也不能排除将来不会再次遭遇劳动力市场冲击。因此，保护好这个有效的劳动力市场形式是必要的，虽然并不意味着不要对其进行必要的规范。

　　第二类是执法中需要与其他制度相衔接的问题。例如，目前企业负担很重，包括税收负担和缴纳各种社会保险费用的负担。如果严格遵照政策规定，企业缴纳的社会保险需要约占到工资总额的30%。许多企业在不堪重负的情况下，规避社会保险缴费负担的方式，就是把一部分新增员工临时化、雇佣关系短期化和非正规化。由于这个实际负担是真实的，因而也将成为执行《劳动合同法》的一个现实障碍。尽管这一事实并不应成为不给职工正规化雇佣待遇的借口，但是的确有必要把不同的制度统筹考虑，使其相互衔接。

　　综上所述，对于颁发的《劳动合同法》，我们应该持坚决贯彻落实的态度，坚定不移地保护劳动雇佣关系中双方的合法合理权益。与此同时，通过更加准确地界定本法有关条款的内涵，甚至进行必要的修订，以及颁布实施细则，使之更加完善，更加具有可实施性，让这部法律在构建和谐的劳动关系过程中，真正起到保驾护航的权威作用。

危机与民生经济

WEIJI YU MINSHENG JINGJI

高校扩招的就业效应：
愿望与现实*

1999 年我国高等院校大规模扩大招生，其 42% 的增幅是前所未有的。2003 年有 200 多万高校毕业生进入劳动力市场，其规模之大也是史无前例的。从就业的角度，高校扩大招生有两个预期愿望：第一，把扩大高等教育规模，刺激教育消费作为积极的财政政策的一个组成部分，期望由此而扩大消费，形成促进经济景气的积极因素；第二，通过推迟一部分高中毕业生进入劳动力市场的时机，延缓当时的就业压力。随着扩招学生面临毕业，对于该政策的效应评价再次成为公众话题。本文从以下几个方面论证高校扩招的预期积极效应以及实现的可能性。

---

* 本文以《高校扩招带来的就业效应》为题发表于 2002 年 12 月 25 日《经济参考报》。

一、争取时间很重要

一个对于扩招政策的疑问是：缓解当时就业压力的愿望是否仅仅把昨天的矛盾推延至今天，既然问题本身并没有得到解决，愿望与最终效应就是不相吻合的。回答上述疑虑，即回答把当时的就业矛盾延缓有没有意义，需要了解90年代后期出现的就业形势紧张的基本原因是否与时间或时机有关系。

目前的就业压力产生原因之一是宏观经济景气，即由于我国经济摆脱短缺，进入产品相对过剩的阶段，国内总需求相对不旺，导致生产能力利用不足从而就业吸纳不充分。从这一点来看，时间的变化是有意义的。因为任何市场经济都不可回避经济增长的周期性，而当经济景气降低到一定程度时，政府宏观经济政策终究会通过调整消费者、生产者的预期和行为，逆转这种低迷的经济景气。从这个意义上说，把昨天的就业压力延迟到今天或明天，可能为宏观经济恢复赢得时间。事实上，中央政府连续几年实施的积极的财政政策和货币政策，已经取得一定效果，经济增长速度得以保持在较高的水平。此外，中国加入世界贸易组织后出口和外资引进的扩大效果也初步呈现，经济增长正在逐步走出低谷。尽管目前和今后若干年就业压力仍然存在，但由于宏观经济的恢复，以及政府和社会应对就业问题的经验的增多，延缓的就业矛盾在今天解决起来，至少比在当时要容易。

目前就业压力产生的另外一个原因是产业结构调整。随着中国经济与世界经济的融合，一些传统产业逐渐丧失比较优势和竞争力，同时，另一些具有比较优势的产业逐步兴起。在这个产业结构调整过程中，传统部门的职工可能丧失原有的工作，而由于个人人力资本的不匹配，或者劳动力市场的缺陷，则会导致寻职时间过长，陷入持续的失业状态。从这个角度看，时间的变化也是有意义的。遭遇失业并待转业的劳动者需要时间进行人力资本的调整，即通过培训学习新技能。

治理失业、创造和扩大就业是任何社会都会面临的长期任务，一方面，政府通过实施积极的就业促进政策和社会保障在其中发挥不可或缺的作用，另一方面，归根结底要依靠劳动力市场来有效配置劳动力资源。目前，我国的劳动力市场正在形成过程中，社会保障体系也在逐步完善，而两个过程都需要时间。如果我们把劳动力流动性的增强、就业门路的多样化、就业观念的转变和工资形成机制的改变，以及社会保障功能的发挥等，作为劳动力市场完善的具有代表性的现象的话，今天的劳动力市场显然比几年前要完善得多，解决起失业、下岗和重新配置劳动力资源的难题来，也要相对容易。

二、人力资本是就业根基

虽然中国目前的就业压力有劳动力需求与供给在总量上不相吻合的问题，但结构上的问题更突出，即一方面大量劳动力没有岗位，另一方面许多用人单位却雇不到合适的劳动者。增加受教育时间，从而提高劳动技能和就业能力，将有助于弥合这种结构上的矛盾。

在出现失业和下岗现象的情况下，劳动力就业门路单一，缺乏自我创业能力，也是导致失业期延续的重要原因。而提高劳动者的素质以及在劳动力市场上的适应力，也有赖于教育水平的提高。根据中国劳动力市场网的调查，在劳动力市场总体上需求小于供给的情况下，获得较高文凭的劳动者，可以大幅度提高就业机会。例如，2002年第二季度城市总体的就业岗位需求占求职人数的74%。但是，随着劳动者学历状况的提高，这个比例明显提高：初中及以下学历劳动者的这个比例为72%，具有高中学历的该比例提高到78%，大学为86%，具有硕士学位以上学历的则进一步提高到98%。

我们应该预见，当1999年扩招的大学生进入劳动力市场时，他们与四年前将完全不一样。不仅因为在这一期间他们通过提高文化素质，具备了更高的技能，能够更好地适应劳动力市场的需要，更因为他们通过接受高等教育，形成了以往不具备的思维方式、就业观念和解决问题的能力。那时，他们既可以是更合格的劳动者，也可以是创业者，从而使自己和他人获得就业机会。

三、推进教育模式改革

对中国教育体制、教学内容等方面进行改革的呼声由来已久,随着中国加入世界贸易组织,这一挑战日益急迫。然而,一个既符合教育发展的一般规律,同时又与中国国情相适应的教育模式,需要在市场经济体制下探索形成。这次从宏观经济目标出发的高校扩招,在教育改革方面迈出了积极的步伐,有助于逐渐形成劳动力市场导向型的教育模式和教育共识。更为重要的是,通过高校扩招实践中出现的新问题,特别是那些表现为教育体系与劳动力市场需求脱节的问题,教育部门可以以应对挑战的姿态对现行教育体制进行改革。

首先,高等教育需要改变专业划分过细的做法,立足于培养通用型人才。在中国成为世界贸易组织成员,国民经济日益全球化的背景下,竞争日趋加剧,产业结构调整的频率和速度都要求加快,高等教育更应该着眼于培养能够适应现代化经济要求的基本技能,善于适应产业变动的通用型人才,而不是仅限于了解狭小的学科领域的专门人才。例如,在许多人担心扩招大学生毕业时可能面临找不到工作的尴尬局面的同时,劳动力市场对外语、计算机人才的需求却热度不减。如果高等教育能够符合现代经济的需要,使每一个毕业生都能够至少成为外语和计算机的熟练运用者,这一最低限度的技能已经能够保证毕业生就业。

其次,高等教育应适应于经济结构变化的现实,面向更广泛的劳动力市场培养人才。根据中国的现实,未来就业机会将越来越多地产生于第三产业、中介部门、非国有经济,越来越鼓励自我创业而不是等待雇用。也就是说,无论是高校学生还是高等教育本身,都必须具有变化意识和风险意识，而教育模式也应该进行调整以便与此相适应。然而，高等教育对此尚缺乏充分的准备和调整。例如，在即将进入劳动力市场的 2003 届高校毕业生中，有23 万人已经报名参加公务员考试，而政府公务员的计划需要数只有 5000 多人，岗位需求只占求职人数的微小比例。这一方面固然反映了高校毕业生择业取向仍然单一，另一方面也说明了高校教育本身的导向狭窄。

　　第三，由于高校扩招引起的迫切需要，教育改革已经刻不容缓。从教育与就业的关系来看，高校扩招使得教育模式存在的弊端越来越显现化，同时现实也为教育改革提出了比较明确的方向。仅仅从劳动力市场发育的要求来看，改革应该从两个方面同时进行。一个方面是要对现行教育模式进行存量上的改革，调整专业设置、改革教学内容、对现有师资进行较大幅度的调整、改革学校的管理体制。与此同时，要加快从增量上借助民间教育资源和投入，即鼓励民间办教育、办高等教育，以加强教育市场的竞争，从而促进原有教育部门的改革。

　　必须指出的是，从缓解就业压力的角度看，高校扩招仅仅是教育部门所采取的一项举措，是政府诸多可能的应对就业压力的积极政策之一，它不是万应灵药，更不能代替政府其他的积极宏观政策、社会保障政策以及劳动力市场发育本身。同时，高校扩招的就业效应要发挥作用，也需要与一系列其他措施相配合。例如，进一步减少劳动力市场上的扭曲，利用经济激励机制引导高校毕业生面向基层和中西部地区，就可以最大限度地发挥高校扩招的效应。

"众志成城"也是生产力[*]

在痛定思痛之际,人们普遍最为关心的就是,地震灾区究竟需要多久才能够从灾难所造成的物质损害中恢复过来。除了举国上下的财力、物力和人力支持、按照科学发展和城乡统筹方针的规划这些重要举措之外,我们可以看到,全国人民在众志成城的抗震救灾行动中,所形成的前所未有的社会凝聚力,本身就可以转化为一种震后重建的强大生产力,是我们对于灾后重建的信心所在。

在古今中外经济发展历史上,经历重大自然灾害和战乱之后,奇迹般迅速恢复经济建设的事例不在少数,以致解释这种现象产生的原因,成为许多经济学家孜孜以求的课题。例如,尝试破解第二次世界大战后,日本和德国的经济恢复之谜,就吸引了许许多多经济学家的职业兴趣。当时,美国在广岛投下的原子弹,摧毁了该地区 70% 的建筑物。但是,奇迹随后发生:两天之内铁路运输开始恢

---

* 本文发表于《三联生活周刊》2008 年第 26 期。

复，一周内重新启动了电话服务，以后的重建也是迅速的。盟军对德国汉堡的轰炸损毁了城市一半的建筑物。但事后仅仅 5 个月，这个城市的生产力就已经恢复到轰炸前的 80%。为了解释这种现象，经济学中形成了诸多假说。

一种解释是人力资本说。人力资本理论把劳动者具有的能力，看做是高于其他任何物质要素的生产要素。因此，在这个学派看来，诸如日本和德国重建的事例，其成功的秘诀就在于，虽然战火摧毁了一个地区的物质设施，但人还在，因而人力资本没有被摧毁，因此就有了创造奇迹的本钱。

另一种解释来自于"打破利益集团"假说。美国经济学家奥尔森认为，长期稳定不变的国家，往往会遇到利益集团及其非生产性的集体行动干扰，产生与日俱增的弊病，从而效率降低，经济增长受到阻碍。而因为战争、灾害等因素，在原有的社会政治结构遭到破坏的同时，利益集团及其行动也受到抑制，整个社会效率提高，经济增长加快。他正是援引战后德国、日本创造的经济增长奇迹，作为自己假说的例证。把这个理论推广，熊彼特"创造性破坏"的自然版，则认为是过时基础设施被"清零"而导致格外的经济增长活力。

第三种解释来自于新古典增长理论的"趋同"假说。通常讲的趋同，是指由于较发达的国家会遇到资本报酬递减现象，而较落后的国家却不会，因此，落后国家从较低的起点，可以以更快的增长速度赶超发达国家。这样的解释，同样也可以应用到一个国家或地区在灾前和灾后的关系上。即我们可以把一个国家或地区，由于灾害或战争，从降低了的起点上回归并超过自己以往的增长速度，看做是一种趋同。"趋同"就意味着超越常规的速度，就意味着奇迹的诞生。

应该说，上述对于重建创造奇迹的解释，都有一定的说服力，但是也都在理论上留下了不尽如人意之处。这是因为，这些假说所仰仗的创造奇迹的因素，归根结底还是常规的因素，本身并不具有奇迹的内涵。例如，人力资本并不会因灾难而提高，没有灾难也可以通过改革而消除利益集团的非生产性质，趋同则更多的是发生在非灾难时期。可见，更可靠的解释，应该到一种灾难发生后，在具备特定条件的时候，可能产生的一种非常规因素中去寻找。换句话说，我们要探究的是一种只有在灾难之后才可能出现的特殊增长要素。

解释经济增长的原因，就是经济学家的天职。而解释难以解释的奇迹般的经济增长，则自然成为经济学家日思夜想的题目。美国经济学家曼昆说过一句话，大致是这样的：经济学家一旦开始思考经济增长的原因，就再也难以放得下。难放下固然反映了经济学家的执著，其实也反映了迄今为止他们还没有取得真经。在经济学实验中，人们解释经济增长因素的视野的确是越来越广。最初人们只关注资本、土地和劳动三种有形的要素，以后逐渐把人力资本这种无形的但是更具有解释力的要素提炼出来。但是，在这些因素的范围内，经济增长还不能完全得到解释，于是在增长模型中形成了一个解释力的残差。经济学家敏感地注意到，这个残差项实际上是经济增长中最为重要的因素，所以给它起了个名字叫"全要素生产率"。

就像为"美丽"起名字叫林黛玉仍然解释不了美丽这个要素本身的内涵一样，经济学家也知道，"全要素生产率"毕竟还是个"残差"，标志着经济学认识力的有限性。因此，他们像曼昆一样，继续寻找尚未找到的因素。在关于经济增长的模型中，多年以来经济学家尝试过放入上百个变量，并且都或多或少具有显著的解释力，但是，对这些成果，没有人感到足够的满意度，经济学家还在漫漫之路上求索。

在四川特大震灾之后，一个传统经济学观察不到，解释不了的重大要素终于呈现在我们面前：亲临一线的总理、奋不顾身的军人、救死扶伤的白衣天使、献出母爱的女警官、献出生命的飞行员、热爱学生的教师、阳光灿烂的"可乐男孩"和"敬礼娃娃"……在救灾中显示出来的那种精神，套在以往的任何学术概念上都不尽恰当，无论是叫社会资本，还是叫软实力，或者叫社会凝聚力。有了这个要素，可以把经济学家所发现的所有其他变量发挥到极致。于是，我们干脆就像它所反映出来的那样，叫它"众志成城"。

刺激内需，要避免无就业的复苏[*]

在世界金融危机给中国带来的诸多影响中，最让人揪心的是可能涉及几千万人的就业问题。在中央启动的拉动内需增长的政策中，力度最大也最令人兴奋的是两年内总数涉及4万亿元的投资。那么，如此积极的投资怎样才能惠及就业？记者采访了中国社会科学院人口与劳动经济所所长蔡昉。

一、鼓励引进民间投资，创造就业岗位

作为中央投资，蔡昉认为难点在于最大化直接创造就业。虽然最近政府计划出台汽车、装备制造、纺织等十大产业的振兴规划，但这些产业大多不是劳动密集型的产业，而且，振兴规划不可能直接关注或者投向中小企业，

---

* 本文是《人民日报》记者朱剑红对作者的访谈录，发表于2009年2月23日《人民日报》。

而后者正是吸纳就业的主力军。但作为中央投资的延伸，地方的配套投资和民间投资，应该而且完全可能明确地考虑扩大就业的迫切需要，向劳动密集型的产业或企业延伸。

要解决最终需求的问题，不能仅仅靠政府投资，民间投资才是增长的持续动力。要鼓励引进民间投资，可以从解除相关限制着手。现在服务业领域对民间投资的限制还很多，比如娱乐、体育、教育等。蔡昉说："体育产业在美国是很庞大的产业，在很多州已成为支柱产业。最近美国各个行业都是些不景气的消息，而唯独体育和好莱坞，没有不景气。这个产业的链条很长，对健身休闲、转播广告、服装纪念品等许多服务业，甚至制造业都有带动效果，是典型的内需型经济。"

蔡昉认为，扩大教育对于就业是一个大有可为的领域。在亚洲金融危机的时候，中国搞了高校扩招。"我认为完全正确。一是使扩招的这些人推迟进入就业市场，缓解了当时的就业压力，在四五年后，中国发展的周期恰好进入就业高峰期；二是虽然大学的教育质量有高有低，但与没受过大学教育相比，这些扩招的受益者成为素质更高的就业者。"而且，根据他的研究，没有任何证据表明学历越高就业越难。他还介绍到，美国的人力资本积累有两个重要的阶段。一是在20世纪30年代的萧条时期，学生的在校时间大幅度延长，接受高中教育的人增长了一倍，获得本科学位的人增加了50%。二是"二战"结束后，回来了1200万退伍军人，而由于战争带来的对美国产品的外需也没有了，失业威胁增加。这种情况与中国现在的情况很相像。美国在 1944 年制定了《退伍军人权利保障法》，这部法律做了三件事：一是资助退伍军人上大学或职业学院，最后有 800 多万人利用这个机会拿到了更高的学历；二是通过贷款等方式资助退伍军人创业；三是成立专门机构，资助退伍军人买房。这两轮教育发展的结果，是美国此后几十年的持续繁荣。

除了行业准入上的诸多限制，还有交易费用繁多、政府服务不到位以及个别地方的腐败现象等，共同构筑了民间投资的高门槛。"其实扩大就业不一定要出很多新招，如果能把那些就业障碍清除，就可以创造就业岗位。"蔡昉说。

二、"雁阵模式"在中国内部还有延续空间，调整结构与扩大就业不是非此即彼

靠投资拉动内需，应对世界金融危机的冲击，是中国经济的短期目标，与此同时，中国经济的中长期发展还有一个调整结构的重要任务。有关方面的负责人在谈及投资项目的安排时，反复强调了要符合科学发展的要求，有利于调整和优化经济结构。如果按照这样的原则，加大投资力度能带动就业吗？会不会产生对劳动密集型产业的排斥？

蔡昉说，有人认为产业升级就是降低劳动密集程度，其实不是。经济学家根据东亚经济发展的经验，描述了产

业国际转移的模式，像飞雁一样排成队列依次前行，即雁阵模型。根据这个模型，有人认为，当年日本的产业转移，由亚洲"四小龙"承接，亚洲"四小龙"后由东盟以及我国东南沿海地区承接，中国现在如果进行产业升级，就会把劳动密集型产业驱赶到越南等邻国去。但我们不要忘记，与这些国家和地区不同的是，中国是一个巨大的经济体，而且地区发展不平衡。所以，雁阵模式完全可以在国内各地区之间得到延续。在东部地区劳动力和土地成本提高的条件下，按照比较优势的变化进行产业结构的升级，与此同时，广大中西部地区仍然具有丰富的劳动力资源，土地成本也相对低廉，则相应承接从东部地区转移出来的劳动密集型产业。只要不是高耗能高污染，对后者而言，也是产业升级。只要符合自己的比较优势，也是一个有效率的产业结构。这样，虽然东部地区产业的劳动密集程度可能有所降低，但是，中西部则由于承接了转移的产业而创造出更多的就业机会，由此形成产业优化升级与就业扩大的统一。

所以，蔡昉认为，中国之大决定了调整结构与扩大就业不是非此即彼的选择，中国的产业升级不能停止。目前，我们用投资来拉动经济要避免一个误区：在原有基础上的振兴。经济学家熊彼特认为，经济危机的正面效果是创造性毁灭。振兴不是让旧的不死，中央的投资以及地方配套、民间投资，都应该围绕东中西部的升级、转移、承接来做文章。

三、完善拉动内需的政策,实现
就业增长型的经济复苏

为了应对世界经济衰退的冲击,各种拉动内需保增长的措施在近期密集出台。蔡昉提醒到,拉动内需的政策如果忽视就业增长,就容易造成所谓的"无就业的复苏",其典型的特征就是经济增长率有所回升,但失业并没有减少。例如,美国经济在1990—1991年衰退之后,就经历了比较漫长的"无就业的复苏"。

避免"无就业的复苏",蔡昉认为刺激经济发展的政策选择非常关键。对基础设施和产业链条比较长的资本密集型企业的投资,对于在短期内提振经济增长有非常明显的作用,但对于缓解就业压力的效果往往不甚明显。目前中央政府安排的经济刺激计划,基础设施等领域的投资占主导,刺激消费和扩大就业的经济复苏急需地方政府和民间投资进行配套。

他还提出,要实现就业增长型复苏,刺激经济的政策就需要关注就业岗位的主要创造者——中小企业。要把扶持中小企业发展纳入经济刺激的计划中,进一步出台配套措施,加大对中小企业的扶持力度。要综合利用财政和金融政策手段,实施更宽松的税收政策,采取放水养鱼的方式,为中小企业创造更好的生存环境,实现企业发展、就业增加、税收总量不减的多赢局面。

除了增加投资,蔡昉认为,出台直接的消费刺激政策，也可以减轻外需下降对我国经济的冲击，同时也有助于促进服务业的发展和劳动密集型制造业的稳定，继续扩大城乡就业。目前出台的刺激经济的计划以投资为主，对直接增加居民可支配收入的作用有限。而且，大规模和集中的投资计划，往往只能增加少数群体的收入，容易扩大收入差距。目前，美国、日本以及国内的部分省市，都相继出台了直接瞄准公民个体的刺激消费计划。应该及时评估和借鉴这些政策的积极效果，丰富我们刺激经济、扩大就业的政策手段。

最后，蔡昉建议，贯彻中央经济工作会议提出的"实施更加积极的就业政策"，就是要把保增长、调结构和扩内需更加紧密地与扩大就业结合起来。这个时期出台任何发展和改革的政策以及实施的产业规划，都要放到就业的天平上衡量。服从于最大化就业的目标，就是服从于经济稳定和社会稳定的大局。

如何避免"无就业经济复苏"？[*]

经济危机的最痛苦后果莫过于大规模的失业，而走出宏观经济困境的重要标志，应该是就业的恢复和失业率的下降。但是，美国在过去十几年中经历过数次"无就业经济复苏"的教训，值得我们重视和吸取。特别是，由于中国经济与全球经济高度关联，一些导致"无就业经济复苏"的因素，已经潜藏在经济复苏的进程之中，需要未雨绸缪，运用政策手段避免这种现象的发生。

一、美国病:"无就业经济复苏"？

在美国的经济周期中，经济增长总是与就业增长相伴起伏的，所以，经济恢复通常就意味着失业率的相应下降。然而，在 1990—1991 年经济衰退之后，当经济增长复苏时，就业却没有相应地恢复，首次出现"无就业经

＊ 本文发表于《中国党政干部论坛》2009 年第 4 期。

济复苏"。以经济衰退结束时的就业总量为基准，直到就业总量超过那时的水平截止，这个时段就是所谓"无就业经济复苏"期。按照该定义，这一次在经济复苏后，高失业率仍然持续了 14 个月，这被认为是导致老布什没有实现连任的重要原因。

在那之后，这种现象似乎成为一种美国沉疴，随着经济周期变化而反复出现。2001—2002 年经济衰退之后再次遭遇"无就业经济复苏"，并且一直持续到 2004 年，时间长达 29 个月。2009 年 2 月 24 日，美联储主席伯南克向国会作半年度货币政策报告时，又一次预计"无就业经济复苏"的来临，即在预测到 2009 年后半期经济开始复苏的同时，预计失业率却会继续保持在 7% 以上，直到 2011 年甚至更晚的时候才可能逆转。

对于"无就业经济复苏"现象产生的原因，有多种理论解释，大都与经济衰退时期企业和产业做出的调整有关。由于在衰退时期，企业为了在市场上站住脚跟，必须做出努力以提高竞争力，同时，产业结构调整也比往常更加剧烈。第一，为了降低生产成本，企业往往通过使用机器人等自动化装备，使得劳动生产率提高过快，即生产同样产出对应的工人人数减少，造成对劳动力的需求大幅度下降；第二，为了保持基于比较优势的国际竞争力，相对劳动密集型的企业加快向海外转移，一方面，产业结构更加资本密集化，减少了对劳动力的需求，另一方面，产业结构的变化改变了劳动力市场对技能的要求，劳动者据此进行调整的时间增加，从而导致结构性失业。

　　虽然对"无就业经济复苏"的解释众说纷纭，但是，研究者忽略了一个最重要的原因，即由于长期以来，宏观经济政策对就业的重视程度趋于降低，导致了这个美国病症的反复发作。归根结底，就业岗位是在经济增长和结构变化过程中创造的，同时，不同的经济增长和结构变化方式，又会产生不尽相同的就业效果，因此，影响经济活动的宏观经济政策是否关注就业，以及如何处理增长与就业的关系，意义非同小可。

　　我们仍然以美国为例。在美国历史上，对就业影响具有最显著意义的政策变化，莫过于对于 20 世纪 30 年代大萧条的立法反应——《1946 年就业法案》的通过。该法案第一次明确提出："联邦政府的持续政策和责任，是推动最大化就业、产出和购买力。"这项立法的依据是当时的宏观经济学革命，即凯恩斯的经济学理论认为，周期性的经济高涨和跌落，可以通过实施旨在稳定宏观经济的政策手段而加以避免。因此，这个法案的实施与宏观经济政策行为密切相关。

　　20 世纪 70 年代初失业与价格同时的"滞胀"现象，重新唤起了人们对 30 年代大萧条的恐惧，美国国会对政府实施有效的宏观经济政策提出了新要求，即通过管理流通中货币的数量和流动性，控制通货膨胀和推进充分就业。为此于 1978 年通过了《充分就业和平衡增长法案》，明确提出政府要追求四个根本性目标：（1）充分就业；（2）产出增长；（3）价格稳定；（4）贸易和预算平衡。

　　虽然这个法案的初衷是以充分就业为主题，旨在强化政府的就业责任，然而，其对就业在宏观经济政策中地位的提升效果却适得其反。鉴于当时通货膨胀与失业同时构成对美国经济的巨大威胁，该法案设立了过多的宏观经济政策目标，而且这四个目标常常是相互抵牾的，因此，实际上该法案对于就业的重视程度和优先序排列，相对于1946年就业法案来说，是有所倒退的。

在宏观经济政策目标中，就业优先原则的进一步倒退，发生于20世纪90年代，即随着许多国家中央银行接受了通货膨胀目标制的理论，并且付诸实践，对就业的关注程度进一步减弱。所谓通货膨胀目标制，在实践上可以简单地概括为两点：第一，接受通货膨胀目标制的中央银行为自己设定一个单一通货膨胀目标，不再设立其他中间目标；第二，无论何时，只要价格增长超过这个目标水平，就要提高利率，而不管价格上涨是何种因素造成的。虽然美联储并没有公开宣布采取通货膨胀目标制，但是，其关注价格水平甚于就业的倾向逐渐抬头。而"无就业经济复苏"现象的反复出现表明，政府在宏观经济政策中，把就业放在什么样的位置，对经济增长的就业效果具有决定性的影响。

二、防止劳动密集型产业外移

受美国次贷危机和全球金融危机影响，我国实体经济遭到巨大冲击，其中受冲击最大的是沿海地区以出口为主的劳动密集型企业，那些同时承受较高劳动力成本的企业更是首当其冲。订单的大幅度减少和竞争的加剧，使企业遭遇前所未有的经营困难，在一部分企业倒闭的同时，一些跨国公司开始向劳动力成本较低的邻国转移投资，似乎我国的劳动密集型产业比较优势正在丧失。如果听任这种产业外移趋势的蔓延，一旦经济恢复常规增长，我们会发现，许多适合于吸纳农村转移劳动力的就业岗位已经不复存在。

必须认识到，观察一个国家是否在劳动密集型产业中具有比较优势，从而能够获得国际市场竞争力，不仅看与比较优势成反比的劳动力成本的高低，还要看与比较优势成正比的劳动生产率是否在提高。本世纪以来，我国制造业劳动力成本即工资水平虽然提高很快，但是，劳动生产率大体保持了与工资水平相同的增长速度，两者的增长速度在世界上都是遥遥领先的。这意味着我们并没有丧失劳动密集型产业的比较优势，在国际市场上仍然具有足够的竞争力。

在劳动生产率的总体提高中，中西部地区发挥了重要的作用，2000—2006年期间，中部和西部地区制造业工资的年均提高速度分别为10.9%和9.2%，都快于东部地区的7.8%，但是，这两类地区的工资绝对水平仍然低于东部地区。同期，中部和西部地区的劳动生产率的提高速度分别为25.1%和19.2%，高于东部地区的16.6%，并且绝对水平高于后者。这表明，在2004年以后伴随着"民工荒"现象的出现，东部地区制造业工资有所提高，劳动密集型产业的比较优势不再显著的情况下，中西部地区在这些产业上的比较优势明显上升。

产业国际转移的模式，可以描述为飞雁般列队前行，即雁阵模型。这个模型通常表达独立经济体之间的产业转移和承接关系，即当先行国家或地区劳动力出现短缺之后，劳动密集型产业失去其比较优势，那些后起国家或地区仍然具有比较优势，因而承接了转移产业。由于我国经济的庞大规模和差异性，这种雁阵模型并不必然导致劳动密集型产业向国外转移，而是可以在国内东中西部地区之间延续，即在东部地区进行产业结构升级的同时，中西部地区将承接劳动密集型产业，这样就能避免美国式的"无就业经济复苏"现象发生。

经济危机时期通常是产业重组的大好时机。这是因为一方面企业竞争压力加大，创新成为生存的必需；另一方面生产要素价格相对低廉，有利于进行重组。例如，返乡农民工为中西部地区带回有制造业技能的人力资本，劳动者接受更多教育和培训的机会成本也下降了，投资者和创业者可以利用这个时机积聚更多的人力资本；一部分机器设备处于闲置状态，通过形成租赁和转让市场低价转让，可以大幅度降低产业形成的投资门槛；相对宽松的货币政策、积极的财政政策以及鼓励性的产业政策，为东部的产业升级和中西部的产业转移承接，创造了良好的政策环境。这样，大量就业岗位可以直接在中西部地区得到创造，继续支撑农村剩余劳动力的转移。

三、宏观经济政策要就业优先

党中央、国务院高度重视就业工作，先后提出了"就业是民生之本"、"把稳定和扩大就业摆在更加突出的位置"等重要的表述；在经历20世纪90年代末亚洲金融危机时，形成了积极的就业政策；针对这次世界性的经济危机，中央又提出实施"更加积极的就业政策"。这就是要把保增长、调结构和扩内需，更加紧密地与扩大就业结合起来。为此，我们要总结经验和教训，深入探讨就业在宏观经济政策中的地位，以避免"无就业经济复苏"。

由于在计划经济时期，就业是完全按照计划配置的，不存在劳动力市场，因此，就业问题在宏观经济决策中没有明确的体现。这个传统也影响到改革期间的宏观政策目标的设定上。例如，很长时间中，我国的财政政策目标被表述为：政府以税收、公共支出、财政补贴和建设投资等手段，贯彻国民经济与社会发展计划、产业政策、区域发展战略，以达到抑制通货膨胀、缩小地区差距的目标，并实现稳定、持续、快速经济增长等特定目标。其中甚至没有明确提及就业。在1995年的中央银行法中，我国的货币政策目标被表述为：保持货币的稳定，并以此来促进经济增长。就业在政策目标中也没有被提到。

目前我国宏观调控部门把促进经济增长、增加就业、稳定物价和保持国际收支平衡确立为政策目标，类似于美国《充分就业和平衡增长法案》中设立的目标。由于这个目标体系过于全面和宏观，对财政政策、货币政策和产业政策等具体政策手段的针对性不强，因此，在执行中存在着优先序如何决定的难题，往往导致缺乏一致性，产生上述目标之间的冲突，从而对就业的重视程度仍显不足。

首先，从一时一地的特定调控要求出发，实施宏观经济政策的结果可能导致对就业目标的伤害。例如，针对2007年开始出现，并持续到2008年的结构性物价上涨，国内外一些经济学家援引弗里德曼的名言"无论何时何地，通货膨胀归根结底是一种货币现象"，而否认价格上涨是由世界食品和能源价格上涨所推动的，积极建议以紧缩的货币政策予以治理。这不仅没有也不可能阻止食品、能源价格造成的成本推动型价格上涨，反而造成企业特别是中小企业资金的紧张，导致一批企业倒闭从而工人失业。因此，旗帜鲜明地把就业纳入货币政策目标，防止通货膨胀单一目标倾向，是更加符合我国国情的政策制定出发点。

其次，即使那些旨在扩大就业的调控措施，也会因为缺乏就业优先原则，而导致政策效果南辕北辙。例如，针对20世纪90年代末受亚洲金融危机和宏观经济下滑影响，形成的大规模失业、下岗现象，作为积极就业政策的一个主要部分，国家实施积极的财政政策，利用国债进行产业投资。由于就业没有成为投资产业选择的硬标准，投资的配置更加偏向于资本密集型的领域，旨在扩大就业的投资刺激最终没有能够最大化创造就业岗位。相反的话，如果就业目标更加明确，同样的投资力度则可以产生更为突出的就业拉动效果。

　　第三，把就业责任过度压在单一部门身上，导致扩大就业手段的不充足。在就业优先原则下，宏观经济调控把稳定和扩大就业作为政策制定的出发点和首要依据。但是，如果没有明确宣示这个原则，与就业相关的职能通常仅仅由人力资源和社会保障部门来承担。但是，由于该部门不直接参与财政政策、货币政策和产业政策的制定，就就业岗位创造而言则陷入勉为其难的境地。而一旦把该部门从影响就业的宏观经济调控职能中解脱出来，更加集中于建设、维护和完善劳动力市场功能，则能够更加有效和具有针对性地提供培训、中介等就业服务，降低自然失业率。由于在我国失业构成中，70%以上是因劳动力市场摩擦因素和结构因素所造成的自然失业，在遭遇经济危机不可避免地出现周期性失业的情况下，用降低自然失业率的办法，可以大大减轻就业冲击。

金融危机的就业影响及
应对政策建议[*]

在金融危机的情况下，中国劳动力市场已经并将继续遭遇就业冲击。农民工和大学毕业生等青年劳动者是受影响最严重的就业群体。由于他们所处的劳动力市场环境，与 20 世纪 90 年代国有企业下岗和失业职工相比已经明显不同，因此，按照中央经济工作会议实施"更加积极的就业政策"要求，保增长、调结构和扩内需的政策手段，需要与保就业的目标紧密结合，从就业入手创造国内消费需求，为经济稳定增长提供更可持续的源泉。本文对当前就业压力和失业状况做出估计，概括并解析中国转轨时期劳动力市场的特殊性，并从此出发提出稳定就业和治理失业的政策建议。

* 本文发表于《中国发展观察》2009 年第 3 期。

一、如何看待当前劳动力市场

在 2008 年以前的若干年中，由于经济高速增长和劳动力供给速度减缓的双重影响，我国就业形势良好，农村剩余劳动力大幅度减少，甚至许多地方遭遇到劳动力短缺。但是，当美国次贷危机演变为全球金融危机并对我国实体经济产生影响以后，就业的这种局面就发生了变化，即劳动力需求大幅度减少。根据人力资源和社会保障部在全国 88 个城市收集的劳动力市场供求信息，我们可以看到，劳动力市场求人倍率（岗位供给数与岗位需求数之比）从 2001 年的 0.75 大幅度逐年回升，并持续到 2007 年的 0.98。但是，到 2008 年的第四季度，求人倍率急剧下降到 0.85，系 2002 年以来的最低点。可见，我国实体经济增长显著减缓的后果，主要表现为就业增长的减速，以及失业率的上升。

如果失业率上升得到证实，很显然，其性质属于直接受经济增长波动影响的周期性失业率。我们可以利用有关分析机构提供的采购经理指数（Purchasing Managers Indices 或简称 PMI）的情况来理解这个性质。PMI 是反映经济运行情况的先行指标。它主要通过企业调查，将以下五类指标合成为一个综合指数，即企业的新订单情况、存货水平、生产情况、供应情况以及就业环境等。一般认为，PMI 在 50 以上表明经济处于上升的区域，而低于 50 则表明经济处于收缩。考虑到 PMI 的先行性，因此，它是预测其他宏观经济指标走向的一个有用指标。从 PMI

中的产出指数与就业指数两者之间的相互关联性来看（图一），它们从相对景气的水平上同时下跌到 50 以下，从而证明了当前失业率的周期性质。

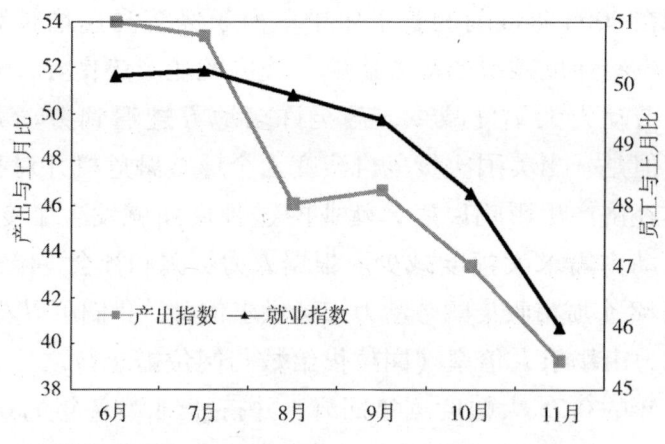

图一　2008 年下半年的周期性失业

资料来源：Markit Economics，《CLSA 中国制造业 PMI 报告》，2008 年 12 月 1 日。

根据国家统计局发布的数字，2008 年城镇登记失业率为 4.2%，仅比 2007 年提高了 0.2 个百分点，与大多数人所预期的情形不尽相符。中国社会科学院社会学研究所根据一项样本为 7139 个城镇居民的抽样调查，发现在 2288 个经济活动人口中，有 215 人符合失业的定义，据此推算城镇调查失业率为 9.4%。① 这个结果的积极意义

---

① 汝信、陆学艺、李培林主编：《2009 年中国社会形势分析与预测》，社会科学文献出版社 2008 年版。

在于，采用更具有可比性的调查失业率指标，及时反映了经济下滑对就业的影响，以引起决策者对周期性失业的关注。此外，这个关于调查失业率估算的优点，还在于它把农民工的失业状况首次包括进来，而这在正式的统计中和以往的调查中是一个缺项。然而，由于以下原因，如果以这个调查的结果推断整体，并不令人十分信服，应该说高估了城镇调查失业率。

首先，这个调查的样本量太小，难以推断整体。特别是其中的农民工是一个户籍所在地与常住地及工作地点截然分离的就业群体，他们在地区的分布是非常不均匀的，因此，把他们混在一个仅7000人的样本中，实在无法具有任何代表性。国家统计局从1996年开始尝试进行以住户为基础的劳动力调查，2005年进一步完善了这个调查体系。而迟迟没有公开发布调查失业率的原因之一，就是担心这个120万的样本量不够大。与此相比，7000人的样本显然就小到让人更加没有信心了。

其次，农民工的抽样是难度极大的，该调查没有足够的信息让我们确信其具有对农民工的代表性，尤其是农民工与城镇本地劳动者之间的比例关系。农民工不仅在地域上分布十分不均匀，在一个城市中，他们的工作岗位和居住地点也是明显有别于当地户籍居民的，因此，如何正确地确定农民工与城市职工之间的比例，严重影响到整体失业率估计的准确性。在正常的劳动力市场条件下，农民工因其获得的社会保护不充分，承受失业的能力低，因此愿意接受较为低端的岗位和偏低的工资，因此这个群体的失业率通常较低。而在经济处于下滑区间的时候，农民工又是最先遭到冲击的群体，就业损失最为严重。目前农民工已经构成了非农就业的接近一半，城镇就业的 1/4 到 1/3，如果在城镇调查的抽样中高估（或低估）了他们的比重，在正常的年景中就会低估（或高估）城镇调查失业率，在危机年景则会高估（或低估）城镇调查失业率。

最后，根据调查失业的定义，农民工的劳动力市场状态通常难以精确判定。按照定义，在没有工作的情况下，仍然要通过特定的调查满足"有就业意愿"和"可以接受工作"两个条件，才可以被认为是处于失业状态，否则便被归入退出劳动力市场的类别。有相当一部分农民工在失去某个工作后就离开就业地，或者异地另行寻找工作，或者回到农村务农。因此，面对农民工群体，我们常常难以精确地区分失业与退出劳动力市场之间的差别，简单把失去某一项工作看做失业，与调查失业率的概念是不符的。

二、怎样估计就业冲击程度

认识当前劳动力市场状况，判断失业严重的程度，从而正确地制定应对政策，的确需要借助失业率指标。但是，中国目前的统计信息相对复杂，不了解统计定义就难以准确理解。因此，我们先从关于失业的统计谈起。

我们通常从公开的统计年鉴上看到的是城镇登记失业率。这个指标在 2003 年以前并不能充分反映劳动力市场的实际状况，这是因为当时在城镇还有一批没有工作的下岗职工，他们不被统计在登记失业中。但是，2003年以后，由于实现了下岗人员与登记失业并轨，这个指标对城镇就业状况的反映程度就提高了。不过，登记失业仍然有一些条件，如达到退休年龄的不再登记，没有当地户口的不予登记，那些不愿意登记或暂时没有登记意愿的人，即使处于没有工作的状态，自然也没有被统计在内。

根据公开发表的统计数据，我们还可以计算一个符合国际劳工组织的定义，因而可以进行国际比较的城镇调查失业率。失业人员和就业人员都是针对16岁以上的劳动年龄人口。如果满足下列三种情况，他们就处于失业状态：（1）调查周内未从事有劳动报酬或经营收入的劳动（即就业不到一小时）；（2）有工作机会可以在一个特定的时期内（现规定调查时点之后两周内）应聘就业或从事自营职业；（3）某一特定期间（现规定调查时点前三个月）内采取了某种方式寻找工作。否则，如果不符合第一种情况，就属于就业；如果不符合第二和第三种情况，就属于退出劳动力市场。根据中国的统计特点，这个调查范围仅仅能够包括少量在城市务工的外来常住人口，所以它主要还是反映城镇户籍人口的失业情况。可惜的是，尽管中国已经开始了可以计算该指标的调查项目，但是，迄今为止没有官方的关于调查失业率数字发布。

我们在图二中提供了城镇登记失业率和调查失业率两组数字，前者是国家统计局实际公布的，后者则是我们估算的。鉴于这些数字分别代表的意义以及不同的来源，特别是由于一些数字带有估计的性质，这里的失业率数字只能作为一种有胜于无的参考信息。从图中我们首先可以看到，公布的城镇登记失业率自 2003 年以后一直处于下降的趋势，直至 2008 年再次上升到 4.2%。由于登记失业率的一个重要特点是失业者必须自愿主动进行登记，才可以反映在整体登记失业人群之中，城镇就业在 2008 年较晚时期才开始遭遇明显的就业冲击，因此，该指标对就业市场的状况反映相对迟钝一些。因此，我们仍然需要用调查失业率作为一种补充，以便更全面和及时地认识劳动力市场的最新变化。

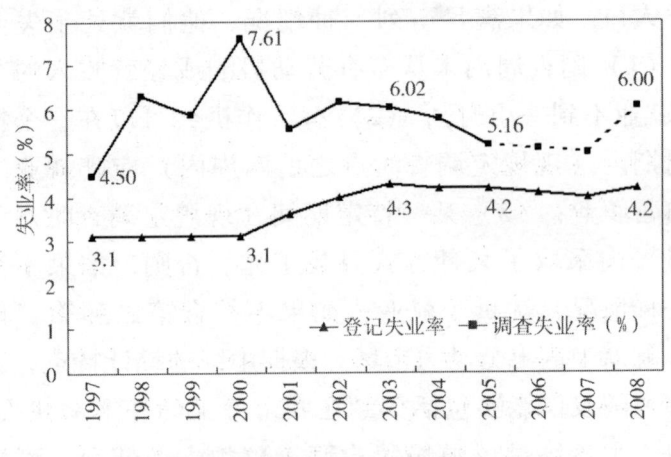

图二　两种城镇失业率的统计和估计

资料来源：国家统计局《中国统计年鉴（2008）》及作者估计。

根据国家统计局公开发表的数据，我们可以间接计算城镇调查失业率。1997—2005 年期间为实际计算数字，

2006 年及以后为估算数字（在图二中用虚线表示）。人力资源和社会保障部虽然没有公布调查失业率数字，但指出近年来该指标与登记失业率的变化趋势相同，并且比后者高 1 个百分点左右。以此作为估算的依据，我们在 2006 年和 2007 年登记失业率的基础上加 1 个百分点，作为调查失业率的估计值。

　　我们估计 2008 年城镇调查失业率为 6%，即偏离了该指标与登记失业率相差 1 个百分点的规律，比 2007 年提高约 1 个百分点。关于这个估计有两个依据。第一，根据对美国经济中采购经理指数（PMI）与失业率关系的经验，根据中国 2008 年后期 PMI 的下降情况，我们推算了失业率可能的提高程度。第二，根据有关研究机构估算的出口下降对 GDP 增长率的影响，[①] 以及"奥肯法则"显示的 GDP 增长率与失业率变动之间的关系，推算出的失业率提高幅度也大致如此。值得指出的是，这个估计并不精确，但是也不失参考价值。一般来说，美国 PMI 与失业的关系也好，美国经验形成的"奥肯法则"也好，都不能直接应用于中国的情形。但是，中国与美国相异之处通常表现在前者的劳动力市场结构特殊性，而这主要影响自然失业部分。鉴于此次失业具有明显的周期性特征，所以，用美国经验印证中国在经济下滑情况下失业率的变动，在一定的范围内有其合理性和参考价值。

---

　　① Stephen Green (2008), "We Bring You the China Value – added", part Ⅱ, *On The Ground*, Standard Chartered, 10 July.

至于谈到农民工遭受的就业冲击，根据农业部调查，因失去工作提前返乡农民工 2000 余万，占 1.3 亿多的 15.3%。我们根据投入产出表数据，模拟了 2008 年因出口相对于预期水平下降，而导致的非农就业减少量为 1763 万，其中服务业 664 万，制造业 969 万。我们的判断是，迄今这些岗位损失主要压在农民工身上，这是因为容纳大规模就业的外向型企业，大都集中在沿海地区，雇用的主要是农民工，而且解雇农民工的制度成本很低。这样的话，看上去我们的估计就与农业部的调查结果十分接近。

这两个数字的接近纯属偶然。实际上，我们还利用投入产出表估计了投资和消费对 2008 年就业的拉动效果，两者都是正数，形成的该年度总就业是净增长的（图三）。不过，我们并不尝试把这个推算的结果与有关部门公布的就业增长数量进行一致性比较。这是因为，在我们的模拟中，出口、投资和消费的就业效果都是理论数值，即按照常规的系数关系，相关因素的变动会引起就业数量的增加或减少，但是企业实际应对的方式可以不同，例如他们并不采取立即裁员的办法，因此实际结果并不一定符合理论模拟。因此，我们仍然采用前述估计，即认为城镇劳动力所受经济危机影响，一方面是因房地产等行业滑坡，及其通过产业关联关系使前向和后向产业遭到冲击以后才发生的，另一方面主要是增量意义上的，如表现为大学生等新成长劳动力的就业难等现象。到 2008 年底，城镇失业的增加可以用前述 1 个百分点的调查失业率所包括。

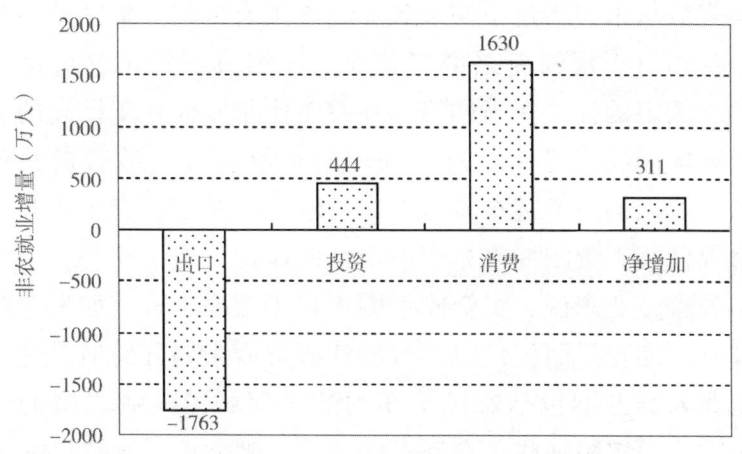

图三　就业受三大需求因素影响的分解（2008 年）

资料来源：张华初、王德文、蔡昉（2008），《抵御就业冲击的最佳宏观经济政策组合——利用投入产出表的模拟分析》，备忘录。

三、中国劳动力市场的特殊性

中国虽然已经接近其劳动力无限供给时代的尾声，但是，经济结构的二元特征仍然十分明显，由此也构成劳动力市场制度的二元性甚至多元性。依照劳动经济学教义，劳动力市场状态无非三种，即就业、失业和退出劳动力市场。但是，中国劳动力市场上的状态，比教科书上所讲的这三种类型要丰富得多，我们分别描述如下。

1. 城镇正规就业。主要指拥有城镇户籍的劳动者，大多数从未经历过下岗或失业，在国有部门、集体部门和一些相对正规的新兴部门就业。他们具有稳定的劳动合同、法定的社会保障网络、随着工作年限而逐年提高的工资。宏观经济遇到危机的冲击时，他们总是最后被裁员的，他们的工资甚至具有一定的刚性。对于国有企业职工来说，其工资刚性来自于制度性的保护；对于某些新兴的非公有企业来说，工资刚性则来自于效率工资。如果忽视细节上的差异而仅仅以单位的注册类型来划分的话，这类就业人群占不包括农民工在内的全部城镇就业人口的约40%。而按照某些更有针对性的定义来划分，城镇户籍就业人口中大约60%—70%属于这个正规就业群体。

2. 城镇正规失业。主要形式是登记失业，即在拥有本地户籍身份的前提下，享有失业登记，从而在规定的时期中取得失业保险金的权利。除此之外，城镇最低生活保障制度还为同一群体提供更加保底的社会安全网。在政府实施积极就业政策的情况下，各种瞄准到企业、社区、个人和家庭的就业扶助措施，也主要针对这些有本地户口的人群。在2008年4.2%的登记失业率下，这个登记失业群体大约有886万人。

3. 非正规就业。他们的特点是在非正规的部门，如一些用工不规范的个体、私人企业，以及没有进行工商注册的经济活动；或者在正规的部门却不享有正规劳动待遇，如没有稳定的劳动合同，工资低于市场决定的水平，没有加入法定的基本社会保障项目。城镇居民中一部分经历过下岗或失业的再就业人员，以及一些新成长劳动力目前处于这种状态，大约为全部城镇户籍就业者的 30%—40%。不过，由于具有本地户口，他们通常可以被最低生活保障制度所覆盖，也能够享受到一些地方性的就业扶助。

在城镇就业的农民工，处于非正规就业状态的比例就更高了，据调查大约在 2/3 以上。目前，在城镇就业的农民工中，那些在城镇居住超过 6 个月的，已经被统计为城镇常住人口，而另一部分则具有更强的流动性，统计对他们的捕捉能力有限。但是，无论是否被统计为城镇常住人口，农民工和他们的随迁家属大都没有被纳入城镇社会保障网络，迄今为止也难以被纳入登记失业统计和就业扶助对象之中。此外，本地和外地农民工在乡镇企业的就业，也具有这样的非正规性质。

4. 农业就业。在二元经济中，非农产业发展和城市化过程中所需要的劳动力，都来自于农业中的剩余。由于把城乡劳动力市场割裂开的户籍制度的存在，每当发生经济周期，城市对劳动力需求降低时，劳动力转移就会遇到系统性政策阻挠，农民工只好退回到农村的承包土地或其他家庭经营上面，而农业和农村家庭经济则周期性地执行剩余劳动力蓄水池的功能。这种中国特色的"工资分享制"导致农村劳动力转移的临时性、农村就业的不充分、农户收入的不稳定，以及城乡收入差距的持续存在。

在农村务农的劳动力，可以被划分为常住务农劳动力和返乡农民工两个部分。常住务农劳动力的人数大约在 1.78 亿—2.28 亿之间，他们呈现出年龄偏大的特点，只有 18.8% 在 30 岁以下，而 81.2% 超过 31 岁。至于返乡劳动力，在常规的情况下是个体行为，即有来有去，他们的年龄结构大致与上述常住务农劳动力相似。然而，受经济危机影响和劳动力市场冲击的返乡行为，则是以成批成群的方式进行的，而且返乡劳动力的年龄结构更接近于外出农民工，即61.3%年龄在30岁以下，38.7%超过31岁。[①]

　　这种劳动力回流现象既有其积极的意义，也产生了消极的影响。从积极的角度说，由于近年来农村剩余劳动力已经大幅度减少，农业和农村非农产业已经遇到一定程度的劳动力短缺，而且农村劳动力的年龄结构已经趋于老龄化，因此，这些相对年轻的劳动力返乡对于新农村建设具有积极的意义。另一方面，由于许多长期在外打工的农村劳动力已经没有了承包土地，其中年轻劳动力从未有过务农的经验，因此，他们中许多人回到土地上的可能性已经很小。加上农村社会保障水平尚不完善，就业机会不足和社会保护不充分，会使他们陷入比较脆弱的劳动力市场状态和生计境况。

四、应对就业冲击的政策建议

　　从上述几个就业群体的划分，可以看到具有中国特色的错综复杂的劳动力市场结构，相应的则是劳动力市场上寻求就业岗位人员的多样化。例如，对全国88个劳动力

---

　　① 关于农村劳动力几种类型的数量和年龄结构估计，请参见蔡昉：《刘易斯转折点——中国经济发展新阶段》，社会科学文献出版社2008年版。

市场的监测显示，在城市职业介绍市场上，寻职者的构成十分多样化和分散化，没有哪些组成部分占有绝对优势的比重（图四）。由此我们可以得出的一般结论是，虽然我们可以针对每一组特定人群制定相应的就业扶助，或者分别提供有效的社会保护，但是，除了稳定和恢复经济增长这个普遍有效的举措之外，并不能指望用某种单一的劳动力市场手段来一揽子解决所有群体的失业问题。

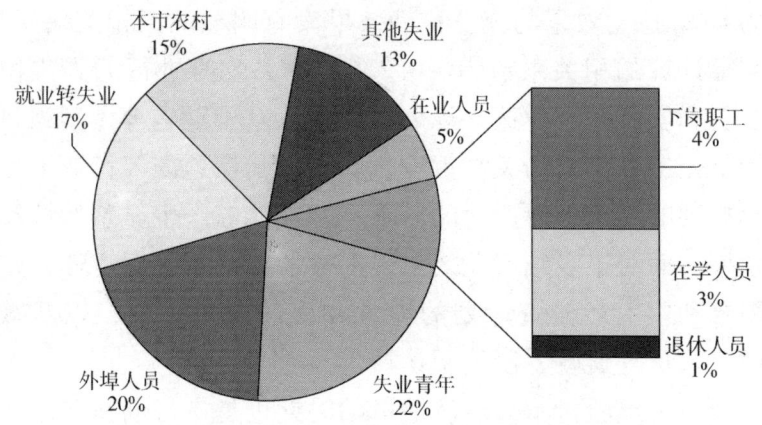

图四　城市劳动力市场的多样化

资料来源：中国劳动力市场信息网监测中心，"历年分季度部分城市劳动力市场供求状况分析"，http：//www. lm. gov. cn/。

自2008年以来，中央和地方政府已经出台很多具体的保增长和促就业的措施，中央经济工作会议也明确提出"实施更加积极的就业政策"。在20世纪90年代末以来形成的积极就业政策基础上，实施更加积极的就业政策，就是要求把保增长、调结构和扩内需，更加紧密地与扩大就业结合起来。具体来说应该包括政府积极就业政策在以下几个方面的拓展。

1. 以扩大就业为目的的经济增长。经济增长是就业扩大的前提，但是，同样的经济增长率却可能产生不同的就业扩大效果。特别是在刺激经济增长的投资计划中，偏重哪些产业会产生十分不同的就业拉动。在利用投入产出表对 16 个非农业部门进行分析时，我们可以发现，产业的 GDP 拉动效果与就业拉动效果没有明显的正相关关系，实际计算的相关系数为 − 0.225。中央政府进行的大规模投资和实施的产业振兴规划，通常以基础设施等大型项目和重化工业部门为关注重点，对于替代房地产等行业不振影响到的对上下游产业的需求，预期能够产生显著的拉动效果。而对于吸纳就业效果最明显的劳动密集型产业，则需要利用上述投资计划的地方和民间配套投资，以及减税、减负等财政手段给予扶持。

历史经验显示，经济危机的时期也是进行创新和产业重组的大好时机，包括在东部地区进行产业升级的同时，把一些劳动密集型产业向仍然具有比较优势的中西部地区转移。这是因为一方面企业竞争压力加大，创新和产业升级成为生存的必需；另一方面生产要素价格相对低廉，有利于进行重组和产业承接。例如，返乡农民工为中西部地区带回有制造业技能的人力资源，劳动者接受更多教育和培训的机会成本也下降了，投资者和创业者可以利用这个时机积聚人力资本；一部分机器设备处于闲置状态，通过形成租赁和转让市场低价转让，可以大幅度降低产业形成的投资门槛；相对宽松的货币政策、积极的财政政策以及鼓励性的产业政策，为东部的产业升级和中西部的产业转移承接，创造了良好的政策环境。

2. 就业和创业扶助的瞄准点是青年劳动者。在整体就业压力加大的同时，青年就业难问题更加凸显。除了农民工就业面临困难之外，大学毕业生等新进入劳动者群体，也面临前所未有的困难。在正常的经济增长情况下，青年就业遇到的难度就比其他群体要大，失业率也更高。例如，2005 年按照城镇调查失业率口径计算，16—24 岁年龄组失业率与平均水平相比高 83.7%。在经济增长减速，就业机会减少的情况下，即使一些企业努力不解雇现有员工，也会大幅度减少对新人的雇用。目前在每年需要解决的就业人群中，各类毕业生占大约一半，他们在经济危机中面临着最严峻的就业困难，各种扶助就业和创业的措施应该更加瞄准青年人。

创造良好的政策环境，使创业与产业结构升级、转移和承接相互促进。把就业指导、信息服务和就业扶持等政策，扩大到城乡所有需要就业的对象，消除对农村劳动力的政策歧视。这包括将农村劳动者纳入小额担保贷款、就业援助、职业培训和技能鉴定等就业扶助政策范围；探讨适当的方式，将税收减免、信贷担保和岗位补贴等政策覆盖到进城求职农村劳动者；加大培训力度，提高就业和创业能力。培训是教育的补充，在经济危机中加强培训，不仅有助于改善求职者的就业能力，也有利于提高企业的竞争力，从而促进整体经济的更快恢复。此外，提供对路的职业培训，不仅可以帮助农民工尽快回到劳动力市场，在达到这个目的之前，还可以延缓青年劳动者进入劳动力市场的时间。

3. 保持劳动力市场规范性和灵活性的统一。《劳动合同法》的严肃性，决定了不应该因为经济形势变化而在其执行力度上有所减弱，更不应暂缓执行。因为经济波动周期是永远都有的，因为经济周期波动就对一部法的执行力度有所差别，显然是非常不严肃的态度。另一方面，企业遇到困难，职工自然会受到影响，依法守法，保持良好的劳动关系对保持社会稳定尤为重要。在规范的同时，制定更多的提高劳动力市场灵活性的措施，应该说是解决当前劳动关系的正确思路。在困难的时候，灵活的就业渠道对保持就业稳定是至关重要的。《劳动合同法》的目标不是伤害劳动力市场灵活性，而是规范后者，因此我们要在执法中格外重视发挥劳动力市场的灵活性，进一步规范劳务派遣用工制度等。

观察过去不同时期的 GDP 增长速度和就业的关系（图五），我们发现 1991—1996 年 GDP 平均增长率（历年增长率的算术平均值，下同）是 11.9%，1997—2002 年是增长率较低的时期，平均增长 8.4%，2003 年之后又达到了 11.0%。但是，在上述三个时期就业的增长是同样的，增速都很快，差别在于凡是 GDP 增长率下降的时候，非正规就业，也就是说灵活就业就加速增长，而正规就业有所减少。特别是在 1997 年以后一段时间里，正规就业增长是负数，但是通过灵活的就业渠道，这个损失是可以补回来的。在困难的时候，灵活的就业渠道对保持就业稳定是至关重要的。

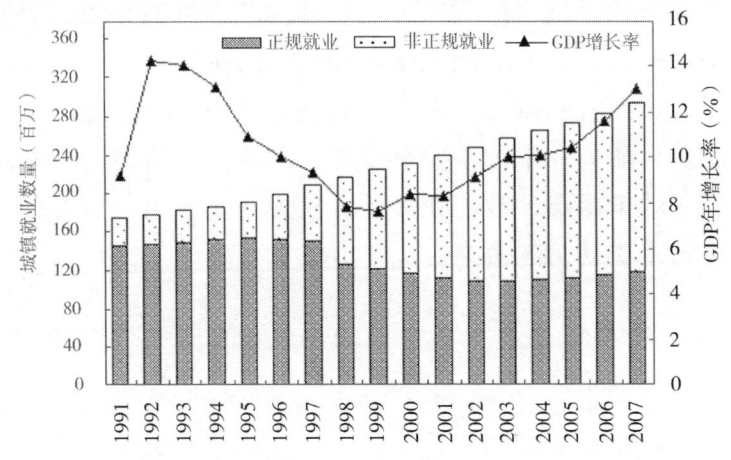

图五　经济增长表现与就业渠道消长

资料来源：国家统计局，《中国统计年鉴（2008）》，中国统计出版社。

4. 发挥政府职能，降低自然失业率。在中国的失业现象构成中，最重要的组成部分是结构性和摩擦性因素。根据我们的估算，2007 年 5.34% 的总体调查失业率中，周期失业率大约只占 1 个百分点，其余超过 4 个百分点是自然失业率。虽然在经济危机时，周期性失业即由于 GDP 增长率下降导致的失业成为主要的因素，自然失业率仍然保持较大的比重。充分利用缩小自然失业率的办法弥补可能产生的就业损失，是一个有效的政策选择。由于自然失业率可以通过改善劳动力市场功能得到降低，因此，加强政府劳动力市场服务职能，即通过提供就业和再就业的中介服务和培训，完善劳动力市场功能，可以用自然失业率的降低来抵偿经济增长速度减缓可能导致的周期性失业率上升。对于此次就业冲击中的主体青年就业群体来说，这点特别重要，由于他们在劳动力市场常态下，通常就是自然失业率的主要承受者，因此，以帮助这个群体为就业政策重点，政府在降低自然失业率方面的努力，可以取得事半功倍的效果。

依靠深化教育缓解就业压力[*]

我国成为世界制造业中心，利用经济全球化实现了改革开放时期的高速增长，与此同时，这个经济增长也伴随着城市化的高速推进。在这个过程中，农村劳动力转移就业作出了重要的贡献。2008 年下半年以来，随着世界性金融危机对我国实体经济造成巨大的冲击，也对农村劳动力转移产生了极为不利的影响。根据调查，春节前有 2000 万农民工受经济危机影响失业返乡。按以往的经验，还将有数百万农村青年新加入打工队伍，两项加在一起，2009 年农民工将以 2500 万左右的庞大数量构成对就业市场的压力。

由于青年农民工的户籍地与打工地在地理上是分离的，他们寻找就业岗位的流动范围大，一旦失业，他们不能为统计体系所覆盖，也不享受相应社会政策的保护，各种就业扶助政策难以落实到他们身上，因此，这个寻找就业岗位的群体对社会安定构成潜在的威胁，需要给予高度

---

* 本文发表于《理论视野》2009 年第 5 期，与王广州、王美艳合作撰写。

的重视。除了促进经济持续稳定发展的措施之外，鉴于农村是我国未来劳动力供给的主体，我们建议，通过提高九年制义务教育留存率，并加快普及高中阶段教育（含职业教育），大幅度提升我国农村人口的人力资本整体水平，提高劳动者对就业市场的适应能力，同时延缓农村青年进入劳动力市场的时间，在宏观上缓解就业压力。

一、经济危机是深化教育的最好时机

从微观角度，教育成本包括两个部分，一是直接物质费用，即为获得教育服务而付出的部分；二是机会成本，即在接受教育期间放弃或损失的就业收入。一个带有普遍性的现象是，在经济高速增长时期，企业对劳动力需求强劲，青少年上学的机会成本提高，家庭往往缩短子女的在学时间，而让他们提前进入就业行列。而在经济增长滑坡的时候，就业机会减少，上学的机会成本相应降低，家庭倾向于让孩子延长在学校的时间。另一方面，以超越常规的力度发展教育，不仅是保持长期经济增长可持续性的要求，也是抵御经济周期冲击的有效举措。或者反过来说，严峻的经济危机往往是推进教育发展的重要机遇。

许多国家都曾经在经济萧条时期，把深化教育和加强培训，作为应对危机的重要手段。例如，美国在20世纪30年代的萧条时期，为了应对宏观经济困难，把学生在校时间大幅度延长，使接受高中教育的人增长了一倍，获得本科学位的人增加了50%。"二战"结束后，针对1200

万退伍军人造成的就业压力，美国在 1944 年制定了《退伍军人权利保障法》，其中最主要的举措就是国家支付费用，资助退伍军人上大学或职业学院，当即就显著减少了劳动力市场上的青年寻职者，最后有 800 多万人利用这个机会拿到了更高的学历。这两轮教育大发展，奠定了美国人力资本的雄厚基础以及随后数十年的经济繁荣。

　　在应对这次金融危机中，美国政府同样借助于加大教育投入这个政策工具。例如，奥巴马总统签署的"刺激经济法案"的投资总额达到 7870 亿美元，主要用于减税、健康、教育、扶助低收入、失业和退休人员、基础设施投资、能源、住房、科学研究以及其他一些方面。其中，用于教育的投资为 909 亿美元，占总额的 11.7%。此外，用于扶助低收入、失业和退休人员的 825 亿投资中，有 45.5 亿美元是与培训和教育相关的投资，包括工作培训、残疾人的职业培训，以及学校免费午餐计划。加总起来，与教育和培训相关的投资合计为 954.5 亿美元，占总投资的 12.3%。[①]

　　在经历 20 世纪 90 年代末亚洲金融危机和宏观经济低谷的时期，在有效治理失业和下岗问题的同时，我国的教育事业特别是高等教育得到长足的发展。当时，扩大高等学校招生规模的政策意图，一是提高人力资本存量的需要，二是家庭教育投入的增加可以成为内需的刺激因素，三是借此延长青年人进入劳动力市场的时间，缓解就业压

---

　　① http://en.wikipedia.org/wiki/American_ Recovery_ and_ Reinvestment_ Act_ of_ 2009.

力。上述扩大教育规模的理由，在当前经济危机时期都仍然存在，因此，这一宝贵经验也应该借鉴来最大限度地化解当前危机造成的就业冲击，把超常规发展教育作为反周期政策的重要手段。

我国劳动年龄人口人均受教育年限远远低于发达国家。2005 年，美国该指标为 13.63 年，日本为 12.9 年，比我国高出 5 年左右。与发达国家相比，中国主要差距产生于 14 岁以后年龄别在学率的陡然下降，而我国城乡之间的教育差距表现与此几乎完全相同（图一）。鉴于我国教育发展与发达国家的差距，以及我国城乡之间的教育发展差距主要表现在义务教育阶段，而随着进入高中阶段进一步扩大，当前深化教育的着力点应该放在巩固九年制义务教育的在校率，同时加快普及高中教育的步伐。

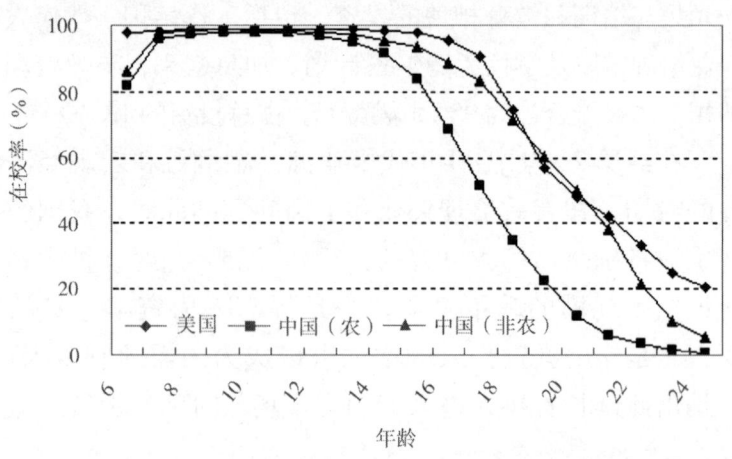

图一　美国、中国农业户口和非农业户口在校率比较

注：美国系 2000 年数，中国为 2005 年数。

资料来源：（1）国家统计局，2005 年全国 1% 人口抽样调查数据；（2）Census of Population and Housing, 2000 ［United States］：Public Use Microdata Sample：5 - Percent Sample；样本量：9280822，www. icpsr. com。

二、依靠教育应对经济危机

目前我国财政教育投入占 GDP 的比重为 3.3%，只相当于法国的 59%，德国的 79%，英国的 66% 和美国的 69%。当受教育年龄人口占总人口的比重比较高的时候，也需要将更多的资源用于教育。根据受教育年龄人口比重对教育投入进行标准化，再进行国际比较，可以更加科学地反映各国教育投入水平的差异。我们以美国 6—24 岁人口占总人口的比例为标准，比较各个国家教育公共支出占 GDP 的比重。由于我国目前老龄化程度低于发达国家，总人口中仍然有更大比例人口处在受教育阶段，因此，调整后的实际公共投入占 GDP 的比例只有 2.4%，与发达国家的水平差距进一步扩大，仅仅为法国的 39%，德国的 44%，英国的 44% 和美国的 50%。

公共投入不足，不仅降低了学生在初中和高中阶段的留存率，影响教育事业的发展，还严重挤压了城乡居民的正常消费。公共财政支出占全社会教育支出的比例，在发达国家为 86%，发展中国家在 75% 左右，全世界平均为 80% 左右，而我国仅为 46%。也就是说，按照国际标准，我国私人支出占教育支出比例异常地高。教育投入过度依赖家庭，挤压了私人消费能力，导致其他消费方面的需求不足，抑制了经济增长的内在动力。出口需求、投资需求和消费需求，是我国经济增长依靠的三个常规需求拉动因素。金融危机时期，在出口大幅度下降的情况下，三足鼎立式的需求因素少了外需这条腿，要迅速转向依靠内需为主的经济增长模式。然而，内需是投资需求和消费需求的协调统一体，依靠经济刺激计划所激发的投资需求，如果不能诱导出相应规模的消费需求，仍然是跛足的内需，形不成投资和消费两条腿走路的格局，也无法支撑经济持续稳定发展。因此，当前应对金融危机对我国经济增长的不利影响，培育和扩大消费需求是关键。可见，扩大教育的公共投入，具有重要的宏观经济意义。

根据 20 世纪 90 年代末高等学校扩大招生的经验，延缓青年人进入劳动力市场的时间，对于减轻因宏观经济周期产生的就业压力，具有明显的效果。例如，上一次扩招是从 1999 年开始，而 1999 年和 2000 年恰好是城镇失业率最高的年份。而在 2002 年和 2003 年第一届扩招学生毕业之际，失业率已经开始进入低点，并且从此以后持续降低，直至 2008 年因遭遇金融危机而再次攀升。鉴于本次失业的周期性质，我们可以预期到教育扩大的类似效果。

根据人口数据进行的模拟显示，按照目前的农村在校率，或者把农村在校率提高到城市的水平，2009 年可以有截然不同的人数进入劳动力市场（图二）。例如，我们以 16 岁年龄组在校率 68.4% 和 19 岁年龄组在校率

22.5%估算，预计2009年16岁进入劳动力市场的农村劳动力为527万人，19岁进入劳动力市场人数高达1684万。通过各种措施，特别是通过更有力的财政保障，巩固初中在校率，大幅度提高高中在校率，如果能够把农村在校率提高到目前城市的水平，即16岁年龄组88.9%和19岁年龄组60.4%，这两个年龄组进入劳动力市场的人数，分别可以下降到186万（比现状少341万，减少65%）和861万（比现状减少823万，减少49%）。城市在校率的提高也具有相同的效果，但是，由于目前城市在校率已经较高，因此效果不如农村这样显著。

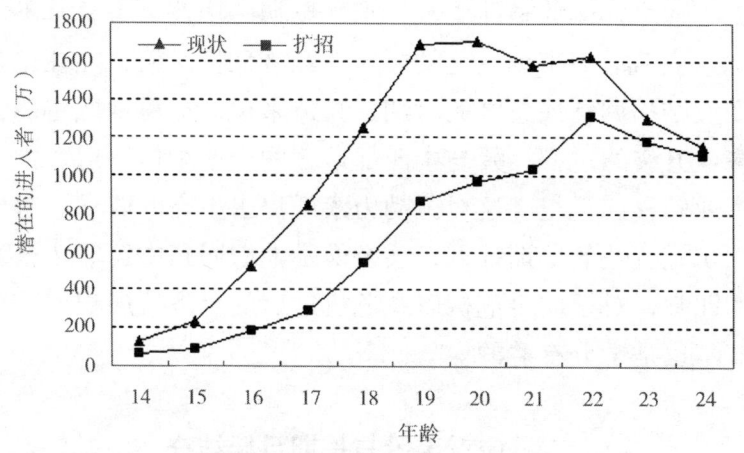

图二　按不同在校率假设农村新成长的劳动力

注：根据2005年非农业人口年龄别在校率和农业人口与非农业人口预测，假定2009年全国农业人口年龄别在校模式和在校率与2005年全国非农业人口的在校模式

和水平相同。

资料来源：国家统计局，2005 年全国 1% 人口抽样调查数据。

农民工就业是当前经济危机所面临的严峻问题，而农民工就业难代表了青年就业的普遍现象。根据调查，农民工中年龄在 16—20 岁的占 18%，21—25 岁的占 27%，26—30 岁的占 16%，即 30 岁以下占全部农民工的比例超过了 60%。[①] 当遭遇金融危机冲击时，这部分青年农民工在劳动力市场上的处境十分尴尬。一方面，他们中的大多数从未有过务农的经历，通常也没有务农的意愿；另一方面，这个群体的整体受教育水平以初中毕业为主，并不完全适应劳动力市场变化的要求。经济危机时期，往往也是产业结构调整最急剧的时期，具体来说，沿海地区将加快产业升级的过程，并与中西部地区的产业承接一道，构成产业转移和重组。这对劳动力素质提出更高的要求。对他们实施有效的培训计划，甚至鼓励他们回到中等职业教育的课堂，对于应对危机以及危机过后的经济发展积累人力资本也是十分有益的。

三、应对手段与长期目标结合

更重要的是，我国未来经济增长的可持续能力，在很

---

① 盛来运、彭丽荃：《当前农民外出务工的数量、结构及特点》，载蔡昉主编《中国人口与劳动问题报告 No.7——人口转变的社会经济后果》，社会科学文献出版社 2006 年版。

大程度上依赖于以劳动者素质为基础的劳动生产率提高。根据经济理论和国际经验，一国制造业的比较优势，不但决定于与之成负相关关系的工资水平，更决定于与之成正相关关系的劳动生产率，而后者是教育和培训的直接结果。因此，利用金融危机发生时期深化教育及实施培训，可以实现我国在人力资本积累上的一次大跨越。

　　劳动者在就业中获得的教育回报率，反映了教育提高劳动生产率的效果。我们的研究表明，教育深化对劳动者个人收益提高的效果是十分显著的，这意味着在劳动力市场比较健全的条件下，家庭具有投资于子女教育的积极性。根据明塞尔工资方程的估计方法，可以分别估计城镇劳动力和农村劳动力的收入回归方程，得到两类劳动力不同教育阶段的受教育年限的回报系数。根据不同教育阶段的受教育年限的回报系数和劳动力现阶段的受教育年限，就可以推算出劳动力受教育年限提高带来的教育收益。如果从目前的城乡劳动力受教育年限出发，即从城镇劳动力的平均受教育年限 9.4 年和农村劳动力 6.8 年出发，提高至 12 年，即完成高中教育，城镇劳动力教育收益为 17.0%，农村劳动力为 21.1%。如果受教育年限进一步提高至 14 年，即增加 2 年高等教育年限，带来的教育收益对城镇劳动力为 41.2%，对农村劳动力为 43.3%（详见表 1）。

表1　城乡劳动力教育收益的几种假设情形

受教育年限提高假设	需要提高的教育年限数		教育收益	
	城镇劳动力	农村劳动力	城镇劳动力	农村劳动力
假定受教育年限提高至9年（相当于完成初中教育）	- - - - -	2.2	- - - - -	8.8%
假定受教育年限提高至12年（相当于完成高中教育）	2.62	5.2	17.0%	21.1%
假定受教育年限提高至13年（相当于更多人接受大专及以上教育）	3.62	6.2	29.1%	32.2%
假定受教育年限提高至14年（相当于接受大专及以上教育人数增加）	4.62	7.2	41.2%	43.3%

注：城镇劳动力的受教育年限已经高于9年，因此，城镇劳动力假定受教育年限提高至9年带来的教育收益没有意义，此处不做讨论。

资料来源：王美艳（2009），《普及高中和大众化高等教育》，载蔡昉主编《中国人口与劳动问题绿皮书No.10》，社会科学文献出版社。

根据预测，我国劳动年龄人口在2015年前后达到高峰，之后将下降，意味着对经济增长作出贡献的传统意义上的人口红利，即充足劳动力供给和高储蓄率的优势将消失。与此同时，人口老龄化程度和社会养老负担显著提高。保障劳动力供给要求未来考虑提高实际退休年龄，而这种可能性几乎完全取决于劳动者的素质，从而最终取决于教育的总体水平。也就是说，发展教育也是为迎接老龄化做必要的准备，或者说是创造条件赢得第二次人口红利。

发达国家应对老龄化的一个主要举措是提高法定退休年龄。但是，要使这个措施具有可行性，前提是老年劳动者的教育程度与年轻劳动者没有显著差别，以至加上他们的工作经验，能够在劳动力市场具有足够的竞争力。而这个前提在我国是不存在的。例如，在美国的劳动年龄人口中，20岁人口的受教育年限是12.6年，而60岁时反而更高，为13.7年。而在我国，年龄越大受教育水平则越低。例如，受教育年限从20岁人口的9年下降到60岁的6年。与此同时，我国劳动年龄人口受教育程度与美国的差距，则从20岁人口比美国低29％，扩大到60岁人口比美国低56％。在这种情况下，一旦延长退休年龄，高年龄组的劳动者会陷入不利的竞争地位。

所以，提高总体教育水平，以及未来劳动者的整体素质，不仅有助于保持和提高我国产业的竞争力，缓解当前就业压力，也是保证未来劳动力供给的关键。利用当前的机遇实现教育的一个大幅跨越，既是应对经济危机的迫切需要，也为危机之后的新一轮繁荣奠定人力资本基础，是长期和短期目标良好结合的政策选择。

为明天储备人力资本[*]

记者：据 2009 年 2 月 2 日权威部门最新公布的数据，目前约有 2000 万农民工由于经济不景气失去工作或尚未找到工作而返乡，农民工培训问题再次成为社会热点。农村劳动力通过教育培训提高职业技能和整体素质，既关系到他们近期的就业出路，从长远看也影响着中国整个的现代化进程。站在战略高度，应该怎样看待这个问题？

蔡昉：我国的农民工培训大致由三部分构成：一是用工企业培训。这一块由于农民工流动性较大，培训投入的风险较大，所以并不普遍。二是农民工自己花钱接受的职业培训。21 世纪以来，在一些省份，职业学校发展很快，不仅教授定向的职业技能，还提供就业服务。第三部分，也是最近谈论最多的，是政府实施的各种农民工培训计划，比如农业部主管的"阳光工程"等。

---

* 本文是《人民日报》记者杜飞进、杨健对作者的访谈，发表于 2009 年 2 月 5 日《人民日报》。

政府对农民工提供的培训，是从宏观角度对劳动力需求的一种反应。2004年前后，一些地方出现了民工荒，此前很多地方出现技工荒，政府意识到社会对具有一定职业技能的劳动力的旺盛需求，同时也为了加快工业化和城市化的进程，逐渐加大了对农民工的培训力度。

这一次的情况有些不同，是出现了劳动力的逆向流动。从应急的角度看，劳动部门最主要的目的是希望通过培训，延缓农民工回到劳动力市场的时间，等待经济的回暖。看得更远一些，任何危机总会过去，下一轮繁荣期到来时，经济发展的方式会有所变化，从产业到技术都会出现新的特征，对劳动力素质的要求也会发生变化。从这种意义上讲，今天的培训，是为明天储备人力资本。

记者：您的意思是说，在经济相对萧条的时期加强教育和培训，对未来的发展是一种机遇。

蔡昉：对。美国20世纪30年代的大萧条有一个意外的收获，就是它使学生的在校时间大幅度延长，接受高中教育的人增长了一倍，获得本科学历的人增加了50%。"二战"后，世界市场对美国的产品需求下降，同时大批美国军人退伍，失业威胁增加。美国为此制定了《退伍军人权利保障法》，1200万退伍军人中的很大一部分走进大学或职业学院。这两轮教育发展的结果，是美国此后几十年的持续繁荣，中产阶级形成。危机带来了正面的效果。

有人研究发现，2/3的技术创新出现在经济低潮期，人力资本的积累也是一样。在萧条时期，读书和培训的机会成本是最低的。我主张在4万亿元、20万亿元投资刺激方案之外，再花大钱在教育和社会保障上，抓住机会把义务教育彻底完成，甚至可以将高中教育纳入义务教育。

记者：经济低潮期是发展教育的大好时机，您的见解引人深思。事实上，抓教育、抓培训，不只是应对危机的权宜之计，进入经济恢复和繁荣期之后，培训和教育也将成为长期的任务。从中国劳动力培训升级的角度，您有什么好的建议？

蔡昉：我们做过一些调查。目前农村劳动力，包括农民工，平均受教育年限只有6.8年。如果把受教育时间提高到9年，他们在劳动力市场的个人回报率将为8%；完成高中教育，教育收益为21.1%；再接受1年大专及以上教育，教育收益为32.2%。

在企业方面，2006年我国的制造业工资是美国的3%，当然我们的劳动生产率也比较低，是美国的14%，劳动成本是美国的21%，用21%的劳动成本去生产和美国同样的产品，这是我国真正的比较优势。在工资水平不大可能下降的情况下，要保持这一优势，加强培训和提高劳动生产率就成了关键。

所以，假如劳动和教育部门能够看到这一点，不只是盯着近期就业率，而是一手抓实用技能培训，提高针对性，一手抓基础教育，扩大适用面；不只是习惯于"钱多时加大投入、钱少时节衣缩食"，而是抓住机遇完善升级培训体系，把应对危机的非常措施常态化，那么我国就有可能像六七十年前的美国教育一样，为未来几十年的发展奠定基石。

思考经济学

SIKAO JINGJIXUE

中国经济学家在经济改革中的作用[*]

一、引 言

经济学家比任何其他领域的社会科学家都具有更强的政策参与愿望，即希望将他们的科学研究结论转变为经济政策决策，在国家甚至国际经济事务中实施。反过来说，政府和其他公共组织对经济学家工作的需要，大大高于对其他社会科学家的需要。这种情形在过去 40—50 年中变得越来越明显。对经济学家的需求及经济学家在决策中发挥日益显著的作用，主要与三方面的变化有关。第一，经济学分析技术有长足的改进，经济学家分析、处理大规模经济数据的能力得到很大提高。正如斯蒂格勒所指出的，经济学家只有获得了铁路管制有关政策效应的证据，他们

　＊　本文发表于《中国书评》1996 年第 2 期（总第 9 期）。在写作过程中，作者多次与林毅夫进行讨论，并得到十分有益的评论和建议。

才能在专业上劝告政府管制铁路或放松这种管制的权力。第二，战后各国的政府都在推动经济增长、维护经济秩序和经济稳定、管理福利状况等方面起着越来越大的作用。经济学家作为单个的研究者，只有通过政府需求的扩大才能在经济事务决策中相应地发挥更大的作用。第三，在经济学理论日臻完美的同时，经济学家的想法和政策药方越来越贴近经济现实。

经济学家在公共经济决策中发挥作用，可以通过从政，直接成为经济决策者，也可以作为经济顾问在政府机构中影响决策，还可以以其学术思想影响舆论或游说政治家。如果我们把"经济学家"限定为那些以职业的身份和技能从事经济问题研究并写作的人，则应该将政治家中懂经济并曾从事经济研究，但已经放弃了经济学家职业身份的人排除在经济学家概念之外。所以，我们谈到经济学家在经济决策中的作用时，主要是指那些以职业身份从事经济问题研究的群体在政府内外的作用。本文所考察的，即指在中国的改革开放过程中，大学经济系教师和学生、社会科学院系统经济类型研究所和部委经济研究所研究人员、以及政府经济研究部门的研究人员通过不同形式和渠道所发挥的作用。

本文第二部分考察面对经济改革实践提出的挑战，中国经济学家功能的变化及职业素质的提高；第三部分通过对中国经济改革逻辑进程和经济决策过程的简要概括，介绍经济学家怎样影响决策，并对其实际发挥的作用作出判断；第四部分论述中国经济学家在帮助形成对经济改革取向上的社会共识方面的特殊作用。这种作用尤其表现在经济学家通过发表作品、游说和参与决策事务对经济改革意识形态的影响；最后部分，在国际比较中分析中国经济学家在改革中发挥作用局限性的制度和历史原因。

二、经济学家功能的历史转变

在 70 年代末经济改革开始以前，经济学家在中国经济决策历史上很少发挥过重要的作用。例如，中国和苏联都曾经历过选择重工业优先发展战略为逻辑和历史的起点，继而逐渐形成传统的社会主义体制的过程。但在作发展战略选择时，在苏联的经济学家中曾进行了针锋相对的激烈论战。两派的理论和政策建议虽然截然对立，不可调和，却都有比较严密的逻辑体系，并且具有可操作性，在社会主义经济理论中占有经典的地位。而在中国，50 年代选择了重工业优先发展战略并形成相应的经济体制，都是由中共中央和中央政府直接作出决定，人们很难听到经济学家的任何异议，更少有人从政策成本的角度提出经济反证。与此类似的，中国经济发展过程中的历次重大错误决策，如 1958 年的大跃进，"文化大革命"期间的停产闹革命，都是在没有任何经济学家论证的情况下，以政治运动的方式推进的。当这种决策的后果以严重的经济危机形式表现出来时，又是政治家自己出面来纠正。

在中国计划经济体制形成到经济改革开始的整个时期，政府内外的经济学家主要做了两类事情。政府中经济学家的主要职能是为计划分配资源和安排生产服务。由于产品和生产要素的价格被人为压低，形成各种产品和资源的普遍短缺。而在国有经济占现代经济部门绝对优势比重的情况下，企业所需要的资源和中间投入品都由计划部门来分配。因此，在政府综合部门（如计委、银行、财政部等）任职的经济学家就是要通过对各部门及其在综合计划中的位置的信息作出处理、分析，以确定如何将有限的资源在各个部门作出分配。而各个产业部门的主管机构（如农业部、轻工业部等）和各个地方政府都倾向于获得尽可能多的稀缺资源。在这类政府机构中任职的经济学家则主要肩负着利用部门和本地区特有的信息，作出最有利于自己所在部门或地区的论证，以帮助首长在争取资源的谈判中与中央讨价还价。

在政府机构之外的中国经济学家则主要着眼于对中国社会主义经济体制作出论证。也就是从马克思主义经济学的基本结论出发，引经据典地讨论了一系列理论问题。这主要有关于生产力和生产关系的讨论，社会主义制度下商品货币关系的讨论，社会主义经济规律的讨论，社会主义所有制的讨论等。在大多数这种讨论中，不同的观点都分别可归结为具有偏"左"的倾向或具有偏"右"的倾向。但需要了解的是，所谓偏"左"或偏"右"的倾向，只是相对而言，大都没有脱离当时意识形态规定的框架。在不同时期，不同倾向的观点和主张曾交替占据上风。但通常并没有对经济政策发生重要影响，毋宁说，这种倾向观点受欢迎程度的沉浮是经济出现短期左右摇摆的一种反映。在这个时期，也有少数经济学家对传统的经济体制提出批评，并提出进行改革的建议。其中最有代表性的人物是原中国社会科学院经济研究所所长孙冶方。他针对经济体制中的矛盾，根据自己对马克思主义经济学理论的理解，倡导计划和统计放在价值规律的基础上。鉴于孙冶方当时的地位（曾任国家统计局副局长），他的某些具体建议有时在决策中产生影响，但他重视价值规律的作用、主张提高利润指标在经济管理中的地位、倡导扩大企业自主权等一系列经济理论和主张，因与传统社会主义理论背道而驰和破坏传统体制的内在统一性而受到严厉的批判。

70年代末中国实行经济改革以来，经济学家的职能和作用发生了很大的变化。这种变化是与经济学家自身素质及其发挥作用的条件等一系列因素的改变相联系的。首先，经济学家与决策层的沟通条件得到改进。以打破计划经济模式、引进市场调节机制为主要线索的经济改革，在中国的社会主义建设历史上是前无古人的事业，在世界范围的社会主义运动中也是没有先例的。因此，决策领导层亟须经济学家的独特人力资本，以为改革过程提供决策信息。为此中央组建和加强了政府部门中的经济顾问机构，并遴选出一批优秀经济学家充实进这些机构。例如，从中央到地方及部门，成立了各级经济体制改革委员会并在国家体改委内设立专门的体改研究所；鉴于中国农村改革是经济改革率先突破部门，以及这一改革领域的重要性，成立了中央和省的两级农村发展研究中心，并在国务院农村发展研究中心内设立专门的研究所；成立国务院经济发展研究中心，并在省一级成立相应的研究机构。此外，为了使经济研究更深入，政府鼓励非政府部门的经济研究单位向专业化、多元化发展，批准中国社会科学院从中国科学院中独立出来，同时将原来的经济研究所扩充为 6 个专业化的经济研究所；鼓励大学中设立与经济院、系并行的经济类研究单位。

其次，经济学家的研究导向更趋向于实用化和多元化。如前所述，改革以前经济学家的研究导向是为当时的经济体制和经济政策辩护和论证，一些不同于主流的观点和主张，也仅仅是以修补该体制为目的。而改革以后，经济学家先是对传统体制进行毫不留情的批判，同时阐释改革的必要性；继而开始介绍有关可供替代的体制模式的信息，结合中国改革所提出的问题，帮助设计、制订改革的方案；进一步，通过对改革经验的总结或受到改革效果的鼓舞，帮助改革过程在空间上扩展，在时间上延续，并代表改革中形成的新生利益集团表达它们的意愿；在整个这样的过程中，理论研究的深入和改革实践的成效，推动了经济改革在意识形态上的认可程度，为更彻底的市场化改革清扫了意识形态上的障碍。

第三，经济学家的分析方法和技能逐渐改进。中国的经济学传统主要是马克思主义经典作家关于资本主义经济分析和苏联关于社会主义经济的理论。即使在中国改革开始以后，仍有一段时期经济学家主要是从引据马克思主义经典来论证对经济体制中的某些方面进行调整或改革的必要性和合理性。例如，为了使农村实践上已经取得成功的家庭联产承包制在理论上取得合法性，有人花了很大的气力来论证这种家庭经营形式仍是一种公有制的按劳分配形式。① 随后，人们发现这种研究方式不能适应经济改革不断深化的现实，而且吃力不讨好。因而转向对传统经济体制的弊端和改革过程中的问题做实证性的研究，并在此基础上提出关于改革的思路和建议。与此同时，一些经济学家开始针对中国经济改革面临的问题，系统地介绍国外的有关理论和实际经验。起初是介绍一些东欧国家有关社会主义经济体制的理论和对旧体制进行局部改革的做法。这期间东欧一些对传统社会主义经济理论离经叛道的思想和分析方法特别受到青睐。以后，发达的市场经济国家的一些制度、政策模式和西方经济学的理论越来越多地得到了引用。在这个"拿来"的过程中，人们对发达国家的市场制度和西方经济理论了解越来越多，日渐深刻。在对于发达经济的体制的研究和介绍中，逐渐进入到将几种有所区别的市场经济体制（如美国、日本和德国等）作比较；在对于西方经济学的借鉴中，经济学家们开始在凯恩斯主义、新古典主义，以及新制度经济学等新经济学思潮的方法和主张之间进行比较和选择。中国经济学家的目的是十分明确的，就是要借鉴这些理论和现实模式，建造自己关于中国的经济体制改革的目标模式，或探寻解决改革中所出现的问题的具体措施。

经济学家的一项重要职责就是提醒决策者，经济体制

---

① 林子力：《论联产承包制》，上海人民出版社 1983 年版。

和经济现象是复杂的；要最大限度地避免经济决策的失误，就需由经济学家为决策者提供一系列可供选择的、竞争的决策方案。中国经济学的对外开放，无疑为经济改革的决策提供了广泛的信息基础。特别重要的是，在这个过程中一部分经济学家开始运用现代经济学的规范分析方法研究中国经济改革问题。以关于中国经济体制的转轨过程的研究为例，经济学家开始为社会和决策者提供有关改革的成本和收益的信息，[①] 这为中国经济学家在经济改革中发挥适当的作用寻求到一个正确的位置。

最后，作为以上变化的结果，经济学家对改革的研究日益深入，越来越揭示到中国经济改革的实质，也取得更多的共识。由于微观经营机制上的低效率以及由此造成的劳动激励不足是 70 年代末中国开始进行经济改革的直接诱因，而农村家庭联产承包制和企业放权让利改革又颇有成效，因此经济学家曾将研究重点放在这个层次的改革上面，相应提出了企业承包制、资产经营责任制和股份制等一系列改革方案。由于经济体制的整体性和改革的逻辑性，微观环节改革逐渐推动了传统的资源配置制度和价格体系的改革。因而，经济学家进一步认识到改革发展战略的必要性，以及经济管理体制对于发展战略的从属性和两者互为条件、互相制约的关系。因而将中国经济改革归结为两种模式（发展模式和体制模式）的转换，并提出一

---

① 盛洪主编：《中国的过渡经济学》，上海三联书店、上海人民出版社 1994 年版。

系列深层次的战略转轨问题。

三、经济改革的决策过程及经济学家

中国的传统经济体制是为推行重工业优先发展战略而形成的。它包括（1）没有自主权的微观经营机制，（2）排斥市场机制的资源计划配置制度和（3）扭曲产品和要素价格的宏观政策环境三个制度组成部分。而始于20世纪70年代末的经济改革，首先是从微观经营环节的放权让利开始。在国有经济部门，放权让利式的改革改进了激励机制，提高了生产率，并使企业获得了对部分新增资源的配置权。在利润动机的驱使下，企业将部分新增资源配置到传统计划经济中受压抑的部门。在农村，家庭联产承包制提高了农民的积极性，也创造了一块新增资源，并通过乡镇企业的发展被配置到受压抑的部门。无论是企业还是农户，一旦拥有了对新增资源的配置权，就要求有计划外的资源配置制度和价格形成机制与之配合。于是，资源配置和价格的双轨制便应运而生。扭曲价格的宏观政策环境是维系重工业优先发展战略的基本制度安排，它的逐步松动推动了发展战略的转变。中国迄今所经历的经济改革就是这样一个符合逻辑的过程，其中包含着一系列具体的改革事件。

可以按中国经济改革过程的特点，将重要改革事件区分为三种类型。我们将分别从这三类改革的决策过程来考察经济学家所发挥的作用。

　　第一种类型的改革是由直接当事人自发创造并经决策者认可的自下而上的改革。这类改革最典型的事例是以农村实行家庭联产承包制为起点，包括乡镇企业和私人经济发展的整个农村改革。早在人民公社体制刚刚建立的年代，农民就自发地创造了包产到户这种农业经营形式，但因其与传统体制相斥而反复被政府取缔。直到 20 世纪 70 年代末，中国结束了"文化大革命"，政府对于那些虽有悖于传统的意识形态却具有调动积极性的实际效果的经营形式，采取了更为实际的态度，不再强令禁止。1979 年 9 月中共中央通过的《关于进一步加快农业发展若干问题的决定》第一次正式宣布包产到户可以作为一种例外得以存在。很快，政府也看到包产到户的惊人效果，因而在政策上进一步放宽。1980 年 9 月中共中央印发的一个会议纪要《关于进一步加快和完善农业生产责任制的几个问题》中指出，"在那些边远山区和贫困落后地区，……要求包产到户的，应该支持群众的要求，可以包产到户，也可以包干到户"。在示范效应和政策宽容这两个因素的促动下，全国实行家庭联产承包制的生产队占总数的比重，由 1980 年初的 1.1% 增加为年底的约 20%。以后，从 1981 年到 1984 年的 4 个中央一号文件，从进一步放宽限制，到给予充分肯定，以至提出巩固和完善的措施，从政策上鼓励和支持了农民的这一制度创新。到 1984 年年底，全国 100% 的生产队和 97.9% 的农户都实行了联产承包制。

　　家庭联产承包制的典型形式是包干到户，其基本做法是：按人口或一定的人口——劳动力比例将土地发包给农户经营；农户按合同完成国家税收、收购任务，并向生产队缴一定数量的提留，余下的产品全部归农户所有并有权自由支配。包干到户与包产到户的最大区别是取消了生产队的统一分配。由于包干到户的特点，一旦它成为农业经营的主要形式，就必然引起农村经济体制的深刻变化。人民公社和生产队的基本职能是为执行国家计划下达的农产品征购任务而统一组织农业生产，管理、安排农业生产要素的使用。当联产承包制以大包干的形式解决了完成国家任务和自主配置生产要素、自主安排生产的矛盾后，人民公社体制便没有存在的价值，因而便被废除，代之以乡、村两级社区性自治组织。包干到户为农户赢得了生产要素配置权和收益权后，集体资产就不再是农村财产存在的唯一合法形式，私人经济便在生产要素的流动和重组中诞生。而乡村自治组织维持自身存在也需要靠社区的力量发展和增值集体资产，这就为乡镇企业发展提供了初始积累和动机。当农业生产过程已经由农民自主决策后，剩余产品的增加就要突破垄断的农产品流通体制，从而出现私人长途贩运、集贸自由市场，进而农产品流通的多渠道经营和双轨制价格。

从这整个农村改革过程，我们看到的是直接当事人——农民和农村社区干部的自发创造，并在政府缝隙中将这种创造按照改革自身的逻辑推向前，而看不到丝毫经济学家设计的痕迹。经济学家在这个改革过程中作用仅限于传递改革过程中的信息，帮助决策者了解改革的效果，帮助社会形成共识。更具体地来说，在农村改革初期和以后的推进过程中，一部分经济学家囿于传统社会主义观念，力陈家庭联产承包制、长途贩运和私人经济、乡镇企业的罪状；而另一些经济学家则作了大量实证研究，把农村每一种改革的实际效果反映上来，为这些改革的合法性呼吁、呐喊。① 由于自 1978 年中共中央十一届三中全会以来，中国共产党重倡其"实事求是"的思想路线，那些从实际效果来认识农村改革的观点受到决策者的认同。

第二种类型的改革是直接当事人与主管部门谈判而形成的协议式改革。这方面最典型的是围绕国有企业的放权让利所进行的一系列改革，虽然这类改革都要由政府作出决策才能推行，但其操作中因存在信息不对称的问题，必须经与企业进行具体协商。国有企业的改革也是始于20世纪 70 年代末和 80 年代初。最初是实行企业扩大自主权试点，主要内容是在扩大企业在生产计划、产品销售、奖金发放和投资等方面自主权的同时实行利润分成，即按一定比例在政府和企业之间分享企业利润。在这一实验逐步推广的过程中，企业的责任制不断完善，并形成后来企业普遍实行的承包制，围绕完善企业承包制，相继又进行了一系列其他改革。例如，试行以企业交纳固定资产和流动资金占用费、销售税（工商税）和调节税替代过去上缴利润的"利改税"；1983 年全面推行了第二步利改税，为大中型企业规定了统一的所得税率。同时，利润留成比例

---

① 周其仁编：《农村变革与中国发展》，牛津大学出版社 1994 年版。

和盈亏包干基数根据税后收入重新核算；1985 年，企业基本建设投资由国家财政拨款改为银行贷款制，即所谓"拨改贷"。到 1987 年，预算内工业企业的承包面达到了90%。

一旦国有企业得到允许以非计划价格出售其超计划产品并自主安排部分生产，企业便对计划供销之外的产品和生产要素市场提出要求，从而推动资源配置制度的改革，形成资源配置和价格的双轨制。这种双轨制相应成为传统宏观政策环境改革的过渡形式。与此同时，企业承包制之外的一些企业制度也开始进行实验，如在效益较好的企业中实行股份制和对小型企业实行租赁制等。直至最近，决策者确定国有企业改革的目标模式是实行以股份有限公司和有限责任公司为基本形式的现代企业制度。

在国有企业改革过程的回顾中，可以看到经济学家的作用是逐步增大的。在最初的放权让利改革中，基本诱因是针对企业效率低下和缺乏激励机制，因而政府向企业作出某些权利的妥协。而实际的做法是政府主管部门同企业进行一对一谈判的结果。这一做法上的特征于企业承包制中一直得以保留。因此，经济学家在承包制形式、执行与决策方面起的作用并不大。但是，当企业承包制遇到一些问题或缺陷时，一些经济学家有针对性地提出了改进的建议，有些干脆设计出了替代方案。[①] 但有趣的是，无论这些设计如何地煞费苦心，如何受到决策者的赞许，一经试

---

① 何家成等：《资产经营责任制试点情况分析》，1987 年 5 月 2 日《经济日报》。

验，又会回到老路上——企业与主管部门谈判形成的妥协。不过，围绕企业经营形式或者制度的选择，经济学家的讨论空前活跃。高喊"承包制万岁"的有之，力倡股份制的有之，更有的讲企业产权明晰化。这些都有助于决策者避免片面地看待国有企业问题。而最终决策者选择建立现代企业制度的改革目标，无疑与这种广泛而旷日持久的讨论有直接关系。目前在关于现代企业制度的具体形式设计中，经济学家已经直接参与。但是，当今后实施这些设计方案时，当事人之间的利益相争和妥协，必然又会使这些方案大大走样。

第三种类型的改革是由中央直接决策并指导，由地方政府实施的自上而下的改革。这类改革中最典型的是中央政府的特区政策和相关的沿海地区发展战略。1979 年邓小平倡议，中共中央决定在深圳、珠海、汕头和厦门分别划出地方试办特区。以优惠政策，吸引侨资、港澳投资和外资，允许其直接投资或合资办厂。1980 年 8 月人大常委会通过的《广东省经济特区条例》正式确定了中央的特区政策。这些特区的面积随后多次扩大。1988 年又决定将海南岛开放为又一个特区。由于海南岛面积为 3.4 万平方公里，这一举措使经济特区总范围大大扩大。1984年《国务院关于经济特区和沿海 14 个港口城市减征、免征企业所得税和工商统一税的暂行规定》为经济特区、14 个港口城市的经济技术开发区和老市区制定特殊政策，并将开放政策扩大到大连、秦皇岛、天津、烟台（含威海）、青岛、连云港、南通、上海、宁波、温州、福州、

广州、湛江、北海等 14 个沿海城市。1988 年年初，当时
中央最高决策层决定实施沿海地区经济发展战略，扩大特
殊政策及其辐射范围。由此把长江三角洲、珠江三角洲和
闽南三角地区扩大为一个对外开放"大三角"，并将辽东
半岛、胶东半岛和河北省环渤海湾的地区和广西靠近北部
湾的一些城市列为沿海开放地区。20 世纪 90 年代这一战
略继续实施，相继批准上海浦东新区的开发、开放，增设
浦东外高桥、天津港、深圳沙头角和福田等保税区，并在
深圳特区建立保税生产资料市场。

在实施沿海地区发展战略这一中央决策、地方实施的
改革过程中，经济学家所起的作用也是逐渐增大的。最
初，经济学家提供的关于自由港、自由贸易区、出口加工
区等方面的国际经验，无疑是有助于中央领导层作出决策
的有益信息。当时建立经济特区，主要着眼点在于设立特
区的发展本身及其示范或"窗口"作用。而后来提出的
沿海地区发展战略，则是将内地农村劳动力的转移、传统
工业结构的改造等整个经济的发展结合起来考虑的。在这
个决策前后，经济学家的意见得到决策者的重视。更确切
地说，当时的最高决策者是在与经济学家的对话中，经过
反复的思想碰撞而形成这一沿海地区发展战略思想的。
1987 年底，当时中央主要决策人第一次表述这一思想时，
就指名道姓地引用了国家计委经济研究所王建副研究员所
写的一份内部报告《选择正确的长期发展战略——关于
"国际大循环"经济发展战略的构想》。经济特区和沿海
开放开发区的建立也为经济学家提供了良好的实验环境，

使一些体制改革措施在全国先走，为进一步推广积累了经验。例如，在经济特区和其他沿海开放区的发展过程中，地方政府给予经济学家很高的重视。深圳和海南经济特区都曾多次邀请北京的经济学家前往调查，为其经济、社会发展提供战略性建议。在这种地方政府与经济学家的对话过程中，经济学家关于建立"小政府、大社会"的思想在海南得到直接应用。① 而股票市场也是率先在深圳特区和上海等沿海城市建立。由于沿海地区经济改革与发展的这种超前性，其体制和发展模式与内地形成较大的差异。因而有时中央针对全国而采取的一些宏观调控手段，与沿海地区的利益有所冲突。这时便出现了一些代表沿海地区利益的经济学家通过其自身的影响力批判中央政策。姑且不论具体争论中的孰是孰非，这类经济学家至少为中央决策提供了一种舆论上的制约和思路上的竞争。②

对经济改革三种类型的简述和经济学家相应作用的考察，我们可以得到有关中国经济学家在经济改革中作用的三点印象。第一，经济学家在经济改革中所发挥的作用，是随着时间推移而逐渐增大的。第二，改革事件越是具有自上而下的特征或越是具有政府行为的特征，经济学家在其中发挥的作用就越大。第三，尽管经济学家的功能是多样化的，但其在过去改革中所起到最大、最有效的作用还

---

① 邓英淘：《海南模式的特征、问题与对策》，载海南省世界银行贷款办公室编《海南模式的特征、问题和前景》，时事出版社1991年版。

② 顾海兵：《经济学家的责任权利与经济学界的左氏风波》，《改革》1994年第4期。

在于其特有专业方式帮助社会形成共识。

四、改革的意识形态变化

中国渐进式经济改革是在中国共产党领导下进行的。因此，经济改革的进展与成功，从根本上有赖于对计划经济与市场经济的认识这一改革意识形态的转变。而经济学家在这个认识问题上进行了长期的讨论。帮助实现这个改革意识形态的转变，是中国经济学家帮助形成改革的社会共识中作出的最大贡献。对于领导中国改革的决策层和直接参与改革的全社会来说，能够实现从认为"计划经济是社会主义基本特征之一"到把建立社会主义市场经济体制作为改革目标模式这样的意识形态转变，是过去16年经济改革能够取得成功的认识上和领导上的保障。事实上，中国共产党正式文献中关于计划与市场及其关系的每一认识上的前进，都是通过吸取经济建设中的失误的教训和总结改革中的成功经验所促成的。而经济学家的工作帮助实现了实践到官方的意识形态的升华。

早在经济改革开始之前，针对传统计划经济体制的弊端，经济学界已经在理论上开始承认计划与市场具有相互补充的作用。但并不认为计划与市场的作用和地位可以对等，主张以计划为主、市场为辅；同时认为两者本质上分别是社会主义和资本主义不同制度的产物，因而不存在内在的统一性。所以，两者只能是板块式的结合，即如陈云在1979年初概括的，计划经济是基本的、主要的，市场调节的经济是从属的、次要的，但又是必需的、基本上无害的。始于 20 世纪 70 年代末的经济改革，正是在这种官方意识形态和主流经济观点的基础上开始的。随着经济改革的进行，经济学家继续探索计划与市场关系的观点逐渐在领导层取得共识，并反映在 1984 年 10 月中共十三届三中全会通过的《中共中央关于经济体制改革的决定》中。这个文件在关于计划与市场关系的认识上有了重大的前进。首先，肯定了社会主义经济是有计划的商品经济，这在中国共产党的认识史上是第一次。其次，指出实行计划经济并不等于指令性计划为主，指令性计划和指导性计划都是计划经济的具体形式。第三，指出不仅指导性计划主要依靠运用经济杠杆的作用实现，指令性计划也必须运用价值规律。但是，这个文件仍然强调中国实行的是计划经济，把完全的市场调节局限在一些次要的经济部门，只赋予市场以辅助但不可或缺的作用。

经过了 20 世纪 80 年代初微观经营机制的改革及其对资源配置制度、宏观政策环境改革的推动，经济理论界关于计划与市场关系的认识也在深入。伴随着改革更多地触及国有企业的经营行为和产品、要素价格等方面，计划与市场关系的认识由有主辅的结合论发展到有机结合论。经济学家认为，计划与市场并不一定是互相排斥或此长彼消的，而是可以相互渗透，达到你中有我、我中有你的境地。与这种理论发展相对应，1987 年 10 月中国共产党第十三次全国代表大会通过的报告，肯定了社会主义有计划商品经济的体制应该是计划与市场内在统一的体制；提出计划和市场的作用范围都是覆盖全社会的；并将所需建立的经济运行机制概括为"国家调节市场，市场引导企业"的机制。相对于过去排斥市场作用，或仅仅把市场的作用限制在有限的范围的理论认识与政策偏向来说，这一新的认识是一项有益的突破。但是，如何能使计划与市场皆得以全面覆盖国民经济，却是一个在操作层次上很难把握的问题。所以，这种关于计划与市场关系的理论认识带有乌托邦性质，具有理论认识上的过渡性或妥协性，要么在此基础上进一步向前推进，要么为了适应操作的需要而在理论上退回一步。

中国的经济改革在 20 世纪 90 年代进入一个更加深入的阶段。特别是在沿海开放地区，不仅对传统的微观经营机制、资源配置制度进行了比较彻底的改革，同时通过对宏观政策环境的改革，矫正了扭曲的价格体系，无论在产品还是在要素的分配中，市场机制都发挥了越来越重要的调节作用。这种较深层次的改革促进了经济的高速增长，显示出市场机制配置资源、调节经济的优越性。与这个过程相适应，经济理论界逐渐放弃计划与市场相结合的认识，而给予市场调节以更高的地位。并且，通过经济学家的努力，终于在邓小平于 1992 年初到南方城市视察并作了一系列讲话后，同年秋季召开的中共十四大明确提出中国经济体制改革的目标是建立社会主义市场经济体制。并且阐释了这种体制就是要使市场在社会主义国家宏观调控下，对资源配置起基础性作用，即经济活动受市场供求的调节，并通过价格杠杆和竞争机制，按照效益配置资源。

需要指出的是，中国经济学家对于改革的意识形态变化的推动作用，并非仅仅通过学术讨论的方式。20 世纪70 年代后期中国结束了十年的"文化大革命"，中国共产党和政府逐步将工作的重点转向经济建设，随后又开始进行经济改革。决策者不仅需要经济学家帮助设计和论证改革的具体思路和实施方案，也需要其帮助把握改革的总体方向，以便为全社会提供意识形态上的指导。因此，80 年代以来党和政府有关经济改革和经济发展的重要文件、决议和规划，都吸收了经济学家参与讨论和写作。经济学家则通过这种更直接的参与方式，或通过这个过程中与决策者的对话而对改革意识形态的演变作出重要贡献。

五、经济学家在改革中作用的局限性

中国经济改革就其本质含义来说，是一个从计划经济向市场经济体制转换的过程。实现这个过渡需要完成三个基本任务。第一是从认识上摈弃传统的计划经济体制；第二是确立市场经济体制的目标模式；第三是实现从计划体制到市场体制的实际过渡。因此，中国的经济学家相应肩负着三种使命，或在这三个方面发挥作用。如前所述，早在改革开始之前，经济学家已经开始批判传统的计划经济体制。而在整个经济改革年代，对传统体制的反思和批判也在不断深化。与此同时，经济学家以其不懈的努力和特有的韧性，反复论证着中国建立市场经济体制的必要性和必然性，帮助全社会特别是政治领导人认识到市场作为一种有效的资源配置制度，不是资本主义所特有或独享的。

　　然而，我们同样可以发现，中国经济学家在体制转型过程中所发挥的作用是有限的。也就是说，迄今为止的经济体制转型，主要是直接当事人制度创新的结果，很少是经济学家设计出来的，而经济学家设计的改革方案，不是仅仅作为一纸空文，就是在实施中大大走样，效果与初衷相去甚远。为了理解这一事实，我们首先应该理解中国经济体制转型的特殊性。事实上，中国传统的计划经济体制即有着不同于东欧和苏联的特殊性。虽然在 20 世纪 50 年代中国选择了与苏联模式十分相近的重工业优先发展战略，并由此出发形成了传统的计划经济体制，但从这一体制建立之初便开始了诸多的调整，使其在兼顾国家、集体和个人三者积极性方面，与苏联模式相比有更多的灵活性，价格扭曲程度较低。另一方面，中国的改革目标模式也是特有的。由于中国经济改革是在中国共产党领导下进行的非激进改革，社会主义意识形态和中国传统文化为市场经济目标模式设置了诸多前提条件（即所谓"中国特色"）。而且，归根结底，中国即将建立的市场经济体制不会是地道美国模式或日本模式的翻版。由此，中国从计划体制向市场体制的过渡本身必然是一种前无古人的独特过程。迄今中国改革就其方式和效果来说，表现出与东欧国家和俄罗斯的巨大差别已经证实了这一点。这为经济学提出了一种特殊的需求。

　　我们再来看经济学已有的关于经济体制转型的知识存量。按照中国常用的分类法，经济学首先可以区分为马克思主义经济学和西方经济学。两种经济体系的知识积累，都与社会对其需求直接相关。其每种特定理论的成熟程度，则与相应的经验的丰富与否和理论形成期长短成正比。经济学中关于我们这里所关心的问题的相关知识有以下几个方面。第一，西方的决策者从宏观经济的现实出发，对经济学家提出大量问题，希望经济学能够在建议适宜的货币和财政手段、指出达到高就业低通货膨胀的正确途径等一系列宏观经济问题上有所贡献。对应于这一巨大的需求，西方经济学在更现实的宏观经济理论和政策方面积累起大量的知识。在从计划经济向市场经济的过渡中，必然会出现诸多与过渡特征相关的宏观经济难题。已有的经济学知识无疑会大大帮助人们理解和解决这些问题。但归根结底，成熟的市场经济中发展起来的宏观经济学，对于解决转型中的宏观经济问题，往往是鞭长莫及、爱莫能助。

第二，传统的社会主义经济理论，适应于计划经济体制和社会主义经济发展的需要，也曾发展起一系列经济学说和政策主张，包括了诸如社会主义再生产理论、交换理论和经济计划方法等。这种以集中的计划经济为服务对象的经济学说，对于理解和解释体制转轨中的问题很少助益。社会主义经济学中也曾产生一个分支，或对传统社会主义体制模式进行批判，或从理论上构造可替代的社会主义体制模型。研究经济体制转型从这些理论中曾经获益匪浅。但这些理论大多产生于真正的体制转型发生以前的时代，它们对于目标模式的设想大多过于天真，更未涉及转型过程本身，所以也不能满足需要。值得一提的是，马克思主义经济学说史上确曾出现过直接研究制度转型或过渡的经济理论和主张，但其研究的导向与我们今天讨论的转型正好相反，即它们是研究如何向计划经济过渡的问题。

　　第三，为了弥补西方经济学新古典传统把制度视为既定这一缺陷，新制度经济学研究了制度不均衡、制度创新与制度变迁等理论问题，并把制度视为内生因素，解释和反思了各个时代的一系列制度安排和制度变革。研究从计划体制向市场体制的过渡，也应该是制度经济学的任务，不过是更为狭窄的领域。[①] 制度经济学的分析出发点和分析框架十分有助于过渡经济问题的研究，但毕竟从计划经济向市场经济过渡的实践仅仅是最近十几年的事情，经济学对此作出的学术反应还是非常初步的，知识积累不足。

　　所以，从中国的经济改革对经济学的需求和已有知识存量的相应供给来看，过渡经济学还是一门十分年轻的学科，尚不足以为经济学家提供成熟的、直截了当的分析工具。而限于中国经济学家的人力资本储备，在有关的经济理论和分析方法方面也是欠缺的。面对改革过程中迅速出现并瞬息万变的制度安排与变化现象，以及宏观经济中诸如通货膨胀一类的问题，中国经济学家更多的是边干边学，其决策顾问作用受到限制。

---

① 盛洪主编：《中国的过渡经济学》，上海三联书店、上海人民出版社1994年版。

　　尽管在原计划经济国家中，都正在进行着向市场经济过渡的改革，并吸引了众多的经济学家探讨有关这一过渡中的各种经济问题；但中国的过渡过程的特殊性，使得改革不可能存在一个事先提出的蓝图或实施程序。事实上也正是如此，中国的改革采取了一种渐进主义的方式。这种改革方式是将改革的推进过程建立在每个特定时期的特定环境和特定问题之上。而针对这些"特定"因素，就不可能有普遍应用的改革方案。例如，1979年开始对微观经营机制进行改革时，农村与城市的改革环境就不一样。虽然意识形态都不能允许实行私有化改革，但在产权改革的程度上，农业家庭联产承包制就比工业中的放权让利走得更远。而在推行联产承包制的过程中，第一步是要通过改进激励机制，使濒于崩溃的农业经济得到自救。政策上只能是将这个改革当做权宜之计。而当这种改革的效果强烈地表现出来，并足以说服全社会时，承包期就延长了。以后，改革环境进一步变化，人们对联产承包制已经完全认同以后，为了解决长期的农业投资积极性问题，承包期便被一再延长，直至30年之久。除了这种改革的路径依赖特征外，改革的每一步骤都是由农民、消费者、政府等有关当事人利益谈判的结果，任何单方面的当事人都不能独自决定改革的方向和强度。

　　从这个意义上说，在改革的较早阶段上，经济学家发挥了较微弱的帮助决策的作用，是与中国改革的渐进性特征相一致的。随着改革的方向越来越明朗，改革的意识形态约束日益减少和社会共识的增强，经济学家所发挥的顾问作用的增大也是合乎逻辑的。进一步，当局部性的改革逐渐进入一个用统一的市场规范来整合的阶段，改革对经济学的需求将会扩大；决策民主化程度的提高和民主程序的改进将拓宽经济学家影响决策的渠道，而经济学家自身人力资本的改进、科学态度的增强和依附性的减少，则会扩大经济学的应用价值。所以，我们预期中国经济学家在改革中的作用将会有进一步的提高。

怎样构造经济理论？[*]

人们常常看到经济学家的帝国主义倾向，但许多人容易忽略下列事实：由于经济事务与每一个人的生活切身相关，因而现实经济问题也是每一个人乐于思考的对象，以致经济学实际上是最易于吸引非职业人员进入的学问领域。克鲁格曼称那种乐于表达非职业化的经济学观点的人士为"票友理论家"（accidental theorist）。正如经济学家容忍自己表现出帝国主义倾向一样，他们也应该欢迎"票友经济学家"参与经济问题的讨论，作为他山之石。但是，职业的经济学家也仍然有必要在职业行为中表现出与众不同。换句话说，经济学有自己的学术规范，因此，要成为称职的经济学家需要跨越一些职业门槛。

要成为称职的经济学家，最基本的一步应该是跨越实证经济学思维的门槛。我们在参加或旁观经济问题的争论时，最常听到的用语是"我认为……"。这种"我认为"

---

* 本文发表于《读书》2003 年第 2 期。

常常被人认为"不客观"，以致教写文章的一个原则就是回避使用"我"，必要时代之以"笔者"。其实，这里的问题是"我认为"通常不具有可证伪性，而不在于是否采用了第一人称（"笔者"也是第一人称）。所以，经济学到了弗里德曼那里，特别强调实证经济学的方法论，着眼点就是任何假说都要求具有可证伪性。

在社会科学中主张把"应然"（what ought to be）和"实然"（what is）加以区分，具有悠久的传统。休谟曾经用锋利的"铡刀"斩断了事实领域和评价领域之间的混淆。他指出：人们不能从"是"推断出"应该"这一命题，即纯事实的描述性说明凭其自身的力量只能引起或包含其他事实的描述性说明，而决不是做什么事情的标准、道德准则或规定。所以，这种认识被称为"休谟的铡刀"①。

这一传统在经济学中表现为实证经济学与规范经济学的分野。作为经济学家的老凯恩斯（John Neville Keynes）指出：实证科学是一整套关于"实然"问题的系统化知识，而规范科学则是一整套讨论"应然"标准的系统化知识，把两者相混淆导致诸多谬误。因此，他倡导建立一门独立的政治经济学实证科学。而真正严格地讨论了实证经济学方法论，并将其著名的论文流传至今的，则是诺贝尔经济学奖得主弗里德曼。

弗里德曼指出：实证科学的终极目标是发展一种理论

① 马克·布劳格：《经济学方法论》，商务印书馆1992年版。

或假说，以便对于尚未为人所观察到的现象作出有效的和有意义的预测。这种理论通常由两个成分构成：一部分是作为一种语言，用于提升"系统而有机的推论方法"，另一部分是作为一系列实质性假说，用以从纷繁复杂的现实中将其基本特征抽象出来。从理论的语言功能观察，它实际上是一种方法论体系，涉及形式逻辑、抽象方法、论证方式等。而从理论作为一系列假说的功能角度观察，弗里德曼强调的是理论对所解释现象的预测能力——事实证据是判断理论正确与否，或者是暂时接受还是拒绝的唯一标准。

为了牢记经典，我们有必要直接引用下面一段话："检验一种假说的唯一适当方法是将该假说的预测与经验相比较。如果该假说的预测与经验相抵牾，或者说与其他假说相比，更为频繁地或更为经常地与经验相抵牾，该假说就被拒绝；如果预测不与经验相抵牾，该假说就被接受；如果它能够很多次避免与经验相抵牾，该假说的可信度就大大提高。"[1] 我们应该注意到了，弗里德曼这里多次使用频率性的用语（"频繁地"，"更为经常地"，"很多次"），而不用直截了当的定性用语。这是因为："事实证据从来不能'证实'一种假说，而只能说该事实未能将该假说'证伪'。"

看一看社会学如何定义理论是饶有兴味的，从正从反

---

① Milton Friedman (1968), "The Methodology of Positive Economics", in William Breit et al. (eds), *Readings in Microeconomics*, New York: Holt, Rinehart and Winston, Inc.

都可以与弗里德曼的说法相互印证。一些社会学家也是用语言来类比理论，认为理论总是以特殊的方式提出问题，用专门的方式定义词语的含义，包容一些可能性，排除另一些可能性。一种"理论"永远不会是正确的，而只能将其看做一种非常特殊的语言形式，用来勾画人们讨论特定问题所使用的一些词语，以及人们用经验来检验自己语言描述合适与否的方式。就像我们不能问英语、俄语和斯瓦希里语是否正确一样，我们在社会学或其他学科中所使用的特定理论语言也是不能被质问是否正确这样的问题的。可以问的问题只是，它们是否足以胜任其应该履行的职责。

可见，社会学更倾向于在方法论的层面上定义和使用理论，而忽视理论作为一系列假说体系的层面（至少与经济学相比有这种倾向）。这或许也帮助我们理解经济学与社会学之间的差别。

虽然弗里德曼在把理论仅仅看做"语言"形式的时候，也强调了它需要对应着意义明确的经验对象，否则尽管理论仍然可以是正确的，却只能相当于屠龙之技，但他却没有在论述理论作为假说功能的时候坚持这一点，而仅仅以一种理论的预测准确程度作为该理论的评价标准。科斯在批评弗里德曼时指出，理论不像飞机或客车时刻表，它还应该是人们思考问题的基础，帮助人们组织、整理自己的思想，以便理解现实中发生的事件。科斯宣称，如果有两种理论，一种预测良好但关于现实如何运作没有任何洞察力，另一种给予我们这种洞察力却预测失败，他和绝大多数经济学家宁愿选择后者。

以弗里德曼引用来说明其实证经济学方法论的一个例子，可以清楚地看到弗里德曼与科斯的不同立论点。在弗里德曼看来，一棵树上的树叶密度的分布，可以假设为是每个树叶为了追求获取阳光的最大化，而有意行为。在这里，假设树叶懂得物理学定律，并且可以迅速移动自己的位置以获得更多的阳光。弗里德曼认为，虽然这个假说中的假设明显是错误的，但依然理由充足，因为其引申的含义与观察到的事实是一致的。科斯则认为，即便可以假设树叶懂得物理学定律，可以有意识地移动自己的位置，因而这种理论可以帮助我们预测树叶的分布，但它对于我们思考树叶本身却毫无帮助。因为对我们而言，重要的问题莫过于在假定树叶没有大脑（这是真实的假定）的前提下，它们是怎样在一棵树上分布的。

在这一点上，弗里德曼的确走得太远了。如果我们同意科斯对弗里德曼的批评，就有必要提出做一个称职的经济学家的另一基本要求——跨越假设真实性的门槛。科斯在分析企业的性质时，针对以往经济学家强调假设的易于处理性质而忽视假设的现实性质，或者把两者割裂开来的倾向，指出一种理论其假设既应该是易于处理的又应该是现实的。他讲的假设的易于处理的性质，是指能够使用马歇尔所发展起来的两种强有力的经济分析工具（边际分析和替代分析，或两者合在一起——边际替代分析）来处理；而他讲的假设的现实性质则指假设与现实世界中的事物含义相吻合。[①]

科斯认为，理论的功能是帮助我们理解为什么经济体系像现实中那样运作。而正因为如此，理论假设中的现实性是必要的。现实性的要求迫使我们分析存在着的世界而不是并不存在的想象中的世界。在一篇题为《经济学家应该怎样选择？》的文章中，科斯用三个经济学说史上的例子说明，理论是因为其提供了更好的对于经济体系运作的思考基础而迅速且广泛地被人们接受的，而不是因为其提供了更好的预测。这三个例子分别是 1931 年哈耶克关于经济萧条的理论、1936 年开始的凯恩斯经济学革命和 1933 年以张伯伦和罗宾逊夫人为代表的垄断竞争理论。

在经济学传统中，与科斯的主张相比，弗里德曼的实证经济学方法论对经济学研究的影响要巨大得多。因而，在某种程度上，科斯所批评的其错误所产生的误导作用也是深远的，譬如导致计量经济学的滥用和误用（一个经典的例子是杰文斯关于太阳黑子对英国经济景气影响的计量结果）。然而，需要指出的是，弗里德曼的错误之处并不否定实证经济学的重要性和作为经济学基础的地位。事实上，科斯对弗里德曼的批评之一就是否定其理论符合实证性原则。在完全接受科斯对弗里德曼所做的批评的同时，我认为科斯和周其仁都夸大了假设现实性观点与弗里德曼实证经济学方法论的分歧。事实上，弗里德曼也强调

① 科斯：《论生产的制度结构》，上海三联书店 1993 年版；周其仁：《研究真实世界的经济学——科斯研究经济学的方法及其在中国的实践》，北京大学中国经济研究中心《内部讨论稿系列（中文版）》，No. 1996007。

了理论所对应的必须是有意义的对象（meaningful empirical counterpart）。而且，他所强调的理论的预测功能和预测的正确性作为检验理论的标准，实际上从方法角度讲是把假说与真实世界吻合起来的最可操作的原则，也是经济学主流研究方法的理论基础。因此，在学习如何成为一个称职的经济学家的时候，最理想的境界应该是在接受弗里德曼实证经济学方法论的同时，把研究真实世界的经济问题作为出发点。下面，我们以创造一个真实、正确、有意义、易于处理和具有正确的预测性的理论为目标，提出若干从事经济问题研究的原则。

原则一着眼于解决研究假设的真实性问题。即研究选题要到经济现实中去寻找，而不是从别人的著作或论文中去寻找，用周其仁的话说，就是"在真实世界里找学问"。例如，科斯在写作他最著名的经典论文《企业的性质》时，就是"尝试着从工厂和公司的办公室，而不是从经济学家们的著作里找寻企业存在的理由"。范里安在介绍自己如何从事经济学研究时，也强调不要试图从经济学的学报中去寻找想法，而是从报刊里、电视上、日常的谈话间，甚至平时生活中寻找经济问题，作为自己的研究选题。假如你要对中国的国有企业进行研究，如果你一开始就急于到英文的经济学专业学报去查阅文献，你立即会被一个西方经济学家的共识所俘获，那就是私有产权制度是保证企业具有效率的不二法门。于是，你的全部注意力都集中到企业的产权制度方面，你的观点也就事先确定了。这时，你失去的不仅是研究的原创性，更失去了立论的真实性。因为产权制度的隐含假设是企业具有自生能力（viability），但中国的国有企业恰恰不具备自生能力。[①]

原则二着眼于解决研究假设的正确性问题。虽然理论是否正确，最终要靠实践的检验或者说看其预测的正确与否，但是在选择之初也可以从其逻辑判断是否具有较大的正确性的概率。除了对于理论的数理逻辑和形式逻辑上的判断之外，经济学最具公理性的逻辑是"经济理性"假说，即在你所构造的理论中的每一个当事人（agent）都应该假设是按照趋利避害的理性行事的。无论是农民、工人、企业家、消费者还是政府、工会，都无一例外地选择成本最小、收益最大的行为方案。即便是你的模型要利用到利他主义（altruism）假设，也仍然是具有理性基础的。在理论的推论过程中，任何步骤一旦是在非经济理性基础上引申出来的，该理论的正确性就很可能大打折扣。

原则三着眼于解决研究假设是有意义的问题。从事研究是一项生产性活动，是通过投入一定的时间、金钱和智力，预期生产出产品——研究成果，可能是文章、研究报告或者著作。而所有这些投入都是有机会成本的，即如果不做此项研究，把资源转移到其他领域可以做彼项研究。因此，经济学家作为理性人，应该选择最富有生产性的研究题目。鉴于经济学家的社会责任，这里"最富有生产性"的含义应该是选题最具有针对性，试图解决的是最

---

① 林毅夫：《发展战略、自力更生和经济收敛》，《经济学（季刊）》2002 年第 1 卷第 2 期，北京大学出版社 2002 年版。

急迫的现实经济问题。正如阿莱自我激励的信念所言："一个科学家不能对他所处时代的重大问题无动于衷。"在处于发展中和转轨中的中国，经济学家、课题经费都是稀缺资源，所以，当你面对一个"漂亮脸蛋是否有助于找工作"与"为什么劳动力市场歧视农民工"这两个选题时，后者显然是更急需的，产生的结果也应该是更具有现实和理论意义的。

原则四着眼于解决研究假设易于处理的问题。研究假设的易于处理性质，在于它是适合于作为经济学分析对象的。尽管布坎南和贝克尔的贡献表明经济学分析的对象是可以扩大的，但在一定的知识存量范围内，你作为一个人所能够处理的研究假设仍然是受到限制的。在这个阶段，你的任务就是努力将你的假设一般化，即与经济学中权威的、公理化的理论建立起关系。此外，对你选择的假设进行抽象，有助于将假设变得易于处理，并且检验该假设是否易于处理。理论的目的是使用尽可能少的信息解释尽可能多的事物，所以，理论的抽象能力至关重要。范里安建议的办法是，利用一个最简单的"一个时期、两种产品、两个人"的例子，把你的想法最大限度地简单化。弗里德曼指出：一种理论越是"简单"，它在一个领域内进行预测所需要的初始知识就越少；而一种理论越是"丰满"，它的预测越精确，该理论赖以进行预测的领域就越宽，其所留待进一步研究的内容就越多。

原则五着眼于解决预测能力问题。除了弗里德曼，许多经济学家也强调：让实验数据来说话是主宰一切科学学科的金科玉律，而这个数据检验的过程就是保证理论假设与现实世界相一致的可操作方法。弗里德曼也澄清道：检验假说有效性的"预测"并不一定是尚未发生的现象，即并不一定只是预测未来，而也可以是已经发生过的但是尚未观察过的，或者尚未为经济学家很好理解过的事件。这实际上就是目前广为经济学家使用的计量方法的理论基础。在保证了前面四个原则的前提下，计量经济学方法就可以放心大胆地使用了，只是仍然需要记住：经济逻辑产生于假设的真实性和正确性，而不是产生于统计结果。

从发展经济学到"穷人的经济学"[*]

在 2005 年"两会"记者招待会上，温家宝总理引用了诺贝尔经济学奖获得者、已故美国经济学家西奥多·舒尔茨的一段话：世界上大多数人是贫穷的，所以如果我们懂得了穷人的经济学，也就懂得了许多真正重要的经济学原理。世界上大多数穷人以农业为生，因而，如果我们懂得了农业，也就懂得了穷人的经济学。联想到近年来党中央、国务院的一系列"三农"政策，温总理引用的这段话和他本人对于"三农"在中国的极端重要性的阐述，引起了包括经济学家在内的社会各界广泛的共鸣，"穷人的经济学"这个用语也不胫而走。

"穷人的经济学"这个说法还引出了一个小小的插曲。我的老师、中国人民大学的周诚教授在《中国经济时报》（2006 年 4 月 4 日）发表文章，批评学界滥用"经济学"这个概念的做法。周老师还列举了一些不恰当使

* 本文发表于《读书》2006 年第 7 期。

用"某某经济学"的例子，包括我本人在 1998 年出版的
小书《穷人的经济学——农业依然是基础》。在周老师看
来，英文 Economics 在很多场合只能对应于中文所说的
"经济问题"，而不能不分青红皂白，一概译作"经济
学"。我十分同意，经济学作为一门社会科学，有其特有
的学科规定性，因而，由其所分支出来的子学科的命名也
是需要规范的。因此，分析一些经济或者社会现象时，毫
无限定地就冠之以"某某经济学"，的确是对"经济学"
这个学科概念的滥用。

在学术界和我们同学的眼里，周诚老师学问好，人品
更好。不过，具体到关于"穷人的经济学"这个说法，
周老师可能也有所不知。舒尔茨不仅确实有题为《穷人
的经济学》这样一篇文章，还有同样标题的一本书出版。
前者是他在斯德哥尔摩领取诺贝尔经济学奖时的演讲，发表
在《政治经济学杂志》（*The Journal of Political Economy*）
1980 年第 88 卷上面；后者是他专门讨论"穷人的经济学"
问题的文集，于 1993 年由 Blackwell Publishers 出版。另
外，"穷人的经济学"在舒尔茨那里，英文原文不是如周
老师想当然的 The Poor's Economics，也不是如我当年想
当然的 Economics of the Poor，而是 The Economics of
Being Poor。舒尔茨这篇获奖讲演，我很早就读过，但读
的是王宏昌教授的译文，直到被一位朋友婉转地指出，我
才知道英文原文的标题与我想象的不同。当时，我把刚刚
出版的同名小书送给长期研究中国农业经济的华安德
（Andrew Watson）教授，并向他讲了我在前言中引用的

（也是温总理引用的）舒尔茨的那段话，用以说明我为什么使用《穷人的经济学》作为一本研究农业经济问题的著作。华安德教授一边翻看一边表示这个书名起得好，并且不经意地用英语说 The Economics of Being Poor。正是从那时，我才去找了原文阅读，并且知道了舒尔茨怎么用的"穷人的经济学"一词。

不过，我的意图不在于讨论穷人的经济学在英文怎么表达，而是要说明，"穷人的经济学"作为一门经济学研究领域，或者甚至一门经济学分支，是完全成立的。我可以提出三个理由说明这一点。

我们先从"穷人的经济学"的提出背景来看。舒尔茨讲出"穷人的经济学"这个概念，不仅仅是要表达关注穷人，关注发展中国家贫苦的农民，而更主要的是要摒弃传统的发展经济学关于穷人和农民的看法。在舒尔茨以前的发展经济学，往往把发展中国家的贫苦农民看做是愚昧的，面对经济激励和经济机会不能作出正确的反应，从而资源配置是无效率的。既然由这样的农民所经营的农业经济天生就是落后的，发展中国家的政府实行歧视农业的工业化政策和城市偏向政策，就是一种符合理性的选择。经过他本人和他的学生的系统、深入研究之后，舒尔茨正确地指出，农民在配置他们所拥有的资源时，完全可以向发达国家的企业家一样具有理性和效率，这就是"贫穷但有效率"假说。发展中国家农业经济的落后，根源恰恰在于政府选择了错误的发展政策，人为扭曲了产品和生产要素的价格。一旦政策得以调整，价格信号正确，激励机制正确，贫穷的农民就可以"点石成金"。

可见，舒尔茨讲的不是"有关穷人的经济问题"，而是完全有别于传统发展经济学的一种新的经济学理论、方法和体系。他所著述的《改造传统农业》、《穷人的经济学》以及一系列关于人力资本的著作和文章，都旨在创建、完善和充实这个新的经济学学科。事实上，从学科发展的贡献角度，舒尔茨一生致力于两件事情。第一件事情，是把农业经济学变成理论经济学的组成部分，也就是说，所谓农业经济学，就是经济学本身，不过是以农业经济为研究对象而已。第二件事情，则是把发展经济学回归到农业经济学，即把发展中国家的农民看做像发达国家的企业家一样具有经济理性的当事人，研究如何把被扭曲的激励矫正过来。而这两个工作是相互联系的，没有第一件工作的完成，后一件工作就不能开始，而最后的归宿便是"穷人的经济学"的建立。

我们还可以从中国"三农"问题的性质和"三农"政策的演变来看。以往我们只看到农业问题，政府也只有农业政策。在推行重工业优先发展战略的计划经济时期，农村经济就是农业经济、粮食经济，人民公社社员就是农业生产的集体劳动者，人民公社制度、统购统销政策和户籍制度形成制度三驾马车，把农村经济单一化，并且压抑着农业经济与非农产业的必要联系。在改革开放的很长时间里，农业增产被看做是提高农民收入的主要途径，农村剩余劳动力外出并不受到鼓励。尽管政府做出了巨大的努力，不断加大对农业的投入，农民收入并不能保持与城市收入同步增长，造成城乡收入差距再次扩大。直到"三农"问题的提出，从政府政策上才开始把农业、农村、农民加以三位一体的考虑。一旦形成对"三农"问题的整体认识，关于它们与国民经济整体之间联系的观念也就顺理成章了。因此，从逻辑上，本世纪以来"三农"政策的延续就必然演变成新农村的建设方针，而不论是否凑巧采用了这个名称。

温家宝总理在讲到新农村建设时，指出这是一着"活棋"，这一步棋走好了，就能够带动内需和消费，从而使中国的经济发展建立在更加坚实的基础上。这实际上已经把中国的农业经济学，与发展经济学甚至宏观经济学融为一体了。从宏观经济学相对短期的角度看，近年来经济增长过分依赖投资推动和出口拉动，缺少国内需求这个重要的引擎，是经济增长潜在的不健康因素和不可持续因素。而从增长经济学的更加长期的角度看，中国从相对年轻的人口结构获得充足的劳动力供给和高储蓄率这样的经济增长动力，随着人口再生产从"高出生、低死亡、高增长"类型到"低出生、低死亡、低增长"类型转变的完成已经越来越微弱，而国内需求可能提供的增长动力则是现实地可以加以利用的因素。鉴于农村人口的庞大规模和农民收入水平的现状，通过把"三农"政策推向一个更高、更新的层次，一个规模空前的国内市场空间才可望得到开拓。

我们再来从经济学的定义看。关于经济学的定义，或者说经济学主要关注的是什么，或者说经济学如何与其他社会科学相区别开，从来就是众说纷纭、莫衷一是。一个广为接受的说法是"经济学是研究稀缺性问题"。也有从研究方法角度定义经济学的，其中当然最关键的是经济理性假设。还有从经济学研究内容进行定义的，如生产、消费、分配和交换的全过程或者单个过程，又如农业、工业、服务业甚或更微观的领域划分。由此产生的可以并且在实际中被人们称之为"某某经济学"的学科便十分地丰富多彩了。如按照研究方法划分的计量经济学、投入产出经济学、政治经济学，按照现象划分的歧视经济学、失业经济学、短缺经济学，按照产业划分的农业经济学、工业经济学、金融经济学，按照过程划分的劳动经济学、老年经济学，等等。按照上述经济学的规范和先例，占据了世界人口绝大多数的"穷人"，自然有权享有经济学科的一席之地。

说到这里，我倒是要退回一步。也就是说，我并不认为一定要把包括"穷人的经济学"在内的各种经济分析冠以"经济学"的头衔。但是，"穷人的经济学"这个理念的提出，是一个具有革命意义的科学突破。应该说，舒尔茨获得诺贝尔经济学奖实至名归，温家宝作为大国总理，引用一个经济学家的话也不是随意的，自有其深邃的寓意在其中。中国拥有世界上规模最大的农民，中国经济面临着最大的发展问题。因此，把发展经济学从出发点、方法论，到关注的对象来一番彻底的改造，把经济学真正转到为最广大的人民群众服务的正道上来，是中国的经济学科建设和经济发展实践，对于经济学应该作出的贡献。从这个意义上，我没有完全认同周诚老师的意见。

新古典经济学思维与中国现实的差距

——兼论中国特色经济学的创建[*]

一、引　言

在书店里我们常常见到有由知名中国经济学家推荐的外国作者的畅销书或教科书，被起个类似"像经济学家一样思考"的别名。我当然赞成培养经济学专业的学生"像经济学家一样思考"，但是，也要教会学生和我们自己更加看重经济现实。当经济学思维与现实产生差距的时候，我们格外需要避免"宁信度，无自信"的态度。这里，我讨论的就是新古典经济学思维与中国现实的差距。其实，许多更加熟悉乃至信奉新古典经济学的人——无论身处西方还是中国，可能会从完全相反的方向上提出问

---

　　* 本文发表于刘迎秋主编《2008 年全国博士学术论坛（经济学、法学）优秀论文集》，社会科学文献出版社 2009 年版。

题，即讨论中国现实与新古典经济学的差距。其实，这样提出问题也无不可，甚至也不妨碍得出相同的结论。或者说，得出什么样的结论，并不在于以上述哪个方向为出发点提出问题，而在于如何认识中国的经济现实和国情。

固然，也有经济学家认为，中国改革的成功在于正确地运用了标准的经济理论（也就是说遵循了"华盛顿共识"）。[①] 实际上，这种认识混淆了治病的"处方"与"疗效"两个不同的概念。讲到中国的改革，没有证据说我们从出发点上遵循了什么理论教条，但是，令世人瞩目的是我们达到了什么实际效果。大多数经济学家和观察者还是看到了新古典经济学与中国经济现实的不一致，或者说人们普遍承认中国经济改革和发展的成功并不印证新古典经济学。这样一个判断，正像任何判断一样，都可以有消极或者积极的两个方面的含义：一个是对主流质疑，一个是将主流予以发展甚至改写。毕竟，之所以新古典经济学成为当今占主流地位的经济学，是因为它对西方经济现实给予最具有一致性的解释和预测，而以往的经验表明只有西方取得了经济增长的成功。但是，既然中国经验已经为大多数人所承认，其不同于新古典经济学教条的特殊性也为人们所承认，为什么不能以中国经验修正传统观念呢？

中国经济所走的道路是独特的，是因为同时作为发展中国家和转轨中国家，在整个经济改革及其促进经济发展

---

① 姚洋：《重工业与经济发展——计划经济时代再考察》，《经济研究》2008 年第 4 期。

的过程中，中国的改革同时伴随着两个重要的转变。第一个是作为经济发展过程经历着一个二元经济结构的转变。第二是作为经济转轨过程经历着一个从计划经济向市场经济的体制转变。除了每个转变本身所具有的特殊性之外，这两个转变的交织也形成了中国发展道路的一系列特色。

这种独特的转轨过程赋予了中国经济现实与新古典经济学的理论预期的诸多不一致。这提示我们，运用现成理论模型做武器来观察和理解经济现实问题，应该具有开放的思维和怀疑的态度，既不迷信理论，当然也不要把表面现象轻信为事实。本文从二元经济转换、经济体制转轨和宏观经济调控等方面的中国特色出发，考察其与标准经济理论预期之间的差距，尝试揭示产生这种差距的原因及其含义，同时涉及一些中国特色经济学创建中的问题。

二、发展经济学与中国经济发展模式

刘易斯构造的二元经济发展模型，长期以来遭到占据主流地位的新古典经济学的批评和漠视。其中一个重要的批评，就是认为刘易斯关于城乡劳动力市场不能出清两个部门巨大的工资差距，并且农业中大规模剩余劳动力持续存在的假设是站不住脚的。关于这一点，有一个有趣的例子。1995 年我与加州大学戴维斯分校卡特（Colin Carter）教授和南京农业大学钟甫宁教授合作完成一个课题。课题委托方 1990 学社邀请了几位权威评审人，对课题进行评估。其中一位就是芝加哥大学著名经济学家 D·盖尔·约翰逊教授。他对于我们课题中对于农村剩余劳动力的讨论和推算进行了严厉的批评，认为这个剩余劳动力的概念是错误的，甚至就根本不可能是真实存在的。这其实一点都不奇怪。约翰逊教授是芝加哥学派的一个重要人物，曾经担任过美国经济学会会长，是新古典经济学的坚决捍卫者，① 自然不能同意劳动力市场不能结清剩余劳动力这种说法。当然，我们在书面答辩中据理力争，最终该成果通过评估并分别以中英文出版。

　　其实，如果懂得中国为什么在 20 世纪 50 年代选择经济体制之时形成了户籍制度，以及基于这个制度又派生出一系列制度安排，该制度在计划经济时期乃至改革时期是如何割裂城乡劳动力市场，以及城市内部正规和非正规劳动力市场的，对于刘易斯的假设就可以豁然领悟，也就不可能怀疑剩余劳动力的存在。而在整个改革期间，经济发展恰好是一个二元经济结构特征逐渐弱化的过程，直至消除了劳动力无限供给的特征，迎来了刘易斯转折点，经济发展进入新阶段。因此，新古典经济学假设经济发展是匀质的和一元的，如果对中国特殊的制度现象没有感同身受，在解释和理解中国这种比刘易斯模型本身更加典型的二元经济时，常常显得捉襟见肘。

　　约翰逊教授退休以后非常关心中国的经济改革和发展，特别是关心中国的三农问题。由于他是中国著名经济

---

① 他也是舒尔茨的学生和终身追随者，而后者与刘易斯关于农业中劳动边际生产力是否为零或者很低的争论，是发展经济学中著名的公案。

学家林毅夫教授等人的老师，在后者的邀请和协助下，他花了大量的时间在中国进行调查和研究，发表了数量可观的关于中国"三农"问题的文章。林毅夫和他的另一位学生赵耀辉教授编译并出版了他的论文集。① 有意思的是，我们从他的若干文章中发现，经过深入到中国农村现实中，他实际上不再否认在他的研究中所处理的情形，常常就与农村的剩余劳动力密切相关。2000 年我主编的《中国人口问题报告——农村人口问题及其治理》出版，书中有专章讨论农村剩余劳动力问题。约翰逊教授写来一封热情洋溢的信，非常赞赏该书的选题和出版。他没有像以前那样批评关于剩余劳动力的讨论，应该说不是偶然的。

中国二元经济发展过程中一个特殊之处，是其利用了人口红利。由于较早实现了人口转变，目前中国正处在劳动年龄人口比重最高的时期，生产性较高的人口结构既提供了充足的劳动力供给，也创造了形成高储蓄率从而支撑资本积累的条件。第一，在具备劳动年龄人口比重大这一潜在人口优势的条件下，劳动的参与率和就业率均保持在较高水平上，就意味着年轻人口结构产生的充足劳动力资源得到了较好的利用。改革期间劳动密集型产业扩张迅速，得以大规模吸纳就业，农村劳动力实现了前所未有的转移，从而把人口年龄结构优势转化为中国经济的比较优

---

① D·盖尔·约翰逊：《中国能否通过在农村创造非农工作职位来转移大部分农业劳动力》，载 D·盖尔·约翰逊《经济发展中的农业、农村、农民问题》，商务印书馆 2004 年版。

势。第二，经济活动人口比例高且就业率较高，使得社会储蓄总量大，经济活动中的剩余总量也大。这帮助中国在这一期间达到了很高的储蓄率。人口优势蕴涵的高储蓄率的实现，还有赖于市场化改革为储蓄和投资创造逐渐改善的环境和机制。

以索罗为代表的新古典经济增长理论，主要以发达国家为研究对象，因此，不再做出劳动力无限供给的假设。当把劳动力作为第二种生产要素纳入到增长分析中的时候，由于资本报酬递减规律的作用，经济学家观察到增长中存在一个资本和劳动都不能解释的部分，即被称为全要素生产率（TFP）的残差。经济增长的可持续性，就来自于这个残差中包含的因技术进步和体制改革产生的生产率改善，以及其他尚未能够单独计量的因素。艾尔文·扬和保罗·克鲁格曼曾经尖锐地批评亚洲"四小龙"的增长方式，认为这些国家和地区，因单纯依靠资本的积累，缺乏生产率进步，因而终究会遭遇报酬递减而不可持续。这是因为他们没有注意到人口红利的作用，只是按照西方国家劳动力短缺、资本报酬递减的假设做出的判断。由于这些经济体在获得较大的 TFP 贡献份额之前，人口转变带来的劳动年龄人口比重提高和抚养比降低，产生了经济增长的人口红利，使高速经济增长得以在较长时间里持续。已有的各种对亚洲"四小龙"以及东亚其他国家技术进步的估计大相径庭。随着计量技术和数据的改进，人们发现，上述国家和地区既有高投资率也有技术进步率，而且，通过外向型经济发展，从进口设备和引进外资中获得技术和管理，TFP 的贡献率逐渐扩大，增长速度有明显的加快趋势。

在改革开放期间，中国得以实现年平均接近 10% 的高速经济增长，有两个具有特殊意义的贡献因素值得指出。首先，市场化改革特别是生产要素的市场发育带来了资源重新配置效应。农村实行家庭承包制后，农业中解放出来的劳动力大规模向城镇非农产业转移，矫正了计划经济时期严重不平衡的劳动力资源配置，通过提高资源配置效率，为经济增长提供了一个源泉。一项研究表明，1978—1998 年期间，GDP 增长率中有 21% 来自于劳动力从农业向非农产业转移的贡献。[①] 其次，人口转变的提早完成，使中国正处于劳动年龄人口比例逐年上升的阶段，劳动力供给丰富，储蓄率持续攀高，为经济增长提供了人口红利。凭借丰富的劳动力资源，中国企业得以克服资本报酬递减规律的作用，以低廉的劳动密集型产品在国际市场获得竞争优势，实现了近 30 年的高速经济增长。

三、转轨经济学与中国经济改革路径

在 20 世纪 50 年代中国形成其经济体制之时，重工业优先发展战略的选择成为其逻辑起点。由于这个战略产生了经济发展目标与资源禀赋结构的矛盾，即重工业发展需

---

① 蔡昉、王德文：《中国经济增长可持续性与劳动贡献》，《经济研究》1999 年第 10 期。

要资本高度密集和大规模投入，与资本稀缺的发展阶段是矛盾的，因此，宏观政策环境就以人为压低资本和其他生产要素价格为核心。在稀缺生产要素的价格被抑制的条件下，就只好借助高度集中的计划体制来配置资源，市场机制和价格信号的作用被排斥。继而，为了在生产单位的环节上保证资源被投入和再投入到发展战略所要求的重工业领域，工业部门的国有化和农业的人民公社化，也就成为合乎逻辑的制度安排。就是这样，中国在 20 世纪 50 年代后期形成了一个逻辑完整的传统经济体制模式。

　　这种经济体制有着一系列的低效率表现，包括在微观层面上缺乏技术效率和在宏观层面上缺乏配置效率。如果改革着眼于首先解决诸如资源配置效率低下和经济计划弊端这样的问题，则要求整个体制在短期内的一揽子改变。但是，对于一个没有市场机制作为基础，以及经济发展水平较低，以致不能承受大幅度经济衰退的国家来说，从这些方面入手的改革是典型的"休克疗法"，是难以保证成功的。事实上，中国的经济改革是从微观环节入手，由工农业基层生产单位直接解决微观激励和效率问题而发动的，包括农业中家庭承包制的实行和国有企业放权让利的改革，因而从一开始就奠定了改革可以沿着一个具有中国特色的方式往前推进的路径。看上去，这种改革是按照上述经济体制模式形成的相反顺序，然而在逻辑上却是符合规律的改革推动方式。

　　从占主流地位的西方经济学理论出发，经济体制的转轨通常需要遵循某些固定的教条，即所谓"华盛顿共识"。斯蒂格利茨揭示了"华盛顿共识"作为改革目标的真实含义："以私有化、自由化和宏观经济稳定（主要是价格稳定）为主要内容的发展战略；以及基于对自由市场的坚定信念并且旨在削弱，甚至最小化政府角色的一系列政策。"在那些改革之前就先验地有了一个蓝图的国家，无一幸免地被所谓"华盛顿共识"所左右，形成各种激进的、"休克疗法"式的改革方案和路径。而越来越多的理论和经验表明，"华盛顿共识"并不适用于许多国家的特殊国情，并且往往产生误导改革和发展实践的结果。连在拉丁美洲和东欧创造并推行著名的"休克疗法"的萨克斯本人也承认，中国渐进式的改革显然成功。2003年11月，他在巴西圣保罗的一次演讲中感叹到，以中国为代表的东亚经济发展绩效，与拉丁美洲相比，其优越之处不啻天壤之别。

　　经济学家常常联系中国的经济改革效果进行关于改革目标模式的讨论，如"华盛顿共识"和北京经验；进行关于改革方式的讨论，如改革的渐进性和激进性；进行关于政府和市场关系的讨论，如威权型体制和中性政府。有趣的是，针对同样的中国经验，学者们常常得出针锋相对或截然相反的结论。造成这种运用概念上产生歧义和观察现象上出现矛盾的原因，在于相对于其他国家来说，中国的改革理念和实践具有以下特征：即中国改革的目标是确定的，具体的目标模式以及达到目标的手段和方式却并不确定，而是有着众多的混合表现和实用主义性质。尽管有这样的一些复杂的现象，下面概括和列举的几个方面，仍然可以从总体上反映中国经济改革的基本特征。

首先是改革的渐进性质。针对微观环节的体制弊端，农业中和企业中的改革直接切中缺乏激励和低效率的问题，可以采用诸如承包制这样的单一改革形式即时增加生产、推动经济增长。在显示了改革成效从而坚定了社会对改革信心的同时，更加有活力的微观经营单位开始寻求更多的计划外生产要素投入，以便进一步改善配置效率、增加经营利润和劳动收入。因此，改革顺理成章地进入到资源配置的层面，在计划机制之外生长出市场机制，并不断扩大后者调节产品流通和生产要素配置的范围和规模。随着产品和要素市场范围的扩大，价格越来越多地摆脱计划控制，而由市场供求和相对稀缺性决定。一旦价格逐步得到矫正，重工业优先发展战略的引导基础就不再牢固，经济增长和结构变化越来越符合比较优势所指示的方向。

中国在改革之初并没有形成一个改革蓝图和推进的时间表。因此，最初的改革除了获得来自高层决策者的政治支持之外，不可能是"自上而下"推动的。然而，恰恰是这个特点，决定了中国改革注重实际效果的渐进性质。然而，中国的改革道路也不能简单地归结为"自下而上"的推动方式。1978年在中国共产党领导层和理论界进行的真理标准大讨论，以及十一届三中全会重新确立的解放思想、实事求是的思想路线，为改革提供了坚定的政治支持。西方关于改革的政治经济学讨论中，提出改革面临着两大任务：第一是如何通过解除事前的政治约束而启动改革过程，第二是如何通过放松事后的政治约束而把改革向前推进，而这都与补偿改革受损者的难题有关。中国领导层的改革决心和理论上的改革共识，与人民群众的改革愿望和探索，形成了"上下结合"的改革方式，并且在互动中推进改革过程，解决了上述难题。也就是说，在改革的起步和推动阶段，政治稳定和坚定不移的改革承诺，使政府始终有能力和意愿，通过整体协调改革的步骤和节奏，最大限度地坚持"帕累托改进"原则。与此同时，改革本身得以最大限度地挖掘出效率潜力，通过做大馅饼使群众从改革中获益。这种"上下结合"形成了改革不可逆转的条件。

其次是增量改革的特点。改革从解决激励问题和微观效率入手，却不过早地涉及任何存量的调整，因而不会伤害传统体制下的既得利益群体。研究经济转型的经济学家，往往十分关注改革对既得利益集团的伤害，从而最大限度地降低改革的政治成本和风险。在中国，相当部分所谓的既得利益群体，实际上也是收入水平较低的普通居民。例如，对国有企业就业进行打破"大锅饭"式的存量调整可能波及的职工群体，不仅工资水平低，而且年龄偏大、教育程度和技能都难以在劳动力市场具有竞争力。商品价格改革一下子放开的方式可能伤及的居民，也是在低工资制度下承受力较弱的人群。因此，坚持增量改革原则，适度保护既得利益群体（但不是拥有特权的既得利益集团），与改革提高广大人民群众生活水平的目标是一致的。

第三是改革促发展的原则。许多国外的观察家和研究者都注意到，中国的渐进式经济改革，是在没有一个总体蓝图的情况下起步，采取解决当时存在的紧迫问题和追求直接效果为出发点的方式，分步骤进行的。尽管 1992 年中国共产党十四大确立了建立社会主义市场经济体制的目标模式，"摸着石头过河"的改革特点始终存在，主要表现在对多数改革任务来说，没有明确的时间表，改革次序也不是有意识确定的，并且呈现出改革推进方式因时因地而宜。从某种教条出发，在评估中国改革的成效时，西方经济学家习惯于用一个固定的、先验的参照系来进行比较。例如，一本在美国出版的讨论中国改革的著作，就套用邓小平的名言"摸着石头过河"而取名为"离彼岸还有多远（How far across the river）？"但是，往往发觉这个参照系并非中国改革所自觉遵循与主动追寻的。

　　其实，这里体现的恰恰是中国与新古典经济学教条以及那些遵循其进行改革的其他国家，在改革哲学上的不同。也就是说，中国改革的出发点并不是要达到某个既定的目标模式，而是提高人民生活水平和增强国力。从这个目的出发，我们逐步探索出走一条符合中国国情的道路，以实现从计划经济向市场经济的转变。但是，市场经济体制这个目标并没有固定成为独立的模式，而是服从于改善民生和提高国力的目的。也正是这个改革哲学和直接出发点的不同，使中国改革的指导原则和推进方式并没有陷入任何先验的教条中。但是，改革是提高生产力、改善最大多数人民群众的生活水平和增强国力，这个原则自始至终是明确的，并得以坚持。在这个改革理念指导下，改革、发展和稳定成为一个整体，改革是为了发展，也要服从稳定，而发展成效被用来检验改革道路的正确与否，稳定则为进一步改革创造条件。

最后是改革的整体推进特点。虽然改革没有一个明确宣布的总体蓝图，由于经济体制是一个整体，体制的每个环节需要统一配套运作并互相适应，又由于中国改革推进方式所具有的自发性，因此，改革进程并不是随机的和任意的，仍然呈现出一定的逻辑性。在把中国的改革表征为一个渐进的和增量式的制度变迁过程的同时，人们常常观察到某些领域的改革滞后于另一些领域的改革。例如，包括劳动力市场转型和发育在内的生产要素市场的改革，就被认为是一个改革相对滞后的领域。但是，一个由此而来的问题就是，如果真的存在着改革推进过程中如此重要组成部分的滞后，从而导致体制内部的不协调，为什么改革的整体效果仍然如此显而易见，并且表现为 30 年的高速经济增长、生产率提高和居民生活的大幅度改善呢？实际上，深入考察中国经济改革历程和逻辑，我们可以发现，在整体上表现为只涉及增量变化的循序渐进特点的同时，在不同时期、不同阶段和不同领域，也交织着涉及存量变化的相对激进的改革。改革采取什么样的形式和步骤，取决于体制作为一个整体的相互适应性的需要和社会承受力。无论从局部效果还是阶段效果来观察，其实改革是整体推进的，并不存在实质上超前或滞后的领域。

四、主流宏观经济学与中国宏观经济

之所以会有人把中国改革的成功归结为正确地运用了标准经济理论,[①] 一个原因可能在于中国在改革期间基本上保持了宏观经济的稳定,而这恰恰是许多东欧和拉丁美洲国家没有能够做到的。然而,与得出这样结论的逻辑相反,中国在改革期间实现的宏观经济稳定,也是从特殊的国情出发,形成了宏观经济调控的鲜明中国特色。

西方主流经济学分析宏观经济,主要基于以下几方面的假设:劳动力短缺,资本报酬递减,没有系统性的生产要素价格扭曲现象,技术进步是经济增长过程内生的,等等。在这种假设之下,一旦有经济周期问题,主要就是总供给和总需求问题,或者货币供应量上面出的问题。因此,采用的政策手段就是运用常规的宏观经济政策,并且以货币政策工具为主。但是,这几个假设在过去相当长的时期中,在中国几乎全都不存在,而目前也具有十分不同于发达市场经济国家的特点:迄今为止劳动力并没有成为稀缺要素,资本报酬长期以来没有出现递减现象,生产要素价格系统性扭曲尚未消除,全要素生产率有长足的提高,但是仍然没有成为支撑经济增长的主要源泉,经济发展方式没有产生内在的技术进步的动力。在这些条件下,

---

[①]　姚洋:《重工业与经济发展——计划经济时代再考察》,《经济研究》2008 年第 4 期。

如果简单地应用西方经济学分析经济周期的理论，机械地采纳西方宏观调控的工具，很可能产生缘木求鱼的效果。

按照许多研究者的观点，联结长期经济增长与短期经济波动的通道是投资，即与资本使用相关的过程。在这个过程中，资本的相对价格变动或者被扭曲，是造成波动的重要原因。众所周知的是，政府对经济发展特别是投资的干预，往往造成资本要素价格的扭曲。这种现象不仅发生在计划经济条件下，也发生在经济转轨期间，还广泛见于实施赶超发展战略的制度环境下。实际上，即便没有刻意的干预，资本要素的相对价格也可能被扭曲。通常，这发生在储蓄和投资行为本身产生持续的惯性，以至企业家把短期的宏观经济信号当做长期的资源禀赋信号，从而实质上扭曲了资本的相对价格。在资本相对价格被人为压低的情况下，投资通常会被引向资本密集型的产业。在下面的情况下，这种投资导向会造成所谓不善投资（malinvestment）。第一，作为创新结果的经济增长不是连续和均匀的，创新活动通常是以成群的方式（in groups or swarms）出现，与此同时作为创新者的企业家蜂拥而至。第二，由于后发优势的存在，发展中国家的企业在预测产业前景时，往往产生类似的判断，从而在投资上形成潮涌现象（wave phenomenon）①。在投资活动被大规模、持续地引向远离消费品生产的情况下，产业链条被拉长，

① 林毅夫：《潮涌现象与发展中国家宏观经济理论的重新构建》，《经济研究》2007 年第 1 期。

形成经济波动的隐患。

　　在改革开放时期的高速增长过程中，中国经济虽然处在劳动力无限供给而资本相对稀缺的发展阶段，却具有诸多导致资本相对价格即利率被压低的因素和条件。第一，作为生产要素市场发育、金融体制改革相对滞后的表现之一，利率形成机制尚未市场化。第二，有利的人口年龄结构使得高储蓄率长期维持，而社会保障和社会服务体系改革的预期进一步加大了居民的储蓄意愿，成为信用扩张的基础。第三，偏向大项目、大企业的投融资体制，倾向于降低重点大型投资活动的资金成本。在实施扩张性货币政策和财政政策的条件下尤其如此。在资本相对价格被扭曲即真实利率被人为压低的情况下，中国经济中存在的两种现象提供了不善投资的现实机制。第一种现象是改革期间长期存在，并愈演愈烈的地方政府的 GDP 动机。追求 GDP 增长的高速度，不单纯是地方政府表现政绩的方式，也是出于增加就业和居民收入，以及由 GDP 增长中获得更高财政收入从而可以用于社会发展事业的良好愿望。第二种现象是政府和企业对动态比较优势变化的判断，导致对资本更加密集型产业的投资活动的尝试。这种主动调整产业结构的动机，在当前比较优势出现变化端倪的时期尤其强烈。在没有政府干预造成的生产要素相对价格扭曲，以及没有潮涌现象的情况下，个别企业家承担风险的创新活动，不会造成宏观经济的不稳定。相反，如果创新活动是政府主导的，并且通过扭曲生产要素价格来推动，加之潮涌现象的推波助澜，就会形成不善投资，最终导致宏观经济的波动甚至周期性衰退。

中国当前面临的宏观经济周期现象，既不同于以供给短缺和瓶颈为特征的计划经济时期，也不同于以总需求不足为特征的典型市场经济。而且，经济全球化给宏观经济周期特征打上了全新的烙印，简单套用传统的封闭的宏观经济理论，难以准确地认识当前面临的矛盾，更无法找到对症的政策药方。因此，只有结合二元经济结构转换的新阶段特征，结合经济增长、通货膨胀及其与就业关系的新特点，才能正确认识宏观经济周期现象。

值得指出的是，中国宏观经济调控对西方主流经济学圭臬的"违背"，主要并不应该归功于中国的宏观经济学家。相反，在中国占主流地位的宏观经济学家所坚持的理论学说和推销的政策建议，恰恰是属于西方主流宏观经济学的东西。但是，一方面，中国有着一批在宏观经济领域不占主流地位的经济学家，坚持从中国独特的国情出发，在一定程度上制衡了前者；另一方面，中央政府的不同部门和地方政府的游说活动，对宏观经济政策在尽可能符合中国国情的框架之内制定，也起到了重要的作用。例如，这种有中国特色的宏观经济政策表现在货币政策与财政政策的巧妙配合，货币政策执行的方式，积极就业政策中促进就业与建立社会保障线相结合，人民币汇率的稳定等方面。

中国政府经济职能的转变也是独特的。在中国改革期间，恰好是现代经济学中和经济政策领域自由主义最为甚嚣尘上的时期。如果按照流行教条的预期，在中国的改革、开放和发展过程中，中央和地方政府所发挥的如此积极作用，显然是会带来灾难性结果的。但是，中国的现实是，无论是地方政府在促进经济增长方面的作用及其效果，还是中央政府在制定规划、宏观调控、协调地方和部门利益，以及实施重大发展战略方面的作用及其效果，尽管也有不成功之处以及弊端。但是，在总体上表现出不同于任何"共识"或教条的模式和结果，并引起诸多的赞叹，引起人们尝试用新的理论解释这种现实与理论的差异。

转轨经济通常存在一些不同于处于稳态的市场经济的特征，这对政府的经济职能提出特殊要求，也与常规状态不尽相同。首先，在一个长期远离市场经济的国家，即使已经启动了向市场经济的转变，市场配置资源的机制尚不完备。如果市场的发育程度还不足以完全无障碍地发挥资源配置作用的话，如果让遗留下来的计划机制起补充的作用，则必然造成资源配置方式上的巨大冲突。相反，以特定的政府职能来弥补市场的不足，则对于未来的转轨不会产生根本性阻碍作用。其次，在转轨时期，市场经济所必需的信用体制尚不健全。同时，市场机制本身并不具有在失信的情况下，自动保护交易各方利益的功能。在市场机制与计划手段交接过程中形成一些制度真空的情况下，市场交易各方诚信的缺失，则需要相应的政府职能加以补充和维系，即为了保持市场的运转，政府出面对相关的企业或个人进行诚信担保。最后，在市场发育的初期，企业家尚不具备在市场经济条件下全方位施展的人力资本。作为对企业家能力的一种补充，政府有必要履行更为积极的经济职能。这就不难理解，为什么许多地方政府官员成为跑项目和进行谈判的主角。当然，这些因素都不否定随着市场制度的完善，政府经济职能面临重大的转变，而且十分紧迫而任重道远。

五、"雷瓦里翁－陈悖论"与中国统计之谜

无论从经济增长和体制转轨的任何角度，无论用任何常规的数据指标来考察，中国成功地实现了从普遍的贫穷到日益增长的富裕，从农村到城市，从计划到市场，从单一的公有经济到多种所有制的繁荣发展，以及从封闭经济到参与全球化的诸多方面重大转变，都是显而易见的事实，也成为国内外观察者的共识。在世人瞩目中国改革开放和发展成绩的同时，总结 30 年的经验和教训，不仅对于中国自身进一步改革和发展是重要的，对于其他发展中国家和转轨中国家也具有借鉴的价值。

迄今为止，总结和分析中国经济改革经验的文献大量产生，涉及的作者范围十分广泛，包括国内外经济学家和财经新闻记者等。不同的作者类别和个人，在认识和理解中国改革经验上具有各自的比较优势。然而，中国本土经济学家的改革总结具有特殊的重要意义。立足于国内经济改革问题研究的经济学家，更贴近改革的实践，可以在不受任何理论教条约束的条件下，反映出一个真实的改革历程。然而，对于许多远离中国现实的经济学家来说，一项

改革，在公开宣布的与实际执行的，以及与书面记载的之间，可以产生一定的差距（gap），甚至巨大的鸿沟（gulf）。因此，由那些兼具当事人和观察者双重身份的学者来对改革进行理性回顾，可以在最大的程度上缩小或消除横亘在宣示的改革与实施的改革之间的信息鸿沟。而对于那些依靠统计数据挖掘结论的经济学家，虽然握有新古典经济学这个貌似强大的理论武器，在中国经济的特殊现实面前也显得力有不逮。

质疑和批评统计数据的大有人在，而且这种倾向已经不是针对此时此地的统计。[①] 世界银行有两位经济学家在一篇文章中，表述了这样的意思，即中国经济改革的进展太快了，以至于统计体系的改革不足以跟上其脚步。虽然也许不是作者的本意，但是，从本文讨论逻辑出发，我们可以从这个结论出发推论出一个"雷瓦里翁－陈悖论"：统计改革滞后于经济改革因而无法准确地反映后者，如果这是事实，我们则无法得出统计不能反映改革这个判断。难道我们可以相信，中国本土经济学家由于身在其中，以致对中国转轨期间的统计数字有深入的理解，甚至可以以感性经验和理性分析修正或重新阐释统计数字，从而不会被数字所迷惑而至不识庐山真面目？

解决这个所谓"悖论"的出路是用一致性进行检验。这里先要引进一个命题：经济事实是关于一致性的故事。

---

① 很久以前马克·吐温就讲过的一句名言至今为人们所津津乐道。他说："世上有三种谎言：谎言、该死的谎言和统计数据。"

在常规的情况下，这个命题有两个含义，第一，众所周知的现象并不一定是真实的，需要用一致性来检验；第二，描述一个经济事实，最基本的要求应该是一致性。那么，怎么理解这里所讲的"一致性"呢？简单地说，就是判断一个事实，并不是孤立地观察现象的表面，而是把前因后果、来龙去脉，以及它与相关事实的关系等都弄清楚，看整个故事是否符合前后一贯的逻辑。抛弃这个"一致性"，故事就是不完整的，经济事实也许就不成立，甚至可能是误导。但是，关于"一致性"的更重要的含义，则是理解经济事实，需要从一个特定的历史背景和经济社会生态出发，而不是从放之四海而皆准的理论模式出发。

经济学是一个高度抽象的学科。这个抽象能力固然是经济学的优势所在，增强了它对于经济现象的解释力。但是，经济现象总是在特定的时间、特定的地点和特定的环境之下出现的。一致性表达的并不是理论模型的自圆其说，而更重要的是经济现象作为经济事实，所要求的因时因地的逻辑联系。许多关于中国改革和发展的著名外国经济学家，都分别遭遇过因"经济改革快于统计改革"所造成的这种数字疑惑，这也恰恰表明，只有通过一致性的检验，并在此基础上破解统计数据的谜团，才可能使这些疑惑最终获得解答。下面，我们举若干具有代表性的例子予以说明。

1. 约翰逊疑惑。D·盖尔·约翰逊遇到过关于农业中使用的劳动力数量，在逻辑和直观判断与统计数字之间的不相吻合。他在 2000 年发表的一篇论文中，就发现国家统计局公布的农业就业人数（2.825 亿），与他本人估计的数字（2.335 亿），有高达 4900 万的差距。[①] 其实，约翰逊教授所遇到的农业就业人数的问题，是中国劳动统计中一个长期困惑人的问题。这里固然有定义的问题，如究竟是仅仅统计全职农业劳动者，还是把那些兼业农业劳动力也统计为农业劳动者，如果仅仅按照一定折算比例统计后者，这个折算系数应该怎么确定。但是，更重要的是依靠经济发展和结构变化的逻辑来解读这些不具备一致性的就业统计数据。

　　这个问题一直留到了今天，引出了另一个疑惑。早在 20 世纪 80 年代农村经济改革之初，广为流行的说法是农村有大约 1/3 的劳动力是剩余的，绝对数大约为 1.5 亿。到了 90 年代，这个农村剩余劳动力的比例和绝对数得到一些推算的证实，并继续为人们广泛引证。近年来，人们仍然认为，农村存在着大约 1/3 甚至更多的劳动力，绝对数量为 1.5 亿到 2 亿。从时间跨度上看，这个数字的使用几乎与改革的时期同样长。而这个时期，农村已经废除了人民公社，土地的家庭承包制成为农村经济的基本经营制度；农业的生产率提高甚至比其他产业还要快；农村劳动力首先转移到乡镇企业，随后大规模向城市产业转移。这就引出了一个逻辑谜团：何以经过近 30 年成功的经济改革、产业结构调整和高速经济增长，包括世人瞩目的劳动

---

　　① D·盖尔·约翰逊：《中国能否通过在农村创造非农工作职位来转移大部分农业劳动力》，载 D·盖尔·约翰逊《经济发展中的农业、农村、农民问题》，商务印书馆 2004 年版。

力流动，农村剩余劳动力却没有减少？

根据各种调查来源，① 目前中国农村劳动力中有大约 48%，即 2.3 亿已经实现了转移。根据农产品成本资料，我们计算出实际所需要的农业劳动力为 1.78 亿人。在掌握了这些信息的前提下，我们可以对各种可能的农村劳动力剩余状况作出估计。按照农村劳动力总规模 4.85 亿估算，处于剩余状态的农村劳动力为 7466 万，剩余比例为 15.4%。这个关于村剩余劳动力的估计，仍然是相当保守的。

2. 罗斯基疑惑。罗斯基困惑于中国官方公布的经济增长速度数字，与就业增加水平之间的不一致，以至产生对前者的质疑。他是讲究一致性的，所以不仅怀疑关于中国就业扩大的事实，即首先看到的中国的经济增长是没有就业的增长，或者简单说是"零就业增长"，而且质疑中国经济增长数据本身，甚至得出 1998 年中国 GDP 增长率不超过 2% 的结论。由于质疑中国经济增长速度的结论在经济学家中实在不具有代表性，我们回到就业问题来加以讨论，即看一下究竟是什么原因，使得罗斯基教授看不到中国就业的增长。

中国的就业统计目前有两个系统，分别是以住户为基础的抽样调查系统和以单位为基础的报表系统。根据住户调查得到的真实就业人数，与根据统计报表制度汇总的单

---

① 李剑阁、韩俊：《新农村建设亟待解决的问题——对全国 2749 个村庄的调查》，《比较》2007 年第 31 期，中信出版社 2007 年版。

位就业人数之间，形成了一个差额，我们称之为就业的余项。这部分就业者占全部城镇就业人数的比重，在 1997 年以前只有 10% 左右，此后大幅度增加，提高到 2005 年的 36%，接近 1 亿人，随后虽然有一定的下降，但是仍然占显著的比重。20 世纪 90 年代就业制度改革加快以来，城镇就业继续增长的主要贡献力量来自于非传统渠道。一个渠道是国有企业和集体企业之外的非公有经济部门的就业扩大；另一个渠道是在统计体系之外的非正规就业的扩大。

有两个原因导致这些人没有在就业报表系统中得到反映。首先是部分单位的缺失。相当多的就业人员或者作为自我雇佣劳动者，或者在个体、私营企业就业，而这些自我雇佣和个体、私营企业没有在工商管理部门注册，因此这些就业被报表制度的统计遗失了。其次是部分劳动者的缺失。包括许多国有大企业在内的工作单位，不再把再就业人员以及一些新吸纳的就业人员统计为本企业职工，而是列入外包劳务项目，这也导致漏报和低估。这种没有纳入统计的工人占到全部就业者的一个很大比例。如果把在统计中遗漏的城镇就业包括在内的话，中国经济增长的就业效果仍然是显著的。反过来说，不理解中国就业统计的这个特点，忽略了非正规就业，就无法正确地认识中国就业问题的本质。

3. 斯彭斯疑惑。斯彭斯注意到，在 1995—2005 年期间制造业的劳动生产率年增长率高达 20%，与此同时，中国却仍然实现了就业的净增加。由于劳动生产率提高通常意味着排斥就业，因此，制造业劳动生产率提高与就业扩大同时发生，产生了一个经济学逻辑上的疑惑。当然，他没有引出任何否定性的结论，而是直截了当地指出，只有中国本土经济学家，才有能力解除诸如此类的疑惑。

一般来说，解释中国整体劳动生产率提高与就业扩大同时发生并不难。毕竟，中国处在二元经济转换的过程中，从农业这个劳动生产率低的部门向劳动生产率更高的非农产业进行的劳动力转移，本身就是劳动生产率提高与就业扩大同时发生的过程。至于说到制造业这个部门内部，除了也因劳动力转移会产生同样的效果外，也与就业统计中的"中国特色"相关。即由于在城镇的就业中，有大约1/3的人数没有纳入正式的统计，成为所谓非正规就业，因此，假设制造业的增加值得到比较充分的统计，而非正规就业呈现增长的趋势的情况下，计算劳动生产率的分母则变小，高估了劳动生产率的提高程度。

从上述几个例子可见，关于中国劳动就业的统计数据是多么地令人迷惑。美国学者苏黛瑞教授在首尔的一次会上，对于我将其归入"感到疑惑的外国学者"不以为然。其实这并非不恭敬的评价。一位美国政治家曾经说过："只有清醒地思考过，才会陷入彻底的迷惑。"更加简单的是，如果我们打破了只把正规部门的就业看做就业，而非正规部门的就业就不算就业的传统思维，可以有充足的证据表明改革期间，即使是1997年以后的时期，就业扩大的速度从未减慢。

如果这个事实成立的话，一方面，我们需要看它与其他经济事实的相互一致关系，另一方面，我们需要利用一致性去检验普遍存在的关于其他事实的判断。这里的方法论有点类似那种"反向事实法"（counterfactual analysis approach），即从一个不同的结论去重新检验一系列广为流行和普遍视为常识的结论。也就是说，通过把非正规就业纳入视野而观察到的城市就业的增长，必然导致对以下传统观念的质疑乃至颠覆：（1）中国劳动报酬在国民收入中的比重，按照国际标准来看非常低，并且继续呈现下降的趋势；（2）城乡收入差距继续扩大，并导致整体基尼系数不断提高，成为全世界收入分配不平等程度最高的国家之一；（3）农村劳动力仍然大量剩余，以致中国仍然保持劳动力无限供给这个典型的二元经济特征不变。

　　我作出这些与流行观点相左的判断，在许多经济学家那里常常被认为是不合时宜的。我猜想有三个原因，导致人们不喜欢这样的结论。第一，正如加尔布雷思所指出："思想观念最终是围绕整个社会或特定受众觉得可接受的事物来形成的。"用非常规的方式得出非传统的结论，有违人们的习惯认识，特别是颠覆人们由此习惯认识出发得出的对问题的系列认识，会让他们无所适从。第二，正如有人指出的：千万别低估了用事实去纠正错误观念的难度。人们对于一些问题的认识过于持久，过于根深蒂固，以至在感情上都不能接受对这些观念的质疑和颠覆。第三，正如一位经济学家（Kaushik Basu）针对我颠覆上述观点的做法所客气地批评道："我非常喜欢那些对政策进行抱怨的人，因为在这些抱怨当中，就会产生一些改变、一些改善"。现在，该是我陷入疑惑了。即便如此，我仍然坚持我的那些基本怀疑，尽管从此形成的观点距离充分得到论证仍然遥远。

首先，因为我坚信那些根据一致性推导出来的结论，很可能比现在为人们普遍接受的更加接近经济事实，而追求真相是对于研究者职业道德的基本要求。当然，我底气很足是因为有大量的调查研究在一点一滴地积累起来支撑我的判断。

其次，从功利的角度讲，追求经济事实的一致性，更加有助于把我们引向正确的决策，而不是像巴苏教授所说的那样恰恰相反。在持批评态度的情形下，我们固然把问题强调得足够严重。但是，如果那不是事实，或者不充分反映事物的真相，则我们无法获得关于解决问题的有效信息。譬如，我们可以把就业压力和收入差距说得很大，结果因为我们有意无意忽略掉下列逻辑链：劳动力市场发育推动就业的扩大，而就业面的扩大特别是在惠及农村劳动者的情况下，必然缩小城乡收入差距，而根据对于基尼系数的分解结果，城乡差距的缩小必然降低整体收入差距。如果我们更加追求一致性，找到上述因果关系，一个符合规律的解决问题思路就跃然而出。相反的话，我们能做的只剩下抱怨和催促政府，但是却不能告诉政府究竟怎样才可以最大限度地扩大就业，收入差距如何才能被缩小。